HÁBITOS DE AUTODISCIPLINA PARA SUPERAR LA ANSIEDAD Y LOS ATAQUES DE PÁNICO

CÓMO SUPERAR LA ANSIEDAD Y LOS ATAQUES DE PÁNICO, DESARROLLAR CONFIANZA EN SÍ MISMO, HÁBITOS AUTOMÁTICOS DE AUTODISCIPLINA

CELIO SALOME

PUBLICACIÓN

circular

ÍNDICE

HÁBITOS DE AUTODISCIPLINA DE LOS NAVY SEAL

GUÍA PARA LIDIAR CON LA ANSIEDAD Y ATAQUES DE PÁNICO

HÁBITOS DE AUTODISCIPLINA DE LOS NAVY SEAL

CÓMO DESARROLLAR LA CONFIANZA EN SÍ MISMO, LOS HÁBITOS AUTOMÁTICOS DE AUTODISCIPLINA Y LA INTELIGENCIA EMOCIONAL DE ÉLITE CON UNA MENTALIDAD DE LIDERAZGO

INTRODUCCIÓN

¿Has oído hablar de ese grupo militar llamado Navy SEAL? A lo mejor los has visto en películas, hombres altos, disciplinados, armados hasta los dientes y yendo a salvar países en nombre de los Estados Unidos.

Más allá del concepto que puedas tener de ellos, los SEALs son unos guerreros que para formarse tienen que pasar por pruebas que no son aptas para cualquier persona. Tienen que contar con preparación mental, académica, física y espiritual que les hace llegar el éxito. el solo hecho de ser un SEAL lo hace merecedor de decir que lo logró.

Los mediocres o los que lo hacen a medias no pasan las pruebas. Por eso son el grupo de élite más poderoso del mundo.

Pero ¿qué tiene que ver unos SEAL de Estados Unidos con nosotros, con los que quieren alcanzar el éxito sin tener armas en la mano?

Simple, ellos deben cumplir un requisito, este se encierra en la autodisciplina. Cada reto, cada nuevo ascenso, incluso antes de que lleguen a lo que ellos llaman La Semana del Infierno, donde deben pasar pruebas sumamente duras, ya tienen que ir con la disciplina al hombro. Los hombres son sometidos a duras pruebas que pueden prolongarse hasta casi los dos años. Cuando por fin con unos SEAL, tienen capacidad para entrar en sitios de riesgos, con la mente fría y centrado como equipo y a la ve individuales para cumplir misiones con éxito.

Las guerra en Medio Oriente, Afganistán, África, tiene a SEALs dejando el nombre de Estados Unidos marcado.

Este trabajo trata sobre la autodisciplina de ellos enfocada en nosotros, en alcanzar las metas que tengamos en el tintero.

Por eso es que se habla del autocontrol abriendo, que es por allí donde comienza la autodisciplina, como el francotirador SEAL que tiene a tiro al enemigo, pero debe esperar el momento exacto y la orden para presionar el gatillo, se autocontrola previo a dar en el blanco.

Se aborda el tema desde el punto de vista psicológico y fisiológico, también se desarrollan técnicas para que lo apliques en el espectro que lo necesites.

Los SEALs no son entrenados solo para que disparen, entren en lugares hostiles con sigilo o se lancen en paracaídas, sino que se trabaja el área espiritual y la esencia, por eso aquí conocerás cómo la meditación y el mindfulness te ayudan a centrarte y a desarrollar autodisciplina. Leerás dentro cómo puedes usarla para conseguir los objetivos que tengas trazados.

La asertividad es otro de los elementos clave de los emprendedores y de los SEALs, por eso te hablaré de ella y conocerás cómo ponerla en práctica con ejemplos y ejercicios.

Aquí aprenderás a desarrollar la autoconfianza, construyéndola día a día, trabajando en reforzar las cosas buenas y en cambiar los hábitos negativos por unos positivos. Esto último con ejercicios para que modifiques esas conductas que puedes estar haciendo mal sin que te des cuenta.

Sabrás cómo usar el combustible de la motivación para alcanzar todas las metas que tengas pendientes para desarrollar.

Y cómo este es un trabajo de autodisciplina que se basa en los Navy SEAL, conocerás cómo es el entrenamiento de ellos, las duras pruebas que tienen que enfrentar, los entrenamientos de velocidad, la organización de misiones, la lucha contra la resistencia, comparando ello con la forma en que la puedes aplicar en la vida diaria.

La concentración es esencial para lograr mejores resultados. Aquí podrás saber cómo se concentran los SEALs y cómo aplicarlo, forjando la mente para alcanzar metas internas, saber desarrollar el liderazgo y conocer la escala de valores de los Navy SEAL.

Es saber aprender a asumir la pérdida, el riesgo y el fracaso. Con ejercicios SEAL aprenderás a definir valores, descubrir la pasión y el propósito.

En un capítulo se dedica al yoga, cómo este sirve para forjar a los SEALs y la manera en la que la puedes aplicar en el día a día. Nada mejor que una buena sesión de yoga y cerrar con una meditación o unos ejercicios de atención plena.

Lo que estás a punto de experimentar, es un recorrido por la autodisciplina, la cual aborda todo lo necesario para que emprendas o camines a buscar el éxito. Es posible tenerlo si eres disciplinado y tienes la mentalidad de un SEAL, que es simplemente trabajar para sacar lo mejor de sí mismo y poner los recursos al límite.

LA AUTODISCIPLINA COMIENZA POR EL AUTOCONTROL

*V*amos a conocer un poco sobre lo que es el autocontrol, cómo aplicarlo y la necesidad que tiene la voluntad para poderlo hacer con éxito.

También vamos a conocer algunas técnicas de autocontrol, para que puedas llevar de manera centrada las decisiones que quieres tomar.

¿Qué es el autocontrol?

Una buena parte de las acciones que tomamos a diario vienen precedidas por los dictados de la voluntad, sin embargo, a veces no pasa de este modo, no hacemos lo que queríamos hacer o hacemos lo que no queríamos.

El tema es que queremos encontrar eso que nos mueve, para poder hacer algo, o bien, lo que nos impide actuar según lo que se ha decidido, que nos lleva a ejecutar una acción sabiendo que no es lo correcto. El ceder la tentación o dejar para mañana lo que debemos hacer ahora. Para ello tiene que conocerse la forma de la voluntad, las distorsiones que se pueden dar en el proceso y la manera de controlarlo.

El autocontrol nos permite que controlemos aspectos importantes en el día a día, la atención, los pensamientos, las emociones, las acciones y deseos, todos tomamos para que se resistan los impulsos que nos tientan con la expectativa de obtener algo agradable.

En tal sentido, tenemos que evitar las interferencias negativas en el proceso que forma la voluntad, superar las tentaciones y suprimir acciones inconscientes que están fuera del control, como los comportamientos compulsivos, los gestos repetitivos, las expresiones verbales, los malos hábitos, etc.

El tema aquí es que se tiene que ver hasta qué punto podemos controlar los impulsos volitivos, y llevar a la práctica las decisiones, todo depende de la fuerza de voluntad y el autocontrol que tengamos que tener para tomar decisiones y para dominar los impulsos llenos de tentación que surgen desde dentro de nosotros. Para poder trabajar el autocontrol, lo primero que tenemos que hacer es conocer qué es el autocontrol y los componentes de este.

En la psicología el autocontrol se define como la capacidad que tiene una persona para regular la conducta, los sentimientos y pensamientos.

Hay tres diferentes aspectos dentro del concepto de autocontrol:

- Capacidad para resistir tentaciones.
- Capacidad para hacer lo que hay que hacer
- Conciencia de objetivos a largo plazo.

Para poder aprender a tener autocontrol, hay maneras eficaces para que se aprenda a controlar y comprender cómo y por qué se pierde el control, por eso, nos invita a diseccionar cada error, qué es lo que nos lleva a tener una tentación o dejar para mañana lo que queremos hacer ahora. Cómo transformar el conocimiento de los fallos en estrategias para triunfar

Por otro lado, se tiene que tener en cuenta en lo que es la formación y el control de la voluntad que interviene en mecanismos complejos fisiológicos y psicológicos y entre ellos está:

Carácter psicológico

La voluntad precisa de un estado mental de autoconsciencia, esto es un estado mental donde la persona tiene conciencia de sí mismo, de que es ella quien piensa y lo que hace aquí y ahora. La autoconsciencia es esencial para que focalices la atención, que analices la información y tomes decisiones. En situaciones donde no predomina la voluntad desaparece y perdemos el control de lo que hacemos.

Hay que tener conciencia sobre la voluntad. Esto en base a tres facultades de conciencia:

- El control deliberado del comportamiento.
- Capacidad para llegar los estados mentales propios.
- Integrar información por medio de un sistema cognitivo.

Carácter fisiológico

La voluntad es un fenómeno mental que surge de resultado de un conjunto de procesos biológicos subyacentes, por lo tanto, se niega la influencia de la estructura orgánica cerebral y el funcionamiento. Sin embargo, la voluntad no se determina por los genes y los procesos biológicos. Depende también de otros fenómenos mentales como percepción, emocionalidad, interpretación motivación y actitud.

La estructura cerebral que interviene en la toma de decisiones se centra en el área prefrontal que tiene funciones cognitivas que influyen en los procesos volitivos. La función depende de la comunicación que haya entre las partes, la amplitud y la direccionalidad de las conexiones neuronales. Cuando hay más intensidad en las conexiones neuronales, se tiene más control por parte de la persona.

En la corteza prefrontal se hallan sistemas por medio de los cuales la emoción contribuye a elegir y tomar decisiones. Es una función que regula la conducta por la información afectiva, relaciona las alternativas de acción a reacciones del cuerpo, según perciben como agradables o desagradables, lo que implica la probabilidad de respuesta va a depender del grado de intensidad de la fuerza que le pone a la emoción, según la situación. En caso contrario se dan sentimientos de culpabilidad, irritación, frustración, vergüenza, etc.

¿Qué es la voluntad?

La voluntad es una facultad que tiene la mente para poder poner en marcha las acciones del día a día, se forma por medio de un proceso psicológico que tiene lugar en un estado mental y consciente que goza de plena libertad de acción. No hay fuerzas que lleven a una determinada acción, por lo que se genera una respuesta de acción u omisión ante estímulos externos o internos.

En el diccionario de la RAE la voluntad se describe de este modo:

- Facultad para poder ordenar y decidir la conducta propia.
- Intención, ánimo o resolución para hacer alguna cosa.

Si se sigue con este concepto se ve que confluyen en la voluntad de varios aspectos básicos.

- La decisión de hacer o no hacer alguna cosa
- Intenciones de llevar a cabo decisiones.
- Impulsos para ejecutar acciones.

Por lo tanto, para poder conocer cómo se forma la voluntad, hay que centrarse en aspectos como:

Tomar decisiones

Las personas no actúan de manera aleatoria, no se suelen elegir las acciones al azar, especialmente los que tienen que ver con asuntos de importancia, en estos casos se hace luego de un proceso cognitivo de razonamiento donde se contrata y evalúan las ventajas e inconvenientes en las respuestas de conductas, se elige lo que parece más adecuado, lo que más beneficios aporta, por ejemplo, dejar o no el tabaco, cambiar o mantener la actitud ante situaciones o personas, preparar oposiciones, encontrar empleo, cambiarse de casa…

La clave para decidir esto está basado en la convicción, esto es, llegar al convencimiento de que, ante situaciones o cuestiones concretas, la opción es la respuesta elegida es la mejor posible.

La intención de actuar en consecuencia

La decisión que se tome sobre algo lleva a un deseo de llevarla a cabo, a querer hacerlo. es un estado de ánimo que nos lleva a actuar de un modo determinado. En la RAE la intención se define como determinación de voluntad en orden a un fin, del mismo modo hay otra definición, que dice que la intencionalidad es la característica común de los fenómenos psicológicos. Es una propiedad que dirige a un acto o suceso determinado a un objeto o meta que se ubica en el mundo externo.

Se relaciona con la actitud proactiva y se condiciona con aspectos emocionales. La expectativa de lograr beneficios, placer o bienestar, prevenir juicios. Depende también de los recursos para llevar a cabo la acción elegida, como los psicológicos, la inteligencia, la sensibilidad emocional como las materiales o económicos que se requieren en virtud de las circunstancias y la carencia puede anular intenciones.

Impulso para actuar

La intención abre puertas para ejecutar acciones y para ello requiere una energía adicional, un impulso que es la fuerza psicológica que mueve a la persona a hacer acciones determinadas y persistir.

Se relaciona con la motivación, que es un estado mental que activa, mantiene y dirige la conducta a metas o fines determinados. Implica activación de fuerzas psicológicas proactivas, como ilusión, obligación, utilidad, necesidad, pero que se puede ver frenada por fuerzas que impidan como desgana, miedo y vergüenza.

¿Por qué algunas personas no tienen voluntad?

Hay distorsiones que afectan el proceso de formación de la voluntad, el proceso de formación puede aparecer con factores inherentes a la persona o inducidos por el entorno que lleva a modificaciones inherentes a la persona o al entorno, con modificaciones en el mismo o que lo paralizan. Deja a un lado los que escapan al control racional, la pasión irrefrenable, el alcoholismo, las drogas. Entonces, la razón por la que la fuerza de voluntad falta es porque:

Falta convicción

Si no se está plenamente convencido de la bondad de la acción elegida, es probable que desistamos de llevarla a cabo. Las dudas llevan a sentir inseguridad y reducen las expectativas sobre el resultado esperado. Las dudas se pueden dar por:

- La conveniencia de acción elegida, considerando consecuencias que puedan darse si no resulta como se espera, si sale mal es un desastre, a lo mejor no es el momento adecuado, o debería pensarlo de nuevo...
- Sobre la capacidad personal o la suficiencia de recursos disponibles, puede que no valga para esto, es difícil conseguirlo, no lo podré hacer, no tengo medios, tengo vergüenza...

Uno de los peligros de la duda es que abre la puerta para la sugestión, persuasión o seducción. Son procesos destinados a cambiar las actitudes, el comportamiento o las emociones de una persona para algo o alguien por medio del uso de palabras para llevar información o un razonamiento nuevo.

Hay instrumentos que usan los agentes sociales, empresas, políticos, líderes religiosos, para poder modificar las elecciones y llevarlas a los intereses, para esto tenemos que llegar a la convicción de que la decisión es correcta, pues una persona convencida plenamente, es un poco difícil de manipular.

Falta la motivación

La motivación se relaciona con el valor que tenga para nosotros las acciones, de este modo entre más satisfacción y beneficios tengamos, más ilusión habrá. Cuando las expectativas placenteras sobre el resultado esperado se ven superadas por los problemas que esto comporta, sean reales o no, nos empeñamos en lograrlo. Cuando las expectativas placenteras sobre el resultado esperado se superan por las dificultades que ello comporta, sean o no reales, nos empeñamos en encontrar excusas para no llevarla a cabo, aparece la abulia con sus aliados, como acidia, pereza, procrastinación, prejuicios, etc.

Incluso aparece el autoengaño, que lleva a la mente a inventar justificaciones o anular acciones.

Conflictos entre razón y emoción

Gran parte de las acciones traen consigo fuerzas emocionales, positivas como amor, responsabilidad, ilusión, obligación, etc., como negativas, tales como ira, vergüenza, miedo, celos, etc. Todo esto afecta las decisiones e impulsa o casa rechazo.

La lucha entre lo que dice la razón o lo que se debe hacer es lo que nos incita a hacer, especialmente cuando se está bajo el dominio de las paciones. Lo que genera tensiones que pueden modificar las voluntades y suprime las acciones.

En este sentido se puede enmarcar la teoría de la disonancia cognitiva del psicólogo Leon Festinger, que habla de la incomodidad, ansiedad o tensión que experimentan las personas cuando las creencias o actitudes entran en conflicto con lo que hacen, este displacer puede causar un intento de cambio de creencias o actitudes.

Técnicas de autocontrol

Hay que ver cómo controlar los impulsos, cómo poner en marcha el autocontrol. Si sigues el enfoque, podrás fortalecer la voluntad, es necesario que conozcas en qué parte del proceso de formación somos más vulnerables. En la falta de energía para el impulso o en la fuerza emocional que domina en un momento dado la voluntad. En virtud de estos factores las estrategias se pueden agrupar en las siguientes técnicas de autocontrol y ejercicio para poder dominarte mejor.

Cree en las decisiones

¿Buscas tener autocontrol? Fortalece la creencia de que la decisión que tomas es la más conveniente, tenemos que considerar los elementos que inciden en el asunto que se quiere decidir.

- La suficiencia, coherencia y veracidad de la información que se obtiene del mismo.
- Evaluar los recursos a mano.
- Valorar las consecuencias.

Basado en todo esto, hay que hacer un proceso de razonamiento adaptado a las circunstancias que llevará a que se consigan argumentos que confirmen la validez de la decisión adoptada. La convicción de que la respuesta sea elegida es la más correcta. La plena convicción de que la respuesta que se elija es la mejor, lleva a que se eliminen o reduzcan las dudas sobre ella.

El premio Nobel y psicólogo Daniel Kahneman, señala que tomamos decisiones en virtud de dos sistemas de razonamiento:

- El implícito que es intuitivo, automático, rápido, emocional, frecuente, y subconsciente.
- El explicito que es más pausado, calculador, lógico y consciente. Puede ser muy lento para los inseguros.

Muchas de las indecisiones que se tomen a diario, siguen un sistema implícito que tiene probabilidad de cometer errores. Estos aparecen de manera inadvertida por la mente consciente. Sin embargo, cuando participa el sistema explicito, donde se pone esfuerzo cognitivo, las probabilidades de tomar decisiones es mayor.

Busca motivación

Otra de las técnicas de autocontrol es que se obtenga la energía para que comiences el impulso volitivo hacia la acción, para que nos centremos en los alicientes de la misma, esto es en los beneficios que se logran si la hacemos, que actúan como eje motivacional. Se proyecta de manera reiterada en la mente, hasta que se eliminen reticencias para iniciar acciones decididas. Por ejemplo, si nos da la ilusión de viajar, pero la pereza para organizarlo es un obstáculo, se tiene que insistir mentalmente en aspectos que ilusionan e impulsan a pensar el viaje. En tal sentido, se debe preguntar si consideramos los beneficios o ventajas que reportan o solo tenemos en cuenta unos pocos, pues tiene que existir otros alicientes que no se han tenido en cuenta.

Por otro lado, sin perjuicio de las técnicas cognitivo conductuales aplicables, se puede usar como técnicas de entrenamiento que se usen fácilmente.

Usa las autoinstrucciones

Las autoinstrucciones o autoverbalizaciones son un sistema de hablarse a sí mismo que sirve para darse pautas de conducta, favorece la interiorización de los procesos mentales, trata de usar el papel del lenguaje por la capacidad para sustituir las experiencias directas. Cuando aparecen los pensamientos tentadores hacia algo apetecible y que implica hacer algo que no se deba o no hacer lo que toca, hay que recuperar el Yo autoconsciente para que aparte al otro Yo tentador y decir:

¿Por qué estoy pensando en hacer o no esto si no es lo que había decidido? Tenemos que aprender a decirnos, tengo que hacer lo que he decidido porque es lo correcto y es bueno para mí, entonces tienes que ir adelante, no volver atrás. O decir que Alto, no tienes que hacerlo.

Así se favorece el aprendizaje de la técnica que se puede usar como referencia al modelo para la modificación cognoscitivo conductual.

Tienes que ver el entrenamiento en autoinstrucciones de Meichenbaum, la cuales consisten en un ejercicio de autocontrol y consisten en un que cada que estemos ante este tipo de situaciones y con el tiempo se vuelven un hábito o patrón de conducta que actúa espontáneamente y sin consciencia. También puede hacerse un entrenamiento sobre la conducta para favorecer las adecuadas y eliminar las que no. Se hace con pequeños retos, y poco a poco se aumenta el nivel del reto.

Practica la concentración

También debes ensayar la concentración, esto es que hagas un entrenamiento donde focalices la atención. Puedes mantener la atención en una imagen mental y evitar distraerte por un tiempo cada vez mayor. Esto permite que aumentes la focalización de la mente en el Yo autoconsciente que es el estado mental con el que se controla la voluntad.

La meditación demuestra ser una de las formas más eficaces de aumentar la voluntad, la investigación sobre esta indica que tres horas de meditación aumentan el autocontrol y la capacidad para concentrarse.

Luego de once horas practicando se pueden ver cambios visibles en el cerebro prefrontal y parece que mejoran las conexiones neuronales entre las áreas responsables del autocontrol.

Ejercicios sencillos de concentración

Estos ejercicios te ayudarán a tener mejor concentración:

- **Haz una sola tarea a la vez**: seguramente el ejercicio más sencillo de todos, en vez de contestar un corre mientras atiendes una llamada, te tienes que acostumbrar a enfocar la atención en una sola tarea y no pasar a otra hasta que la hayas terminado.
- **Cuenta palabras o números**: tan fácil como tomar un libro o un periódico y comenzar a contar palabras de un largo párrafo. Se puede también hacer con los números del cuaderno de matemáticas del hijo, no importa de dónde, el ejercicio de concentración es ideal para que hagas una pausa y dirijas la mente a futuras tareas.

- **Haz respiraciones de relajación**: si notas que la ansiedad te bloquea, te puedes sentar un rato, te tranquilizas y comienzas a hacer respiraciones profundas, siente cómo palpita el corazón y el aire recorre el cuerpo, verás los grandes resultados.

- **Practica la distracción controlada**: aunque suene paradójico, a veces no hay nada mejor que distraer la mente unos minutos, para que luego vuelvas a las tarea principales más descansado y concentrado.

- **Medita por unos minutos**: la idea es que logres concentrarte plenamente escuchándote a ti mismo por unos minutos, medita y conseguirás recuperar la claridad mental que los quehaceres diarios te han hecho perder en la jornada.

- **Te debes mantener inmóvil**: te sientas por unos minutos sin hacer movimientos de ningún tipo, es otra forma excelente para relajarse.

- **Entrena la atención**: la puedes entrenar por medio de ejercicios como sopas de letras y crucigramas, la atención es como un músculo, si lo pones en marcha correctamente vas a hacer que funcione mejor por más tiempo.

- **Recuerda los buenos momentos**: recordar es sinónimo de que hacer ejercicio de la mente, por lo tanto, no está mal que al despertar o antes de dormir recuerdes con detalle los viajes de vacaciones o esa reunión familiar que tanto te gusta. Especialmente en buenos momentos que potencian la concentración positiva.

- **Haz actividades físicas**: es algo sencillo mejora la capacidad de concentración y de memoria, oxigena el cerebro para que pueda retener más información en el día.

- **Examina el día**: antes de que termines la jornada se recomienda que recuerdes los momentos y actividades del día donde te sentiste productivo. Lo podrás repetir al otro día, y esto será un hábito que rendirá los frutos en concentración.

A todos estos ejercicios le tienes que sumar un poco de agua, el agua tiene la capacidad para oxigenar, hidratar y limpiar el cuerpo y hacerlo rendir en las tareas que tengas por hacer. El agua ayuda a la memoria para que sea aguda y mejore el rendimiento cognitivo.

Estos ejercicios se caracterizan por la sencillez, es eficaz. Si tienes la constancia de hacer algunas de ellas con frecuencia y seriamente, en poco tiempo verás cómo la concentración es mejor.

Te haces más eficaz en las tareas diarias, también en el trabajo o estudios. Hasta en las tareas del día a día, esto permitirá cosas bunas, como que aumente la autoestima, verás que los esfuerzos tienen focalización clara y poco a poco ganarás en los objetivos y en menos tiempo.

Date premios

Otra técnica es que el autocontrol lleva a reforzar los éxitos. Ejercer un control de la voluntad a veces sufre y le duele. Sobre todo, supone una lucha contra nosotros mismos. El yo sensato contra el yo tentador, por lo que se tiene que reforzar continuamente, esto es además de la satisfacción y el bienestar que se logra. Es recomendable que se den recompensas, por cada éxito conseguido en este control, es evidente que el dominio de la voluntad requiere un esfuerzo considerable, implica el dominio de la razón ante los estímulos que presenta el entorno, pero el que lo logra enaltece a la persona, le da seguridad y confianza, mejora la autoestima y siente fuerza que controla la vida y goza de libertad.

Si eres de esas personas que se exige mucho a sí misma, este es un punto importante de trabajo que tienes que trabajar. Mucha veces ser así supone bloqueos para avanzar, los premios son necesarios para que puedas crecer y mantener la motivación, más cuando se trata de autocontrol.

Muchas veces pasamos la vida teniendo a ese juez interno, ese personaje que nos recuerda que todo lo hacemos mal, que nos define un patrón de conducta ante la vida y lo bueno es hablarle de frente.

Hay que crear pequeños objetivos, cualquier meta que te propongas tienes que pasarla por pequeños objetivos, estos te llevarán hasta él, es decir, las metas que te propongas se componen de hitos que te acercan a la meta final, del mismo modo que se hace una casa ladrillo a ladrillo.

Tienes que preparar pequeños objetivos. No es justo que le quites el valor que merecen, las veces que logres esto, te pones a trabajar para el otro pequeño objetivo sin dar tiempo a la celebración del anterior, añades un poco de alegría en cada paso y mantienes animado.

Debes premiar los pequeños avances, ese mal hábito se tiene que cambiar, hay que dedicar una parte del tiempo a que celebres los éxitos que tienes, aunque parezcan pequeños, no dejan de decir que no a otras cosas para lograr ese pequeño logro. Es justo que te premies por eso

Además, es mejor si compartes con otras personas. Muchas veces parece ser que nos alimenta más hablar de los obstáculos que de los avances, incluso llegando a la situación de creer que contar los éxitos va a generar envidia, malas intenciones y celos por parte de otros.

Que celebres no significa que seas arrogante, al contrario, es un acto humilde. Cuando celebras estás reconociendo lo que te ha costado llegar, que lo has tenido sencillo, que eres vulnerable al fracaso, es algo arrogante, pasar por encima de los éxitos como si fuera coser y cantar.

Unas veces se gana y otras se aprende.

No solo hay que centrarse en los resultados positivos para celebrar, ya que a veces se gana y otras no. Es importante que descifres cuál es el significado que le das al avance. A veces perdiendo avanzas más y se olvidan las celebraciones.

Tienes que pensar en el objetivo en el que trabajas y que reflexiones acerca de cuáles son esos pequeños objetivos que has encontrado en los últimos tiempos y que te llevan al objetivo general.

Es hora de que comiences a cumplir con esas deudas pendientes, las deudas que se tienen que pagar, especialmente las que tenemos con nosotros mismos.

Errores que cometes al premiarte a ti mismo

Antes de que conozcas estos errores, quiero darte un ejemplo del poder de las recompensas en la vida diaria.

En Nueva York cuentan con metas diarias sobre los pasajeros. La recompensa se traduce en ingresos de efectivo congruente al esfuerzo, claro, la meta es fácil de lograr en unos días más que en otros.

En un día lluvioso los taxis se mantienen por muchos tiempo. Tienen un flujo de pasajeros constantes, esto facilita alcanzar la meta diaria en poco tiempo. En cambio, en un día soleado puede pasar más tiempo encontrar a un cliente, lo que dificulta la llegada a la meta.

La lógica económica dice que un taxi debe trabajar más horas en un día lluvioso para compensar los días donde no se llega a la meta.

Curiosamente estos taxistas menos en un día lluvioso que en un día con sol. La estrategia de la recompensa tiene poder, cuando los conductores logran la meta y tienen la recompensa que están esperando, está listo, van a casa y se relajan.

Esto es apenas un ejemplo de las recompensas que tenemos en la vida y que dictan el modo de actuar con las decisiones. Por eso es importante que la recompensa sea adecuada para lograr y cambiar hábitos.

La recompensa no debe marcar un punto límite. Cuando te pones recompensas detrás de metas con puntos límites y no se pueden escalar con el tiempo, están errando. Como sucede con los taxistas, la meta marca un punto de parada, cuando nos detenemos, toca empezar de nuevo y hacerlo es el punto más duro de todos.

Esto interfiere en la formación del hábito porque cuando se cumple el objetivo y se siente la recompensa, el comportamiento termina, por ejemplo:

- Comienzas a hacer ejercicio, un mes antes de la boda para verte mejor con ese vestido nuevo.
- Dejas el azúcar durante la semana santa.
- Lees libros en las vacaciones de verano.

Cuando se complete el plazo, a lo mejor dejas el hábito y sigues como venías.

La recompensa es la única motivación que tienes. Una recompensa ofrece una motivación extrínseca, que está fuera de nosotros mismos, por lo que la motivación interna se va perdiendo.

Cuando las recompensas se convierten en la gran motivación, se hacen trampas peligrosas para formar hábitos, simplemente porque no sientes motivación más de lo que obtienes a cambio, la actividad por sí misma.

Por ejemplo:

- No estás ensayando piano porque quieres hacerlo, sino porque te prometiste un dulce al terminar
- No estás haciendo ejercicio porque quieres hacer ejercicio sino porque te prometes una dona al terminar.

Cuando logras tener una motivación interna, le das continuidad al hábito, las recompensas solo son un apoyo, en esos momentos es lo que la fuerza de voluntad es débil.

Las recompensan no deben sabotear resultados, una recompensan efectiva se tiene que alinear con los resultados que quieres lograr, te tienes que servir como un apoyo adicional para lograr resultados, como los que esperas.

Si haces deporte para estar en la línea, no te des como premio un chocolate grasoso y lleno de calorías.

Una buena recompensa

Una buena recompensa es la que te lleva al hábito de mantenerlo en el tiempo y no solo por hoy.

Las buenas recompensas tienen que tener:

- Seguirlo a través del tiempo porque no tiene fechas límites.
- Motiva a seguir incluso sin recompensa.
- Es la aliada para conseguir los resultados que esperas

Por ejemplo:

- Si quieres tener el hábito de hacer yoga, la recompensa por hacerlo es que te compres una nueva esterilla o una nueva prenda de ropa.
- Si quieres tener el hábito de comer sano, la recompensa para lograrlo por un mes, es que te compres unos nuevos cuchillos para la cocina.
- Si quieres hacer ejercicio, el premio por entrenar cada día, es un nuevo par de zapatillas para entrenar.

BENEFICIOS DEL AUTOCONTROL

*hora que conocemos el autocontrol, vamos a ver los beneficios, junto con consejos para que los apliques y pongas en marcha.

A veces nos dejamos invadir por la ira, el miedo y terminamos haciendo algo que ni siquiera habíamos pensado. Cuando las emociones invaden, es como si estuviéramos en piloto automático, especialmente cuando son intensas. Es más, si no las gestionamos, puede llevar a muchos problemas. Por eso es bueno que hagas hincapié en los beneficios del autocontrol.

Aprender a gestionar las emociones ayuda a que nos conozcamos, pero también repercute de manera sana en las relaciones, además el auto-control toma decisiones acertadas, nos organizamos mejor y podemos cumplir las metas. Siempre que estemos realmente comprometidos.

Los beneficios del autocontrol son inmensos, es necesario que se aclare, control no es reprimirse. Tampoco es perder espontaneidad. Más bien es ser capaz de poner límites a las paciones y los impulsos, en función de más bienestar.

La verdad es que quien conquista a otros es fuerte, más quien se conquista a sí mismo es poderoso.

Más claridad mental

Un sentimiento que está muy arraigado o una pasión desmedida que afecta las capacidades cognitivas. La ciencia demuestra esto y el sentido común también. Bajo estados de mucha emocionalidad, la intensidad de lo que se siente no permite que se piense claramente. Esa es la razón principal por la que con miedo o ira llevamos a cabo comportamientos que ni siquiera imaginábamos. Las facultades cognitivas se inhiben ante la arrolladora fuerza de las emociones. Lo normal es que terminamos arrepintiéndonos por lo que hicimos o dijimos en ese instante. No de los beneficios de autocontrol es que no nos dejamos llegar allí.

Consejos para lograr claridad mental:

- **Debes poner a trabajar la mente**: el poder de la mente subconsciente va más allá de lo pensado. Muchas personas dirigen intencionalmente el funcionamiento del subconsciente mientras duermen, con un ejercicio sencillo. Antes de ir a la cama, escriben preguntas y pensamientos en un papel sobre aquel que están intentando lograr. Mientras están durmiendo, la mente subconsciente se pone a trabajar. Cuando despierta aprovecha los primeros minutos mientras la mente subconsciente ha estado vagando con libertad y establece conexiones. Es ese un momento de gran creatividad, el objetivo es que dirija la mente subconsciente para que cree resultados como se quiere y se encuentren soluciones a los problemas y proyectos.
- **Visualiza el éxito**: la visualización permite que haya más creatividad y claridad mental. La investigación hecha con neurociencia ha destacado el impacto que la visualización tiene en el aprendizaje de nuevas habilidades físicas y mentales. En parte se explica la razón por la que el cerebro

hace rupturas, uno lleno de promesas y visiones fantásticas, uno libre de cadenas de las construcciones sociales y llenas de mucha creatividad.

- **Ten un espacio ordenado**: Tenemos por ejemplo el método de Marie Kondo, donde habla del orden y que es un éxito editorial, esto no nos debería sorprender. Todos estamos en la búsqueda de maneras de crear vidas significativas con menos cosas. El desorden no solo distrae, sino que crea ansiedad a largo plazo. Conseguir el orden y el equilibrio permite que se disfrute de los espacios y se abra la claridad mental.

- **Ten un estilo de vida saludable**: tienes que ser proactivo con la salud de la mente y el cuerpo. Tener poco consumo de energía causa la llamada niebla del cerebro, puedes aumentar el nivel de energía de forma natural con deporte. Incorpora ejercicios como caminar, correr o hacer aeróbicos todos los días. Por otra parte, que sigas la dieta equilibrada y que descanses de calidad, son medidas necesarias para que se limpie el cuerpo y se abra la claridad. Además, para que no te contamines tanto, tienes que dejar un poco lejos los aparatos electrónicos y desactivar las notificaciones y deja espacio para la desconexión mental.

Una comunicación más coherente

Como efecto de lo que tratamos en el punto anterior, en los momentos de ira dejamos a un lado el objetivo verdadero de la comunicación, el transmitir ideas y sentimientos para que encuentres más comprensión. Lo único que hacemos es dejar salir todo el torrente de emociones y en muchas ocasiones, que se hieran al otro.

Uno de las ventajas de tener autocontrol es que nos ayuda a expresarnos con más asertividad.

Así va a ser más fácil decir lo que realmente se quiere, en vez de dejarnos llevar por el impulso del momento. Sin olvidar que en los momentos de euforia o más carga emocional, las palabras son como flechas, cuando se lanzan, no retornan

Más justicia a la hora de actuar

Los arranques de ira hacen que veamos las cosas de una manera extrema. Es por eso que caemos fácilmente en juicios y actitudes injustas, a veces incluso ante pequeñas fallas del otro actuamos como si el mundo fuera a acabar o alguien estuviera a punto de morir. Dentro de los beneficios del autocontrol está el de evitar que esto suceda, el ser capaces de tomar segundos para pensar ayuda a que no caigamos en conductas injustas.

Además del gasto emocional que es alto cuando se hace ya que la culpa, el arrepentimiento o el intento por reparar puede que salga a escena.

Las relaciones son mejores

Es difícil que en las relaciones todo vuelva a ser lo mismo después de explosiones de ira, especialmente cuando hiere al otro. Es inevitable que alguna vez en la vida se tengan situaciones así, pero en caso de volverse frecuentes y afectan los vínculos.

Lo peor es que si perdemos el control invitamos al otro a que lo haga también. De esta manera podemos vernos insertos en situaciones difíciles de terminar. Bien, si ponemos en marcha la habilidad de autocontrol, evitamos este tipo de situaciones porque se sabe cómo y cuándo se detiene para no ir a más, incluso cómo gestionar explosiones de ira de los otros.

Aumenta la autoestima

El autocontrol también es una forma de amor propio, quiere decir preservarse, protegerse incluso de uno mismo, no permitirse actuar de forma irracional. Tampoco el incurrir en conductas que dañen a otros, por tanto, es la base para prodigar y exigir respeto.

Entonces, dentro de los beneficios más importantes que nos ayudar a sentirnos mejor con nosotros, es un factor que incide directamente con la autoestima. Por el contrario, quien es preso de la falta de control vive siempre reprochándose y recriminándose por la forma de ser.

Menos vulnerabilidad

Una persona que no se puede controlar a sí misma es más vulnerable. En determinadas circunstancias se le puede manipular para lograr que actúe torpemente. Pasa mucho en los espacios de poder, quien pierde el autocontrol, pierde todo.

Cuando se es dueño de los sentimientos y las emociones, también tiene más fuerza. No es sencillo que otros le condicionen o le lleven a hacer tonterías. Las situaciones no escapan de las manos ni toman rumbos no deseados, por tanto, se es menos frágil y vulnerable.

Mejores toma de decisiones

Las mejores decisiones que dan las personas lo hacen con la mente fría. Para ello, es clave que se mantenga un buen nivel de autocontrol. Cuando se actúa de manera impulsiva o precipitadamente, lo usual es que erremos. Bajo un estado de ira las relaciones acaba. Se pierden empleos o se va por la borda algo valioso que se quería mantener.

El autocontrol tiene grandes beneficios, los que se han mencionado son apenas algunos de ellos. Sin embargo, basta con que se revise esta muestra para darnos cuenta de que mantener bajo control las emociones es una actitud inteligente. Evita que tengamos problemas, ayuda a crecer y nos da poder en cualquier situación.

CONSEJOS PSICOLÓGICOS PARA MEJORAR EL AUTOCONTROL

El poseer autocontrol no es fácil, imagina que estás haciendo dietas para adelgazar y al salir a cenar a un restaurante tienes que hacer esfuerzos para no comerte esa dona que tienes a la mano.

El autocontrol es importante para las personas. Algunos estudios afirman que las personas con más autocontrol hacen más amigos, sacan mejores notas o tienen vidas saludables porque sufren menos sobrepeso o fuman y beben menos.

Bien, te va a gustar saber que la capacidad de autocontrol se puede mejorar. Por eso y para que le saques el máximo partido, veamos estos consejos para que mejores la capacidad de autocontrol

El autocontrol se puede mejorar

Si tienes problemas para controlar el comportamiento, lo primero que tienes que hacer es que mejores la capacidad de autocontrol, porque, al contrario, lo podrás hacer, así que ten una actitud positiva y pon de tu parte para regular mejor las emociones y el comportamiento.

Define qué es lo que quieres controlar

Es clave que seas consciente de lo que quieres control y lo que sepas qué es lo que quieres modificar. Si no estás claro de los comportamiento y las rutinas, será difícil que tengas autocontrol. Si quieres perder peso, antes de nada, debes saber por qué comes a diario. Por otro lado, su lo que quieres es tener más control con la atención para mejorar el rendimiento deportivo o tomar mejores decisiones, primero tienes que saber qué haces mal y conocer los hábitos negativos, los que impiden que seas más eficiente, además, el ser consciente te ayuda a detectar situaciones problemáticas y te permitirá reaccionar a tiempo.

No dependas de la fuerza bruta

Hay situaciones complejas que no son fáciles de controlar, las personas tienen un límite y el autocontrol no es que tienes que luchar contra corriente. Por ejemplo, si andas en la oficina y acabas de tener un conflicto con un compañero de trabajo puede que quieras controlar quedándote en la sala y hacer como si las cosas no son contigo. Puede que sea bueno que te tomes unos minutos de descanso en la sala del café para que recapacites y regreses la normalidad en vez de aparentar que controlas todo.

Ten inteligencia emocional

La inteligencia emocional es un concepto que hizo popular Daniel Goleman, es la habilidad para identificar, comprender y regular las emociones, y las de los otros. el autocontrol o autorregulación de las emociones es una de las aptitudes que dominan a las personas emocionalmente inteligentes, pero no se entiende como un dominio de otros elementos que componen este tipo de inteligencia. Por ejemplo, el autoconocimiento o la empatía, aprender y adquirir habilidades de inteligencia emocional te convierte en una persona con control, por eso el consejo es que la trabajes y a continuación tendrás unos consejos para que mejores la inteligencia emocional y de paso el autocontrol.

Pasos para mejorar la inteligencia emocional

En la década de los noventa la inteligencia emocional fue considerada como un superpoder. Se suponía que la gente lo tenía, pero no era capaz de identificar los estados emocionales, sino que podían conectar con las personas, eliminar atisbos de estrés y descifrar el lenguaje corporal de los que te rodean.

Es realmente maravillosa la inteligencia emocional. De verdad es más importante que el cociente intelectual.

Lo es, cuál es la manera más sencilla de desarrollarla. En este artículo se va a romper por varis mitos sobre la inteligencia emocional y conoce estos pasos para que comiences a mejorarla. Si es que lo consideras que vale la pena.

La inteligencia emocional se puede explicar en función de cómo gestionas las emociones la de los demás. Con estos dos ejes aparecen los cuadrantes que definen la inteligencia emocional.

- **Autoconciencia:** la habilidad de reconocer e identificar las emociones de una persona, así como el origen.
- **Autocontrol:** la capacidad de controlar los impulsos y retrasar la recompensa completa.
- **Empatía:** el poder para conectar con las emociones y motivos de otros.
- **Habilidades sociales:** la capacidad de relacionarte satisfactoriamente con los otros, gestionar conflictos, comunicarte con otros e influir en las personas.

Otros autores añaden la motivación en el eje emocional. Pero, qué es más importante, el saber gestionar las emociones o ser un genio matemático

Cuando termina el siglo veinte aparecen investigaciones que presentan a la inteligencia emocional como el motor del éxito y satisfacción personal. Los estudios mostraban que los mejores líderes eran valientes y emocional.

Sin embargo, los más recientes como este estudio ponen muy en duda la afirmación. Quizás los líderes más carismáticos no poseen inteligencia emocional como se creyó al inicio.

¿Por qué?

Por el modo en el que evalúa la inteligencia emocional, es por medio de cuestionarios que ellos mismos responden, el líder que reconoce por escrito que no sabía identificar las emociones de los trabajadores.

Si sabes en qué trabajas, conocerás el tipo de inteligencia que necesitas

En las investigaciones también apuntan que hay profesiones donde un exceso de inteligencia emocional que puede ser contraproducente como por ejemplo mecánicos, contables, científicos…

Si el trabajo es interpretar datos o reparar autos, el ser sensible a las expresiones faciales, el lenguaje corporal y las emociones de los que te rodean, puede ser una distracción grave.

Tampoco hay que pasar del blanco al negro completo. Hay profesiones como las de coach, comercial, médico, donde se sepa leer y regular emociones.

Para resumir, la inteligencia emocional es clave, pero no es la panacea. En situaciones puede ser útil y en otras el cociente intelectual puro y duro puede ser más determinante.

¿Se mejora la inteligencia emocional?

La teoría más generalizada es que se aumente el cociente intelectual, es prácticamente imposible. Por eso muchos cursos y coaches apuestan por aumentar la inteligencia emocional, puede mejorar con la práctica.

Hay evidencias de que sea posible, y hasta qué punto se puede mejorar.

Se han escrito miles de artículos desde que apareció el tema de la inteligencia emocional, el concepto de la inteligencia y las conclusiones que se pueden sacar son estas:

Puedes cambiar hasta determinado punto

La capacidad para que gestiones las emociones y la de otros, no varía mucho en la vida. Según la evidencia científica, los factores elementales parecen ser la educación que se recibe, experiencias infantiles y genes.

No es que no puedas desarrollar la inteligencia emocional, pero para hacer cambios profundos y le dediques tiempo y esfuerzo.

La inteligencia emocional puede mejorar con el paso del tiempo, de ahí que se diga que la edad madura.

La ayuda profesional da resultados

Hay un debate fuerte sobre el coaching y la formación de habilidades personales. Personalmente no se cree que exista mala fe en los denominados vendedores de humo, pero sí desconocimiento.

Muchos generalizan las experiencias como persona y creen que les ha cambiado la vida a ellos, independientemente de las circunstancias, funciona en los otros. para que evites estas polaridades, hay estudios que han hecho con muchas personas.

En este punto, digan lo que digan las personas, los programas de formación funcionan:

- No pueden hacer milagros, pero los últimos metaanálisis demuestran que pueden mejorar la inteligencia emocional un 25% más o menos, en el caso de las habilidades sociales, hasta un 50%.
- Gracias a la plasticidad neuronal, el término que los neurólogos usan para referirse a la capacidad del cerebro para que se cambie a cualquier edad, puede que se aprenda empatía

y gestión emocional. En este caso, la mejora llega hasta el 35%.

Si no obtienes resultados con el coach o curso de formación, quizás sea el momento de buscar uno mejor.

Es clave que una persona te dé feedback

En investigaciones se demuestra que la forma en que nos vemos a nosotros mismos, tiene poco que ver con la forma en que nos ven los otros. es algo que ha replicado muchos estudios y causa que muchas competencias, nos creamos más de lo que somos.

Por esto, además de seguir un buen programa de formación, es clave que una persona te dé una visión imparcial de ti.

Cuidados en el uso de las técnicas

Mira las estrategias que vas a desarrollar con la inteligencia emocional:

- La idea es que se trabaje en cambiar las conductas que le acompañan, esto según estudios de terapia cognitivo conductual.
- El mejorar la capacidad de aceptar y perdonarte, la autocompasión un concepto que cada vez suena más.
- Las autoafirmaciones positivas, andas con ojo con aquellos coach o programas que prometen mejorar la autoestima con mensajes positivos a ti mismo. Ya que según estudios a menudo resultan contraproducentes y puede ser narcisista.

El objetivo que sale en un estudio que se publica en 2009 era ver si con un programa adecuado se podía mejorar la inteligencia emocional en un grupo de voluntarios, comparado con otros grupos que no recibe entrenamiento. El resultado tiene su incremento a corto y mediano plazo.

En el programa los participantes reciben clases teóricas y ejercicios. Estas fueron las lecciones que recibieron para desarrollar una inteligencia emocional:

Detecta la emocional detrás de los actos

Casi todos vivimos desconectados de las emociones. Las experiencias negativas que se padecen en nuestra vida nos enseña a aislarnos de las emociones para protegerse.

Las emociones no las puedes eliminar, pero tienes que ser capa de conectar con personas y entender cómo influyen sobre ti. Cuando algo te hace actuar o sentirte con una determinada forma, te detienes un segundo, reflexionas en la emoción que hay detrás y encuentras el origen.

Cuando se entra, a lo mejor no sepas por qué actúas o te sientes como lo haces. Deja el desespero, no entrenas para hacerlo, pero a medida que vas centrándote en los sentimientos comienzas a encontrar respuestas.

Que el vocabulario sea más grande

Hay cuatro emociones básicas partiendo de las cuales se crean las demás, la tristeza, enfado, alegría y miedo, aunque también hay quienes agregan angustia y sorpresa.

Cuando busques reconocer las emociones, te quedas solo con ellas. No basta con decir que te identificaste con la emoción y la tristeza. No, tienes que ser lo más específico posible.

Los nombres que agregues en las emociones te ayudan a entender cómo te sientes y por qué, no digas que estás triste, si las palabras que mejor te describen el estado emocional sería decepcionado, melancólico, herido o compungido. Tienes que ser concreto.

Que tengas un lenguaje rico con el que describas los sentimientos es clave, no dominar el lenguaje limita el conocimiento de lo que experimentas, creando sensación de lo que no sabes lo que pasa.

Que las apariencias emocionales no te engañen

Muchas veces las situaciones desencadenan emociones lleva a errores de creer que lo que realmente se siente es la emoción secundaria. Ten un ejemplo.

Imagina que sientes que te traiciona, porque descubres por una persona que alguien que considerabas uno de los mejores amigos no te invitó a la fiesta de cumpleaños. La emoción sería la traición, cuyo componente básico es el enfado.

Si profundizas en lo que ha provocado el enfado, a lo mejor descubres que la emoción original que causa el enfado es la tristeza. Te enfadas con la persona, porque te causa tristeza, el que compruebes la amistad no tiene para ti el valor que querías.

No juzgues la forma en la que te sientes

Las emociones tienen una sola función, el darte información sobre lo que sucede. Si puedes reprimirlas estarías a ciegas y no sabrías cómo actuar.

Las emociones negativas te previenen, no luches, tienes que entender y obtener la información posible para enfrentar el reto del que te alertas.

- El miedo avisa de que no tienes recursos para que abordes lo que sucede. Refleja una desproporción entre la situación y los recursos que tienes.
- El enfado lo sientes cuando vulneran derechos o necesidades. Te empuja a la defensa o ataque para que te respeten.
- La tristeza te indica la pérdida de algo valioso para ti y te prepara para superar ausencias.
- Sientes alegrías cuando algo te resulta agradable. Te motiva a que lo experimentes de nuevo con conductas que las genera.

Considera las emociones no como algo bueno o no, sino como una información que te ayude a ser consciente de ti mismo.

Descubre el mensaje que se esconde en el lenguaje corporal

Si te es difícil identificar emociones y te fijes en el lenguaje corporal te da muchas pistas de lo que sucede en el interior.

Por ejemplo, hay gente que al inicio de un problema se cruza de brazos porque siente que le agreden. Si relacionas este tipo de cambios en el lenguaje corporal con las emociones podrás ser capaz de detectarlas antes.

No se trata de los cambios posturales, las emociones también provocan manifestaciones fisiológicas, como rubor cuando te enojas o presión en el pecho cuando estás triste.

Comienza a encontrar patrones en la sensaciones del cuerpo que experimentas cuando se desencadenan determinadas emociones y eres un master de las emociones.

Controla lo que piensas para controlar el comportamiento

Muchas personas se excusan diciendo que en momentos emocionales pierden el control y no son dueños de los actos, pero solo tienen razón en parte. Los sentimientos son parte de la emoción y de lo que piensas sobre las emociones. No puedes evitar las emociones, pero sí puedes modificar los pensamientos.

La próxima vez que sientas emociones, presta atención a lo que significa que en breve te invade un pensamiento. Decide entonces qué pensamiento quieres tener y cómo te quieres comportar.

Si todo falla, hay algunas otras técnicas de emergencia que te pueden ayudar:

- Si eres una persona ansiosa o nerviosa, te refrescas la cara con agua fría e intenta que te llegue el aire. Se ha comprobado que el frío reduce la ansiedad.
- Evita bebidas con cafeína. Los estudios evidencian que aumentan el nerviosismo y los niveles de ansiedad.
- Ejercicio, todo lo que te diga sobre las ventajas de hacer

deporte con moderación parece poco. Se ha demostrado científicamente que reduce la ansiedad y mejora la confianza en ti mismo.

- Duerme lo necesario, cuando duermes generas endorfinas y reduces niveles de cortisol, la hormona del estrés, por eso cuando no duermes estás más irritable.

Busca el porqué de los otros

El error que comente casi todos cuando se ve una reacción en alguien es juzgar únicamente la reacción, cando detrás de ella hay muchos más ocultos a los ojos.

Te acostumbras a pensar en los sentimientos que pueden hacer detrás de las reacciones, las emociones y los pensamientos que puede experimentar la persona. Si te insulta, es posible que te tema y crea que la mejor forma de defenderse sea alterarse.

Que busques el porqué de las reacciones, consigues entender a las personas. Te advierte que cuando tomes el hábito de hacerlo te cuesta enfadarte con los demás, porque comprendes entonces que todo el mundo tiene motivos para hacer lo que hace.

Ten un diario de emociones, el llamado efecto Bridget Jones

Otro modo práctico y eficaz para mejorar la inteligencia emocional es la de apuntar en una libreta de sentimientos diarios.

Los escáneres cerebrales demuestran que escribir las emociones en una libreta reduce la actividad de la amígdala responsable de la intensidad emocional.

El beneficio es especialmente evidente en el género masculino y todavía más cuando son escritas a mano en lugar de tecleadas en un ordenador.

Expresa las emociones con asertividad

Ahora que sabes identificar y poner nombre a las emociones, el otro paso es aprender a expresarles sin efectos adversos por medio de la asertividad.

La fórmula general es que te sientes con X emoción cuando haces tal conducta en una situación Z, teniendo en cuenta que:

Defines concretamente la emoción X asustada, eufórica o asustada. Expresas las emociones en primera persona, comunicas la conducta y lo que te provoca la emoción, no las intenciones.

Termina expresando lo que necesites.

Evita esas frases que comiencen por tú y sigue con juicios o acusaciones.

Un ejemplo sería que te sientes poco valorado porque tienes 5 años sin recibir aumentos de sueldo en una empresa a pesar de todo lo que le dedicas.

Convierte todo en conductas prácticas

No intentes aprenderlo todo a la vez, céntrate en una sola cosas y la vuelves algo práctico para que sepas qué hacer y cuándo.

Por ejemplo, imagina que sientes que no le dedicas toda la atención a la gente, constantemente estás divagando y soñando despierto, tienes muchas distracciones en el móvil y eso es algo que te afecta.

Una conducta emocionalmente inteligente, es convertir el intento de prestar más atención en algo práctico. Por ejemplo, apaga el móvil y deja de lado las preocupación cada que te relacionas con otros. ahora en vez de hablar de deseos, presta más atención, estás hablando de conductas concretas a cambiar.

Repite la nueva conducta. La plasticidad neuronal modifica las conexiones para que cree la vía neuronal del hábito hasta que se convierta en algo automático

Otro modo de reforzar un hábito es la visualización, imaginarte a ti mismo haciéndolo de manera activa con el mismo circuito neuronal que la actividad real, por eso los atletas olímpicos dedican horas a recrear mentalmente la carrera que harán el día que se compita.

Reduce lo atractivo de las tentaciones

Si eres de lo que te gustan mucho los dulces, puede que te resulte difícil resistir un pedazo de dulce, especialmente cuando piensas en cómo vas a sentirlo en la boca.

En un estudio famoso que se llama La prueba del malvavisco, que se hace en los sesenta por parte del psicólogo Walter Mischel, en Universidad de Stanford, mostró cuál era la mejor forma de resistir la tentación de comer dulces. Además de las conclusiones del estudio, la capacidad de autocontrol predice que una persona puede alcanzar el éxito, tanto a nivel emocional, académico y social.

El experimento cuenta con grupos de sujetos de cuatro años de edad, a los que se les da un malvavisco, a estos se les propone que si podían esperar veinte minutos sin comerlo se lo daría a otros. aquellos niños que no resisten la tentación de llevarlo a la boca, no reciben otro malvavisco.

Los resultados mostraron que dos de cada tres niños aguantan veinte minutos y se comen un dulce. Al cabo de unos años, los investigadores descubren que quienes resisten la tentación, eran exitosos tanto en el campo laboral y académico como en el social y emocional.

Pero qué hacen los niños que resistan la tentación y otros no. Pues los niños a los que se les pide que imaginen la golosina como una imagen o una figura abstracta, por ejemplo, una nube en el cielo. Tuvieron más éxito al momento de resistir la tentación. Por el contrario, los niños que imaginan la golosina por el sabor o por ser un dulce que se guste y tienen problemas en la prueba.

Modifica el ambiente

Imagina que estás en el hogar y pese a que estás a régimen, te apetece comerte unas galletas, por suerte vas a la cocina, abres el armario y ves que todo ha acabado, al final optas por comer un plátano y un yogurt. Que al fin y al cabo son más saludables. El que tengas estímulos negativos no es una buena opción, por lo que si quieres tener un control puedes tomar decisiones como no comprar las galletas.

Imagina esto, estás estudiando en la habitación y tienes un cuenco con caramelos frente a ti, evidentemente comes más caramelos si los tienes en el escritorio que si no los tienes, por lo tanto, modificas el ambiente es una buena estrategia para el autocontrol. Un estudio llevado a cabo en 2006 encuentra que un grupo de secretarias comían más caramelos cuando el cuenco era transparente que cuando había uno opaco cuando esté estaba en la mesa de trabajo lo comían más que cuando estaba a seis pies.

Si sabes que los colores de una habitación pueden afectar el humor y los impulsos de compra.

Practica mindfulness

Tienes que practicar el mindfulness es un modo práctico empleado en la actualidad y las investigaciones demuestran que sirve para mejorar el autocontrol y la gestión emocional. Especialmente en las situaciones de estrés. Básicamente el mindfulness se centra en un trabajo de atención y actitud, con el que se espera estar presente en el aquí y en el ahora, de manera intencional, cumpliendo con principio básicos, con un pensamiento caracterizado por no juzgar, aceptar, tener compasión y paciencia.

Vamos a hacer ejercicios sobre mindfulness:

Respiraciones profundas

Uno de los modos más usados en las técnicas de relajación, incluido el mindfulness se basa en que lleves la atención a la respiración.

La respiración es un acto cíclico que está en el flujo constante que nos mantiene vivos y en el aquí y ahora con el presente en una unión inequívoca del cuerpo con el aire que nos rodea.

El aire es también un elemento que cambia, se respira cada vez un aire distinto, además es algo con lo que se cuenta siempre.

Estas cualidades hacen de la respiración un método útil y sencillo para que conectes con el ahora.

Normalmente se respira automáticamente, sin embargo, l respiración es la manera en la que nos nutrimos, por lo que tomar consciencia en ella y el poder modularla nos lleva a más autocontrol en nosotros mismos.

Este es un ejercicio de respiración que puedes hacer:

- Te estiras boca arriba en una superficie estable y rígida, que esté cercana del suelo.
- Coloca una mano en el pecho, a la altura del corazón. Otra en el vientre, puedes poner música para que medites o para relajarte o para estar en silencio.
- Cierra los ojos y comienza a inspirar por la nariz, tratando de llevar el are hasta el vientre sintiendo cómo se hincha. Esto lo logras con la respiración diafragmática.
- Cuando el vientre se hinche, acaba de llenarte, amplía la capacidad l pecho también. Hazlo lento, contando segundos, aguante por dos segundos.
- Comienza a espirar por la boca, lento, por los mismos segundos que tardaste en inspirar.
- El proceso lo puedes hacer por unos minutos.

Observa los pensamientos

La meditación oriental tiene como objetivo que dejes la mente en blanco, detén los pensamientos. Sin embargo, la sociedad del momento es muy inalcanzable, por lo que el mindfulness busca jugar con la atención, la focaliza en casos concretos y ralentiza el vaivén de los pensamientos y la dispersión.

Puedes hacer el ejercicio anterior de la respiración y en ese caso el elemento en el que te centras para que dejes de lado a otros es con la misma respiración.

Busca ser consciente plenamente y observa que mientras lo hacer a lo mejor se pasan pensamientos intrusivos por la mente que te buscan desconectar del ahora.

El momento presente no es más que ese donde sucede mientras estás respirando, en cambio los pensamientos te llevan al pasado o al futuro, no te preocupes, te tienes que dar comprensión y buscar retornar delicadamente la atención de nuevo a la respiración.

Lo debes hacer las veces que te asalten los pensamientos, la mente tiene la característica de poner verse a sí misma, entre más lo hagas más comprensión se tiene sobre ti y más control adquieres más sencillo te sale.

Identifica emociones

De seguro no solo los pensamientos dispersan la atención, porque en la mayoría de casos estos se acompañan de las emociones. En el día a día nos vemos expuestos a una gran cantidad de situaciones que causan emociones y muchos cargan con una mochila de emociones que lleva a reprimir y enmascarar para facilitar el segur con nuestras vidas.

Se buscan distracciones o se mantienen ocupadas para no tener tiempo de pensar en ellas, por esto es que en el momento en el que nos quedamos a colas, bajamos la guardia, esas emociones acumuladas pueden rebrotar y recordarnos que están allí, vivas.

Se asertivo

La asertividad es una habilidad social y comunicativa que se halla entre la pasividad y la agresividad. Se sabe que este punto medio es un poco difícil de hallar, pero es la clave para que mejores la comunicación donde te encuentres.

A menudo se confunde erróneamente con la agresividad, dado que la asertividad implica que hagas valer la posición firme y persistente.

Sin embargo, aprender a trabajarla en equipo es más valioso que manifestar el punto de vista por cuenta propia.

Cuando se interactúa con los demás, se tiende habitualmente a ponerse la postura de agresividad, a expresar de forma inapropiada el resultado o la falta de confianza en sí mismo.

La asertividad es una comunicación equilibrada, o se considera pasiva ni agresiva, sino que es una conducta donde se expresan los sentimientos con honestidad, de manera directa y correcta, siendo respetuoso con los pensamientos y las creencias de los demás, a la vez que se defienden los otros.

Expresar correctamente los sentimientos y los deseos requiere de una habilidad importante tanto personal como interpersonal. En las interacciones con los demás, sea en casa, trabajo, con clientes o colegas. La asertividad ayuda a expresarnos de forma clara, abierta, razonable sin menoscabar por ello a los demás.

Identificar una conducta pasiva o no asertiva es muy fácil. Las personas que se comportan de esta manera buscan constantemente agradar a los otros y cumplir el deseo de ellos, tienen una necesidad inmensa de ser valorado por las acciones que se enfocan solo en complacer a los demás con el riesgo de socavar los derechos individuales y la confianza en sí mismo. Es una conducta caracterizada por darle responsabilidad a otros y aceptar que los demás tomen decisiones por nosotros.

La mejor forma de corregir esto es que se aprenda a decir que no, si en algún momento nos mandan a hacer una tarea para la cual no tenemos tiempo o no podemos sacar beneficios para nosotros.

La conducta agresiva no es asertiva, cuando una persona actúa de forma agresiva no tiene en cuenta sentimientos de otros y nunca demuestra aprecio hacia los demás. Es un tipo de actitud que puede tener consecuencias que no se quieren para lo que se está comunicando, porque a menudo la agresividad causa bloqueos para avanzar. Las respuestas llenas de agresividad favorecen la réplica no asertiva, sea pasiva o agresiva.

La comunicación agresiva es un modo habitual de comunicarse en las empresas. No es necesario que se grite para ser agresivo. Una posición agresiva muchas veces es la de no escuchar a los otros, no atender peticiones, no escuchar argumentos una posición agresiva es no atender a otros y solo imponer lo que se desea.

¿Cómo ser asertivos?

- No permitas que otros te impongan órdenes si estas van en contra de los principios o deseos, evita que te manipulen.
- La asertividad implica que comuniques el punto de vista sin que nadie te pase por encima y respetar a la vez a los otros.
- No permitas que te ofendan o te amenacen, evita de este modo situaciones llenas de estrés o ansiedad. La asertividad actúa como una coraza contra lo negativo y las humillaciones. Es una actitud que camina al éxito.
- Ser asertivo significa que seas abierto para que expreses pensamientos, sentimientos y deseos. Anima a los demás a que se haga lo mismo.
- Para ser una persona llena de asertividad se tienen que escuchar las opiniones y los consejos de los demás, si los consejos son buenos para los otros, los tienes que aceptar, si no es así, los rechazas con delicadeza, sin ofender a los otros.

Conductas que ayudan a ser asertivos

- Acepta que tienes responsabilidades, pero también aprende a delegar.

- Felicita con frecuencia a los otros por lo que hacen, admite errores y pide disculpas cuando te equivoques.
- Deja de ser conformista, busca experiencias nuevas y alternativas para que mejores en la vida profesional y personal. Es lo que necesitas para llegar a ser feliz.

Claves para que logres ser asertivo

Ten presente estas claves que te servirán para reforzar la asertividad

Comienza con cosas pequeñas

Si la idea es ser asertivo y esto te hace sentir inseguro, comienza con cosas que no tengan mucho riesgo, por ejemplo, cuando pidas una hamburguesa y el camarero te trae pasta, le haces ver el error y le pides que lo cambie.

Si vas de compras con la pareja y tratas de decidir sobre un sitio para comer, manifiesta la opinión a la hora de elegir a donde ir.

Cuando sientas comodidad con esto, comienza a aumentar la dificultad poco a poco.

Comienza diciendo No

Si vas caminando a la asertividad, el No es el mejor aliado, tienes que decirlo con más frecuencia. A lo mejor ser firme y decidido con el No sin dejar de ser considerado Sí es posible, prueba y verás.

Al comienzo, decir no puede que te dé un poco de ansiedad, pero con el tiempo te sentirás liberado.

Puede que algunas personas sientan decepción ante esta situación, pero recuerda que mientras expreses las necesidades con consideración, no eres para nada responsable de las reacciones.

Sé simple y directo

Cuando te afirmas a ti mismo, menos es más. Tienes que hacer las peticiones de manera directa y sencilla, no tienes que darles explicaciones elaboradas a los otros, solo con una respuesta cortés es suficiente.

Usa el Yo

Cuando haces peticiones o expresas desaprobaciones usa el Yo, lo haces en primera persona, en vez de decir: Eres muy desconsiderado, no tienes idea lo duro que ha sido este día, ¿por qué me pides eso?

Tienes que decir:

Estoy muy cansado hoy, veo que quieres que haga eso, pero no las podré hacer hasta mañana.

No te disculpes por expresar deseos o necesidades

A menos que pidas algo irrazonable, no tienes que sentir culpa o vergüenza por expresar necesidades o deseos. Deja de estar pidiendo disculpas cuando pides algo, solo lo pides con educación y ya. Espera a ver cómo la otra persona responde, el que seas asertivo se traduce en que comunicas.

Usa el lenguaje corporal y el tono de voz

Tienes que verte y sentirte seguro cuando hagas solicitudes, o indicar preferencias, ponerte de pie, inclinarte un poco, sonreír o mantener expresiones neutras mira a la personas a los ojos, son acciones que muestran seguridad. Puedes también asegurarte de hablar claramente y con la voz alta.

No justifiques o expliques las opiniones que des

Cuando tomas decisiones o das opiniones con las que otros no están de acuerdo, un modo en el que buscarán poner presión en ti es que les expliques por qué lo hiciste, opinaste o te portaste así. Si no puedes encontrar una forma de hacerlo, tienen que estar de acuerdo con lo que quieren

Las personas que no son asertivas, con la necesidad de estar agradando se sienten obligadas a dar explicaciones o justificaciones por cada elección que hacen, incluso si no se las han pedido.

Se quieren asegurar de que todo mundo está de acuerdo con las opciones y que de este modo lo que hacen es pedir permiso para actuar.

Sé persistente

A veces enfrentas situaciones donde inicialmente no encuentras respuesta a las solicitudes. No te limites a decirte tú mismo que lo intentaste.

A menudo, para poder encontrar justicia tienes que ser persistente.

Por ejemplo, si te cancelan un vuelo sigue preguntando acerca de las opciones, como ser pasado a otra línea aérea para que llegues a destino a tiempo.

Ten calma

Si una persona no está de acuerdo o desaprueba lo que elegiste, opinaste o pediste, no te tienes que poner a la defensiva o enojarte. Es mejor que busques una respuesta constructiva y decidas evitar a la persona en otras situaciones.

Elige las batallas

Un error común que se comete en el camino a la asertividad es que se busca ser firme todo el tiempo. La asertividad es situacional y contextual, puede haber casos donde ser asertivo no te lleve a ningún lado y tomar posturas agresivas o pasivas sean el mejor camino.

A veces lo mejor es que se oculten los sentimientos, sin embargo, aprender a decir las opiniones que se tienen y a respetar la validez de estas opiniones, te hacen una persona con más confianza.

El resultado de las acciones asertivas puede llevarte a encontrar lo que quieres o un compromiso, o tal vez un rechazo. Esto da pie a que te sientas más cerca de controlar tu vida.

Entonces, la asertividad es un modo de comunicarse con los otros de una manera abierta, directa y con honestidad en relación con los sentimientos, las necesidades y derechos.

¿Por qué es tan difícil ser asertivo? Las razones son muchas, pero todas tienen que ver con las creencias falsas que se tienen en relación a cómo se sentirán o actuarán los otros si nos comunicamos asertivamente.

Pero no olvides los beneficios de ser asertivo, tu confianza se alimenta y mejora tu autoestima, el control se optimiza con el control de la vida y las emociones y mejoran las relaciones con los demás.

Ten ambición, pero controlada

En el diccionario de la RAE se puede encontrar una buena definición de lo que es la ambición:

Es el deseo ardiente de conseguir poder, fama o riquezas.

Ese deseo es el que nos hala como un imán que nos pone en acción para lograr las metas que nos propongamos.

La ambición es algo que se desea, en combinación con la actitud generan los estímulos que se necesitan para desarrollar la acción poderosa que se enfocan en generar resultados.

Hay que asumir que el mensaje que la ambición transmite en todo momento no es otro que ponerse en acción. Nos quiere decir solo eso, por tal razón hay que aprender a controlar la arenga insaciable. Las acciones desmedidas o mal enfocadas generan efectos perversos con malos resultado para la salud.

Cuando no podemos controlar la ambición esto puede llevar a la ansiedad por no haber conseguido el objetivo, sea por lo que quede por hacer, por lo grande del objetivo en comparación con la velocidad a la que vamos.

Para mantener la ambición controlada, te pregunto esto:

¿Qué es lo que quieres?

Puede parecer sencilla la pregunta, si tratar de responder ahora mismo. Pero a la vez es compleja para muchos de los proyectos en los que trabajas, a lo mejor descubres que no sabes qué es lo que quieres conseguir en cada uno de ellos.

¿Qué quieres?

¿Por qué lo quieres?

¿Para qué lo quieres?

El tratar de aclarar esto desde el momento cero puede ser clave para que mantengas las ambiciones bajo control.

Ya se sabe que la ambición se apodera de la inercia y que muchas veces hacemos más y más sin cuestionamientos. No nos paramos a reflexionar y simplemente nos dejamos llevar por la llamada de la acción que nos lleva a oportunidades y nos lanzamos por ellas. Cuando detectamos esto podemos decir que las riendas de la acción se dirigen por la ambición y no por nosotros.

Tener claro lo que se quiere antes de hacerlo ayuda a tomar el control de las vidas y evitar que la ambición, ese deseo inmenso de crecer, de hacer, de conseguir, acabe dirigiéndonos.

Descubrimos que cuando sabemos qué es lo que queremos, cualquier cosa cualquier acción, cualquier propósito puede no ser el correcto y así se aprende a discriminar los proyectos que de verdad merecen la pena y los que no. En función de que se alineen o no con lo que se quiere. El ser selectivo gracias a esta breve pregunta aporta a nosotros una buena dosis de felicidad, acción y enfoque a lo que se quiere.

Cuando hayas encontrado las respuesta a esto ¿Cuál es el mejor camino para controlar la ambición?

En la planificación se encuentra la mejor herramienta para que gestiones y controles la ambición, cuando respondes a esto de qué es lo que quieres, inicias la planificación en busca de los objetivos, trazas el plan de acción que te lleva a ellos, dimensiona la magnitud de la acción y pones hitos y fechas al desarrollo. De esta manera acotas lo que necesitas hacer en cada momento, mantienes el control de lo que debes hacer.

Cuando no lo haces así, el deseo de alcanzar objetivos cuanto antes puede transmitir un sensación de ansiedad por todo lo que queda pendiente, por lo mucho que falta para que llegues al objetivo. Cuando planificamos, conocemos lo que debe ser el desarrollo del proyecto, los tiempos en los que se hace la posibilidad de medir cada uno de los pasos y la evolución, con esto consigues el modo de alcanzar una sensación de certidumbre que al final domina la ambición.

Se ha visto que la realización de esto y el ejercicio de la planificación correcta supone una metodología adecuada para que consigas grandes resultados en la ambición de manera controlada y sin estrés.

APRENDE A DESARROLLAR LA AUTOCONFIANZA

Incluso los líderes grandes, pasan por momento donde la confianza les flaquea y tienen que trabajarla la confianza en unos mismos no es una cualidad estática, más bien es un estado mental que requiere esfuerzo fuerte para mantenerse cuando las cosas no marchan.

Se tiene que aprender, practicar, dominar al igual que otras habilidades, pero cuando se domina tiene un gran cambio positivo.

¿Qué es la autoconfianza?

La autoconfianza tiene un poder que todos tenemos, que es el de creer en nosotros mismos, a lo largo del desarrollo personal, se va puliendo el defecto que podamos tener y las virtudes. En base a la experiencia y los aprendizajes que se van moldeando. Algo que nos ayuda a avanzar en la confianza.

Tanto para el desarrollo de la autoestima como para el crecimiento personal hay una necesidad que es la de confiar en uno mismo, si no se tiene confianza nos paralizamos, huimos y evitamos toda experiencia desconocida, creyendo que no vamos a ser capaces de enfrentarla. En la autoconfianza está el impulso que os lleva a crecer y enriquecer ante las diversidades de experiencias.

La visión del mundo depende de cómo nos veamos a nosotros mismos, igual que la relación con las demás personas. Vamos creando un concepto sobre nosotros en función de cómo creemos que nos ven los otros, sin embargo, no hay que perder de vista el cómo nos estamos viendo nosotros. Dependiendo de esto vamos a focalizar más la atención a los aspectos negativos o positivos.

Un sesgo bastante habitual que tenemos las personas es el de quedarnos con una parte de las cosas en vez de la globalidad. El cómo se ha desarrollado la autoconfianza nos ayuda a ver más allá de las críticas, los resultados y los errores que se cometan. Facilita la comprensión, la compasión para poder llegar a la aceptación. Vamos a ver en detalle en qué consiste esto de la autoconfianza y cómo se trabaja.

Cree en ti es la base para la autoconfianza

Si a estas alturas aún te preguntas en qué se basa esto de la autoconfianza, vamos a detallas un poco más. Esta es una característica propia de todas las personas, aunque hay personas que la tienen más desarrollada. Otras la tienen mucho menos, lo importante es que todos tenemos esta percepción intrínseca.

La autoconfianza se basa en la imagen que nos hemos creado de nosotros mismos desde que somos niños, una autoimagen es la que le vamos dando en relación a la experiencias que vamos viviendo, por supuesto en gran medida a la interacción que mantenemos con los otros y con el entorno.

Este es un concepto que se desarrolla con nosotros mismos y ayuda a que confiemos y creamos en las capacidades, en las habilidades para los aprendizajes y a seguir creciendo por medio de las experiencias.

Confiar en sí mismo es la base para una buena valoración personal, lo que supone una mejor autoestima y seguridad. Qué sucede cuando se tiene poca confianza en nosotros mismos, lo que pasa es que la infravaloramos lo que se puede lograr, de este modo no nos atrevemos a llevar a cabo los sueños e ilusiones. Nos bloqueamos ante los retos y nos asentamos en la comodidad. Limitamos las experiencias y capacidades para podernos desarrollar.

Hay personas con mejor confianza en sí mismo que otras, esto tiene que ver con el valor que damos a las opiniones de otros, de cómo nos afecta la valoración de otros y las críticas. Cuando damos más importante a lo que dicen los demás de nosotros e intentamos llenar sus expectativas, sin haber visto antes las motivaciones, los sueños la valía ante las dificultades hace que sea inevitable crear una imagen de sí mismo infravalorada y distorsionada.

La autoconfianza se puede construir. Todas las personas la podemos alimentar. Vamos a ver ahora cómo es que se puede trabajar si nos centramos en el autoconocimiento.

Cómo construirla día a día

Cualquier persona por muy baja confianza que tenga, es capaz de reemplazar la imagen que tiene por otra más beneficiosa, para ello tiene que estar dispuesto a implicarse en el autoconocimiento. Tiene que dar valor a lo que le gusta, las motivaciones, expectativas, ilusiones y sueños.

El que te vayas conociendo a ti mismo en todos los aspectos te hará fácil tener una visión sobre ti. Donde compruebas que no eres una persona más, que eres tú, un ser único, que tienes una personalidad, con talentos y experiencias que nadie más tiene. Si puedes valorar este tesoro que eres, podrás entonces comenzar a sacarle el mayor provecho al desarrollo y a pulirte.

Para poder construir la autoconfianza tienes que saber que debes dejar de compararte con los otros, tan solo tienes que superarte tú mismo, cada persona tiene un ritmo y unas motivaciones, por lo que te tienes que centrar en cómo puedes avanzar en relación a ti. Debes ir viendo lo que vas a construir dentro de las posibilidades y lograr ser mejor persona. Esto como puedes ver no tiene nada que ver con lo que hacen las demás personas.

Debes comenzar a enfocarte en todo lo que puedes hacer, dando pasos que te permitan avanzar. Agradece por lo que tienes y la oportunidad que te ha dado la vida en cada experiencia para poderse desarrollar y adquirir aprendizajes. Claro que eres imperfecto, todos lo somos, cometes errores y caes constantemente todo esto es parte del proceso. Cualquier incidente y adversidad son prueba de que estás haciendo más fuerte la autoconfianza. Cuando puedas comprender en tu interior esto, reconocerás y aceptarás el mundo. el mundo de posibilidades que se abre ante ti vas a dar el paso a la aceptación y sabrás que mereces todo lo bueno que suceda. Cuando crees en ti no ves a los demás como rivales ni ves al mundo como un sitio hostil donde procuras sobrevivir a toda costa. Aumentas la capacidad de visión al mundo y a las personas gracias a que te sientes en paz contigo mismo.

Trabaja los hábitos negativos

Los malos hábitos afectan tu vida, ponen en peligro tu salud y te roban energía en el cuerpo y la mente. Eso ya lo sabes. Entonces ¿por qué sigues con esos malos hábitos? ¿Por qué es que no los cambiamos? ¿Se podrá hacer algo al respecto?

Todos tenemos malos hábitos, sin embargo, algo que sirve en estos momentos es tener rutinas y sentirse mejor. Hay que romper con los malos hábitos, esto exige un proceso, especialmente exige la estrategia correcta.

Aquí vas a encontrar la respuesta a las preguntas anteriores y la fórmula que de verdad funciona para que comiences a trabajar estos hábitos que afectan y le cobran factura a tu bienestar. Comienza hoy a dejar los malos hábitos.

No importa si hasta ahora has estado en el camino incorrecto, siempre hay una oportunidad para que des la vueltas y mejores.

Si la respuesta es que sí quieres cambar tu vida, entonces te cuento cómo hacerlo

- ¿Por qué es que no lograr romper esos lalos hábitos que no te dejan que tengas una buena vida?
- ¿Cómo detectar los malos hábitos en la rutina que afecta el bienestar?
- ¿Cómo lograr cambiar os malos hábitos con una fórmula efectiva y sencilla de poner en marcha?

Antes de eso imagina esto:

Estas en casa, ves una película. Mejor, se trata de un film emocionante, con suspenso, y está en el sofá, cómodo, al borde del colapso nervioso. La película va en lo mejor, justo en la escena donde se sabrá quién es el asesino.

De repente…

El televisor se apaga. Se fue la luz.

Todo está a oscuras, te tambaleas, caminas con cuidado, tanteando la cocina, esperando a ver si la vista se adapta, quieres ir por las velas. Cuando llegas a la cocina le das al interruptor para encender la luz. obviamente no prende.

Le quitas importancia o hasta te llamas tonto a ti mismo por haberlo hecho, el cerebro ya te recordó que no hay luz. prendes la vela y ya esperas a que restablezcan el servicio.

Te vas para el baño, y apenas pones un pie dentro le das de nuevo al interruptor, con la misma suerte que el de la cocina. Te quedas pensando que cómo es que haces lo mismo un par de veces seguidas.

Prender y apagar la luz es algo que haces en automático e inconsciente.

Lo importante es que, así como se dan esas cosas, solo cuando te haces consciente de los hábitos, es cundo puedes hacer algo al respecto para que lo cambies.

Entonces, no ser consciente de los malos hábitos es el primer motivo que explica por qué no has logrado eliminarlos de tu vida.

Los malos hábitos son automáticos, muchas veces no puedes darte cuenta de qué es lo que los inicia. De ahí la importancia para que hagas un análisis y detectes los malos hábitos que quieres cambiar y esto es algo bueno porque si eres capaz de darte cuenta de ese mal hábito puedes cambiarlos a favor.

Aunque, hay muchos otros motivos que hacen que no puedes borrar esos malos hábitos y es importante que sepas cuáles son para que no sean errores establecidos en el mañana,

¿Por qué es que no puedes eliminar los malos hábitos?

En la pregunta encuentras la segunda razón, intentar eliminar los hábitos no funciona.

Comencemos por aquí entonces: eliminar los hábitos no es posible.

Sí, no es un error… no es posible.

Cualquier hábito que se tenga en la vida, sea bueno o no, se almacena permanentemente en el cerebro y no se puede borrar.

No te vayas a ir ni pares la experiencia de este contenido.

Lo que acabo de decir es una gran noticia, los hábitos saludables que se hagan de manera efectiva desde hoy, van a tener beneficios a largo plazo y no se irán de la rutina.

Sin embargo, que intentes una y otra vez eliminarlos simplemente es una estrategia que impide que veas los buenos hábitos.

Además, intentar eliminar el pensamiento te lleva a caer en el mal hábito, solo lo hace más recurrente en la mente. Es como una paradoja, el cerebro hace un escaneo de los pensamientos para detectar si aparece el pensamiento a eliminar, pero en el proceso llega a la mente el pensamiento una y otra vez.

Si quieres dejar la gaseosa y tratar de reprimir ese empalagoso antojo de la mente, el cerebro hará que sea más constante.

Como te puedes dar cuenta, el eliminar los malos hábitos es algo que no se da, pero hay otras estrategias populares que tampoco ayudan a que cambies los malos hábitos.

Imaginas el resultado, no el proceso.

¿Alguna vez has leído que el solo imaginar la vida con mejores hábitos hará exactamente eso?

Pongamos por ejemplo que quieres perder peso, imagina que andas en bañador corriendo por la playa, eso hará que lo logras más fácilmente. Suena bonito y te hace sentir mejor. Se ha descubierto que esta estrategia sola para que llegues a la meta.

Igual, puede ser perjudicial, no permite que valores el proceso y esto para porque la mente se satisface al imaginar el resultado final y resta urgencia para mejorar los hábitos.

Así que olvida para siempre las estrategias anterior y mejor ve con los pasos de este apartado para que sepas que sí funciona la fórmula. El momento de ser consciente de los malos hábitos restan bienestar a tu vida.

Cómo detectar malos hábitos

A lo mejor tienes una buena lista de malos hábitos que te hacen daño y quieres eliminar de tu rutina.

Si no es así, te recomiendo que lo hagas y seas consciente de esos malos hábitos. Es lo clave para que los modifiques saludablemente.

Para ayudarte, esto es lo que se define como mal hábito:

Es una acción repetida que directa o indirectamente afecta el bienestar y la salud.

Por qué es que tenemos esos malos hábitos a pesar de que nos afectan. Bueno, importante analizar esto. Lo interesante es que los hábitos que son poco saludables tienen recompensas positivas a corto plazo para el cerebro, esto hace que caigamos una y otra vez en ellos y sea difícil borrarlos.

Esta es una recompensa, una sensación agradable un alivio de ahora de un sentimiento, a veces la recompensa se trata de reacciones fisiológicas o psicológicas.

Las partes de un hábito bueno o malo:

- El hábito.
- La recompensa.
- El recordatorio del hábito
- Se vuelve al ciclo de comenzar el hábito en un círculo eterno.

Vamos a suponer que tienes el hábito de tomar Coca Cola, no es saludable. Se sabe que tiene mucha azúcar dentro, el azúcar se almacena en forma de grasa y con el tiempo aumenta el peso. Como consecuencia se padecen enfermedades. Es algo que no quiere nadie.

El problema es que tomar Coca Cola se instaló en el cerebro en forma de habito por medio de un recordatorio o desencadenante y una recompensa positiva.

Entonces la situación se da así:

- El recordatorio, que es la sed que te recordó y motivó a ir al refri a buscar una lata roja.
- La rutina o hábito que es tomarla y sí, es un hábito, y muy malo.
- La recompensa que es la sensación de beber y el pico de azúcar en sangre que activan y hacen sentir bien el cuerpo... pero lo daña.

En el momento en el que la acción se convierte en hábito, el cerebro asocia determinados recordatorios con recompensas como le sucede en el ejemplo del interruptor de la luz.

Lo que se traduce como que los malos hábitos se presentan en la vida por una razón, responden a necesidades, como reducir el estrés, calmar antojos, apagar la sed, por eso el tratar de eliminarlos no es la mejor manera de enfrentarlos.

El primero paso es que seas consciente de que, aunque tienen un disfraz de recompensan, son malos hábitos que te dañan. Detectarlos es clave para que los cambies.

Comienza por buscar papel y anotar los malos hábitos

Toma unos minuto para que los detectes y es el primer paso porque muchas veces ellos se esconden y puede ser difícil detectarlos, nos engañamos a nosotros mismos para no detectarlos.

Toma una hoja y un lápiz y escribe una lista de los malos hábitos que tienes en la rutina. Nadie va a ver las respuestas.

En un estudio se analizó que detectarlos es efectivo para que los cambies.

Les pidieron a los participantes que escribieran los hábitos malos que buscaban borrar.

Estos tenían algunas actividades poco saludables como el comer comida chatarra, procrastinar, ir a la cama tarde, beber alcohol, incluso ir de fiesta.

Después, los investigadores le dan libretas para que ellos escriban cuando dónde y cómo aparecen los hábitos, lo que los investigadores encuentran es que había que registrar el momento en el que ponían en marcha estas acciones, esto fue clave para reemplazar los malos hábitos.

Vamos a hacer eso a continuación para que veas esta excelente fórmula.

Así cambias los malos hábitos

La fórmula consiste en que reemplaces los malos hábitos y coloques hábitos saludables y listo...

Para poder eliminar los malos hábitos los tienes que cambiar por buenos, que generen recompensas. Te va a parecer complicado, pero es muy sencillo.

Solo tienes que encontrar una actividad sana que puedas usar para reemplazar el hábito, con el tiempo la acción va a tomar formar y lograrás sobreponerte al viejo hábito.

Qué pasa con este hábito poco sano si no lo puedes borrar totalmente.

Tristemente el hábito se mantendrá en la memoria, estará allí latente, esperando a reactivarse en cualquier momento, pero lo suficientemente débil como para que tome poder.

Por fortuna muchos de estos hábitos que quieres cambiar tienen un reemplazo saludable. Por ejemplo, comer fruta en vez de dulces, leer un buen libro en vez de la adicción a la TV, tomar agua en vez de refrescos.

La estrategia es que reemplaces el hábito por otro, es clave y terapéutico se usa por profesionales para que trates el Trastorno Obsesivo Compulsivo. La estrategia de reemplazar hábitos malos por buenos ayuda a las personas a tener control de los hábitos inconscientes y esto es útil.

Te tienes que dar cuenta cuál es ese hábito que quieres cambiar, luego tienes que ser consciente del momento en el que se desencadena el mal hábito y finalmente encontrar una acción que los sustituya de la mejor manera.

Entonces lo primero es que:

- Selecciones el mal hábito.
- Que lo describas de manera específica

- Encuentra el beneficio a corto plazo y el recordatorio.
- Toca reemplazarlo por algo saludable.

Para que puedas identificar el mal hábito tienes que analizarlo en concreto por unos días, toma el tiempo necesario.

¿Cuándo, en qué lugares, a qué hora o con quién es más común que caigas?

¿Tienes un estado de ánimo que haces que caigas en el mal hábito?

¿Qué sensaciones tienes cuando lo haces?

Después de analizar esto, tendrás la señal que hace que caigas en el mal hábito, el recordatorio y la recompensa o el beneficio inmediato que percibes. Recuerda que los malos hábitos también tienen recompensas a corto plazo.

Ahora solo queda que reemplaces el mal hábito por una acción mejor y más saludable.

Por ejemplo:

- En vez de desayunar el pan dulce de todos los días, te comes una tostada y un pedazo de aguacate.
- En vez de ver televisión hasta medianoche, comienza a escuchar un audiolibro.
- En vez de tomar refrescos, compra agua con burbujas o mejor agua fresca.
- En vez de ver la serie de la tarde con snacks, come frutos secos como almendras o pistachos.
- En vez de tomar el ascensor, sube por las escaleras o al menos algunos pisos si vives muy alto.
- En vez de procrastinar con un video de YouTube, escribe los pasos a dar para terminar una tarea.

Entonces, desde ahora cuando encuentres el mismo recordatorio, lo cambias y pones a prueba con la actividad seleccionada.

Todo es cuestión de que seas consciente del mal hábito en el momento en el que estés a punto de caer o cuando hayas caído, tienes que poner a prueba la acción, pero si caes en el hábito no te culpes, recuerda que dejar los malos hábitos requiere tiempo y esfuerzo, sobre todo constancia.

Poco a poco el cerebro aprenderá el patrón de comportamiento y el mal hábito se entierra en el fondo de la mente mientras que el nuevo toma el control

Entonces ¿qué pasa si no encuentro acción que logre reemplazar el mal hábito?

Pon hábitos nuevos para que todo funcione

Esta es una fórmula que se complica para los malos hábitos que están arraigados en la rutina diaria, si se te complica no te preocupes, siempre hay un plan B. en este caso la idea es que incorpores un hábito saludable en la vida. Así de sencillo.

Sea que comiences a hacer ejercicio o cenar ensaladas, crear hábitos tiene el poder de desencadenar efectos saludables en todas las áreas de la rutina diaria.

No te compares con los demás

Las comparaciones son odiosas, eso se sabe, sin embargo, de uno u otro modo nos comparamos con los demás. Sin querer hacerlo, a lo mejor no quieres evitarlo, cuando miras a otros te comparas con ellos. Esto te lleva a dos situaciones, te sientes en una posición inferior o te sientes superior ante el otro. Ten la seguridad de que ninguno de los dos sentimientos tienen cosas buenas para ti.

Todo comienza cuando se es pequeño y comienzan las comparaciones con los otros, el primo, el hermano, el hijo de María, incluso puede que seas objeto de admiración por las demás personas, las vecinas, los maestros y que los hijos sufran las consecuencias de no alcanzar ese ideal que representabas.

De este modo nace la costumbre de vivir la vida comparándola con otros, en unos casos sientes que eres inferior en otros te crees superior. A medida que crecer se te olvidan los deseos y las motivaciones, es como si para saber si tu vida es satisfactoria si vas bien vestido, si el trabajo es bueno, necesitas medirte con los otro y así sabes el tipo de felicidad que tienes y si tienes o no satisfacción propia.

Vas comenzando a anhelar las habilidades, cualidades o vida de otros y que consideras ideales, así es como dedicas parte del tiempo a intentar conseguir ese ideal que no tiene el otro, sin que tengas en cuenta quién eres realmente, las habilidades, dones y cosas que tienes. Al contrario, necesitas hacer y tener cosas para sentirte mejor, exigirte cada vez ser más perfecto y mantener esa imagen. Sea cual sea el caso, lo triste es que pierdes el centro y el criterio y al final apenas puedes compararte con los otros.

¿Cómo afecta esto?

Las comparaciones son injustas, entre otras cosas porque por lo general comparas los puntos débiles con los puntos fuertes del otro, así seguramente pierdes, que no tengas duda de esto. Cada que te comparas le quitas mérito a los esfuerzos, habilidades y logros. L que impide que valores lo que puedes hacer. Cuando te comparas con los demás, dejas de centrarte en ti, te abandonas y dejas de trabajar en las motivaciones verdaderas y los deseos genuinos. Olvidas la vida propia, te centras en tratar de igualar la vida de otro bueno, para ser precisos lo que quieres es solo esa parte de la vida del otro que has idealizado, porque en la vida hay luces y sombras, aunque a veces se idealiza tanto al otro que solo ves sus luces y castigas viendo las sombras. Mientras más te distraes en la atención de los demás, dejas de trabajar en lo que te incumbe e importa.

También hay otro lado más oscuro en la comparación y es como te decía antes, cuando te comparas con otro te sientes superior o mejor que él, el alimento para el ego, te llenas de soberbia y vanidad. Pierdes humildad y mirada amorosa para el otro, eso sí somos sinceros, todos en algún momento lo hemos sentido.

Qué haces para dejar de compararte con los demás

Lo primero es que tomes consciencia de que te estás comparando, muchas veces nos comparamos con otros sin darnos cuenta de que lo hacemos, es algo común. Pero cuando le pones atención te das cuenta que lo haces varias veces al día, y la verdad es que sorprende y no tiene ninguna gracia.

Cuando te pilles comparándote con otras personas cambia el sentido de la atención y lo diriges a ti, céntrate en lo que es realmente importante, los objetivos, deseos y pon energías a trabajar para conseguirlos. No descuides el jardín por andar pendiente del jardín del vecino.

Le debes dar valor a los logros, a las experiencias de vida a los pequeños éxitos personales y profesionales, todos hacemos a lo largo del día cosas bien y que tienen valor. Aunque al compararte con otros se hace invisible.

Tienes que ser más considerado contigo mismo y con los otros. cuando te veas sintiendo inferioridad ante las cualidades de otro, recuerda que te comparas solo con los puntos fuertes y obvias los tuyos y te aseguro que tienes y muchos. Si al contrario te sientes en un punto de superioridad, toma unos segundos y haz las siguientes preguntas: ¿Para qué necesito sentirme superior? ¿Qué me aporta sentirme arriba del otro? Te va a sorprender la respuesta o a lo mejor no.

Agradece por lo que tienes, por todas esas cosas, no solo lo material, que son normales, habituales, no te paras a darles importancia ni el valor que tienen, pasan desapercibidas en el día a día, tienes salud, cama, familia, es de lo mejor que puedes hacer para que sientas que eres pleno y para que des las gracias.

Cerremos con esta cita:

"La única persona con la que deberías compararte es con la persona que eras ayer. Esa es la persona a la que debes superar y en la que debes fijarte para ser mejor".

Sigmund Freud

Cuida tu salud

Para tener autoconfianza tenemos que cuidarnos nosotros, y eso se consigue cuando podemos tener una buena salud tomando los cuidados preventivos y necesarios.

Tener buenos hábitos ayuda a que se tenga buena salud, no es fácil. Po eso tienes que tener en cuenta estos consejos para un buen cuidado de la salud:

Las frutas y verduras no pueden faltar

Te gusta comer frutas y verduras seguramente sí. Si es así, pues es excelente, según expertos, este tipo de alimentos son compañía perfecta para una buena nutrición. En términos de porciones la recomendación es que comas como mínimo cinco porciones al día y que sea de frutas variadas. Ingerir más de lo recomendado representa una alta porción de azúcar para el cuerpo.

Activa el cuerpo

La dieta no es todo, además de una alimentación saludable, el ejercicio es el otro habito que tienes que hacer si quieres tener una vida saludable. En caso de que lleves poco tiempo haciendo ejercicio, lo recomendable es que vayas aumentando poco a poco la actividad, así como la duración del entrenamiento hasta que consigas los objetivos planeados. Las rutinas exigentes no son buena opción.

Vacúnate

Los adultos también las necesitan. Muchos creen que solo los niños son los que se vacunan, pero no es así. Las mujeres embarazadas, por ejemplo, luego del nacimiento o en los primeros meses de vida, en el caso de adultos deben vacunarse contra la influenza o tétanos.

Enfrenta el estrés

Reconocer, analizar y admitir que podemos padecer estrés es necesario si queremos comenzar a cuidarnos. Por ejemplo, al enojarnos o irritarnos tenemos dificultad para dormir, padecemos dolores de cabeza constantes o problemas estomacales. Puede que estés sufriendo de estrés o estés a punto de contraerlo.

Cuida la sexualidad

Tienes que saber esto: casi la mitad de las nuevas infecciones se da en jóvenes entre los 15 y 24 años. la mayoría de estas enfermedades cae en ellos. Por eso es bueno que se tengan buenas prácticas sexuales, no solo porque se previenen embarazos no deseados, sino porque cuidamos la salud y estamos sanos.

Duerme las horas que corresponde

Para determinar las horas de sueño que se necesitan para dormir, se tiene que evaluar factores como el estilo de vida o el tipo de trabajo que se hace. Dormir es una necesidad tan básica como alimentarse para los seres humanos, peor para asegurar el óptimo funcionamiento del organismo, no solo se tiene que comer balanceado, sino que es importante dormir de manera adecuada y conveniente.

Aunque todos somos conscientes de esto, pocos son los que dan prioridad al sueño, en parte se entiende, luego de una jornada laboral, hay que atender otros compromisos como estar con la familia, prepararte académicamente o terminar proyectos estancados. Pero no solo eso, también la necesidad de distraerse con cualquier actividad que se encuentre de manera placentera, lo que muchos llaman procrastinación, pero son conceptos diferentes, así que las personas que no quieran dormir, es que el tiempo para dormir es cada vez más reducido.

Hay que programarse y tener horarios para poder hacer las tareas sin que afecte el sueño, es importante que se controle el sueño de los pequeños y las personas de la tercera edad, porque cada etapa de vida demanda una cantidad de horas específicas.

Por eso es que la National Sleep Foundation da a conocer las necesidades de sueño en función de cada edad. Veamos lo que debe dormir cada quien acorde a la edad:

- Los bebés de cero a tres meses tienen que dormir entre 14 y 17 horas al día. Aceptable es unas once horas y 18 horas es mucho.
- Los bebés entre 4 y 11 horas duerme entre 12 y 15 horas al día, puede hacerlo entre 10 y 11, pero nunca más de 18.
- De uno a dos años, necesitan dormir entre 11 y 14 horas al día, menos de nueve o más de 15 no se recomienda.
- En la edad preescolar de tres a cinco años, lo correcto es entre 10 y 13 horas, si duermen menos de siete o más de doce algo no va bien.
- Entre los seis y 13 años deben dormir entre 9 y 11 horas.
- Los adolescentes de 14 a 17 año requieren unas 9 a 10 horas.
- Los adultos jóvenes de 18 a 25 años, necesitan de 7 a 9 horas, pero nunca menos de 6 ni más de 11
- Desde los 26 a los 64 años lo ideal es dormir de 7 a 9 horas, aunque muchas veces no se logra. Es bueno tomar siesta cada tanto.

Tenemos que pensar claramente, reaccionar rápido y asentar la memoria. Es más, los procesos del cerebro que nos ayuda a aprender y recordar son especialmente activos cuando dormimos.

Escatimar el sueño tiene el precio. Restar tan solo una hora de sueño puede hacer que sea difícil concentrarse al otro día y enlentecer el tiempo de respuesta. Los estudios indican que la falta de sueño hace que tomemos malas decisiones y asumamos riesgos innecesarios. Esto puede dar paso a un bajo rendimiento en el trabajo o escuela y más riesgo de sufrir accidentes de tráfico.

El sueño afecta el estado de ánimo, si no dormimos lo suficiente estaremos más irritables y esto afecta el comportamiento y las relaciones. La gente con falta crónica de sueño tiene más probabilidades de deprimirse.

Dormir es importante para la salud. Los estudios demuestran que no se puede dormir o mala calidad de sueño. Aumenta el riesgo de hipertensión, enfermedades cardiacas y otras enfermedades.

Durante el sueño el cuerpo lleva a determinadas hormonas, por ejemplo, dormir profundamente libera la hormona de crecimiento, otros tipos de hormonas se liberan al dormir para ayudar a combatir las infecciones, por eso dormir bien ayuda a evitar enfermedades y mantenerse saludable.

Asimismo, se liberan en el sueño hormonas que afectan el uso que el cuerpo hace de la energía, así la gente que duerme menos es más propensa a ser obesa, padecer diabetes o preferir alimentos ricos en carbohidratos o calorías.

Entra en el papel

En un segundo, tu lenguaje corporal puede demostrar confianza en ti mismo, o bien, gritar que eres inseguro. Preséntate de una manera que refleje que estás listo para tomar el control de cualquier situación. Si demuestras seguridad y te crees el papel que aspiras conseguir, no sólo te sentirás en control: la gente también tendrá **mucho más confianza en ti.**

Mantén la cabeza en alto, siéntate derecho, echa suavemente tus hombros hacia atrás para alinear tu columna y mira directamente a la otra persona al interactuar. Da un apretón de manos firme y mantén contacto visual cuando alguien te hable.

Cómo vestir para cada ocasión

Cuando te ves mejor, te sientes mejor. Si eliges ropa y accesorios que te queden bien, se adaptan a la industria y al estilo de vida que hacen que te sientas bien. la autoestima se eleva automáticamente, presenta actuando el sol que pretendes jugar o en otras palabras te vistes para sentirte bien contigo mismo, para la autoconfianza. No temas en la personalidad, una pieza de joyería o un lazo colorido para iniciar una buena conversación.

En estudios recientes revelan que la ropa que nos ponemos tiene efecto sobre los niveles de desempeño, confianza en uno mismo e incluso las habilidades para negociar.

Un atuendo formal y bien hecho refuerza la confianza y mejora notablemente el desempeño mental y físico.

Todo el mundo se viste para ocasión o eso cree. Si vistes bien eres seguro de ti mismo, la gente a lo mejor te presta atención su presentas la imagen en una reunión como si acabaras de pararte de la cama.

Viste adecuadamente, sin duda proyectas una imagen de respeto y mejora la autoconfianza. De acuerdo con estudios, vestir de forma adecuada y acorde al puesto que desempeña ayuda a la creatividad y a tener pensamientos y visiones amplias.

¿Por qué prestar atención a la ropa que te pones acorde a la ocasión?

Solo hay una primera impresión. según el proverbio, la primera impresión es la última impresión. La primera tiene un peso importante a la hora de crear opiniones sobre los otros. la ropa que escogemos dice mucho sobre cómo somos antes de que hablemos.

La autoestima mejora, porque con la vestimenta adecuada, nos podemos expresar y somos capaces de asumir responsabilidades. Además, se viste un traje o una americana tiene una influencia clara en la autoconfianza porque sentimos más seguridad.

Hay que captar la atención, si la quieres captar, es básico comprender y practicar el arte de vestirse correctamente. Cuando vestimos de forma apropiada para cada ocasiones, se tiene lugar a una gran transformación. Sentimos seguridad y transmitimos positividad a los demás en el entorno. Logramos captar inmediatamente la atención a las palabras.

La productividad laboral se potencia, la ropa puede tener un impacto inmenso en lo que trabajamos. Una vestimenta poco apropiada desciende mucho la autoconfianza y nos debilita. La ropa adecuada motiva, nos ayuda a concentrarnos en las cosas que hacemos.

Si estás a gusto con la ropa que te pones, transmites buenas vibraciones a los interlocutores y facilitas que le presten atención y que escuchen el mensaje.

Habla con firmeza

Cuando escuches a ese orador favorito, analiza la forma en la que da el discurso. Un orador habla con confianza, en un tono rítmico, constante, en vez de usar muletillas como Eh... mmmm que afectan el flujo. Usa pausas para enfatizar ideas.

Tienes que adoptar un modo asertivo, no agresivo que sea indicador de la seguridad. Vas a sentir cómo la autoestima comienza a subir. Para ser tomado en serio tienes que evitar hablar con todos agudos o nerviosos o incorporar risitas nerviosas en el discurso. La gente te va a escuchar con más atención cuando veas al líder que sale de ti.

Entonces, ¿cómo adquirir esta seguridad? ¿Qué se puede hacer para despertar confianza en otros? ten presenta estos aspectos para que te ayudes con ello y tener una mejor confianza al hablar.

Debes exponer las opiniones con convicción

Antes de que hables es importante que estés seguro de creer en lo que dices. Es fundamental que no seas arrogante al expresar las ideas, sino mostrarte ante los otros como alguien que cree totalmente en lo que dice. Alguien que pretende hacer a los otros participes de las ideas. Por lo tanto, no puedes mostrar actitudes de necesidad o aprobación o validación, sino de convicción.

El contacto visual

El contacto visual es el primer paso, es una muestra de buena educación hacia los otros. por otro lado, nos permite que los demás escuchen lo que decimos con más cuidado y se sumerjan en el discurso.

Asimismo, se consigue expresar el mensaje con más claridad y se aumenta la confianza. Mirar al cielo o al techo, o hacia nadie en concreto, hará que nos sintamos más inseguros y el resto de personas lo podrá percibir.

Esto no quiere decir que centremos la atención hacia una sola persona, porque, además de ser incómodo para ella, puede llegar a hacer que nos distraigamos. Es por eso, una buena práctica puede alternar entre unas personas y otras, cada dos o tres segundos, mirando siempre a los ojos de todos ellos.

No te debes preocupar si notas que alginas personas se muestran confundidas o preocupadas, porque esto puede hacer flaquear la confianza. Finalmente, en el caso de hablar para un elevado número de personas, la dificultar del contacto visual hace que lo más sugerido es que nos centremos solo en ver un grupo de personas del público.

Reconocer el valor propio

Más ala de las muestras de confianza para las otras personas, el hablar con seguridad es parte de un profundo amor hacia nosotros mismos, es por eso lo esencial de conocer las virtudes y ser consciente de ellas.

Sin embargo, debemos tomar esto con cuidado, porque la vanidad y la arrogancia irán en nuestra contra. Una buena práctica puede elogiarnos a diario, lo que hará que aumentemos la confianza. Así la autoconfianza puede ser transferida al discurso y rápidamente se percibe por los otros. para eso tenemos que centrarnos en cosas que haces bien o que te gustan de ti y las elogias por encima de lo que veas como defectos.

Visualiza el éxito

A medida que se escribe, planifica y practica el discurso, hay que ver el éxito e imaginar hablar con una voz segura ante los otros que escuchan. Piensa en personas que te aplauden y evita imaginar posibles problemas y centrar la atención en lo que pueda salir mal.

Esto no significa que se sea consciente de los imprevistos y que se tomen medidas para evitarlo, pero preocuparte excesivamente va en contra de la confianza personal y de la capacidad para hablar con seguridad.

Planifica el discurso

Una de las claves importantes a la hora de hablar en público es planificar lo que quieres decir. Por eso hay que tener un buen guion que haya practicado repetidamente y que hayas analizado hasta que logres mostrar las ideas de manera clara y sencilla.

Es importante que interactúes con el público y prestes atención al lenguaje corporal, de esta manera los demás nos verán como alguien animado y motivado con los que dice, en vez de percibirnos como aburrido y con una voz plana.

Para terminar, es importante que conozcas el lugar donde vas a hablar. Planifica los imprevistos y cuenta con las ayudas del entorno, para que aumentes la confianza y la buena recepción de nuestro discurso. Además, no se debe olvidar de llegar temprano a la cita, de manera que las prisas no nos hagan sentir nervios sin necesidad.

Conoce al público

Finalmente, conocer hacia quiénes te vas a dirigir puede servirte mucho a la hora de hacer un discurso y hablar con seguridad. Es importante saber de dónde vienen, las edades y el nivel de conocimientos generales sobre el tema. E este modo puedes adecuar el discurso a ellos para que el mensaje se perciba mejor.

Desarrolla una personalidad optimista

Es cierto que la vida no tiene momento agradables todo el tiempo, eso es engañarnos a nosotros mismos. Sin embargo, hay muchas razones por las cuales sonreír cada día y encarar la vida con mejor actitud. A lo mejor has escuchado el refrán que dice que al mal tiempo buena cara, pues bien, pocas frases representan tan claramente lo que es ser optimista.

La mentalidad positiva y el optimismo aumenta el bienestar psicológico y físico y causan una mayor sensación de felicidad. Las investigaciones afirman que las personas optimistas tienen menos probabilidades de padecer enfermedades del corazón. Ser optimista es la mejor actitud que puedes adoptar, porque, aunque la vida no es perfecta, siempre es bueno afrontarla con positividad y con realismo.

Las características de los optimistas

Hay algunos individuos que aparentan ser optimistas, pero no lo son. La persona optimista es sincera consigo mismo, de lo contrario sería un falso optimista.

Qué es lo que caracteriza a las personas auténticamente optimistas. ¿Qué les hace diferente a los otros? vas a ver las respuestas a estas preguntas.

No se compara con otros

Las personas optimistas no malgastan el tiempo intentar gustarles a otros ni preocuparse por lo que piensen otros. simplemente sigue el camino y procura mantenerse cerca de los tuyos, que es lo que realmente importa.

Son personas conscientes que conocen las virtudes y las limitaciones y saben que la actitud positiva tiene un impacto en la vida, por eso, no piensan en cómo le dan valor los otros, sino que procuran gastar el tiempo en complacer a quien realmente lo agradece.

Ve en los fracasos oportunidades para crecer

Hay algo que caracteriza a las personas optimistas y es la manera en la que afronta los problemas que se le dan en la vida. Si las personas pesimistas se lamentan constantemente por lo que no les ha sucedido. El optimista piensa que puede aprender de lo malo, es más, las situaciones adversas son las que le hacen crecer. El optimista es entusiasta por naturaleza y nada le hace perder de vista la actitud tan arrolladora.

Son sinceras consigo mismas

Ser optimista no es evitar los problemas y hacer ver como que no existen. En todo caso es afrontarlos con una actitud más adaptativa y eficiente. En vez de centrarse en el orgullo y mantenerlo intacto a toda costa. Las personas que son optimistas interpretan la realidad como un espacio donde se puede mejorar el presente, por eso la mentalidad es constructiva, no fundamental en quimeras. Hay creencias o valores elementales que son atractivos y deseables, quedarnos anclados en las ideas hace que nos adaptemos al mundo real y dejar para oportunidades.

El estado mental positivo puede hacer que los problemas se resuelvan. Por ejemplo, el optimismo favorece la actitud de reconciliación ante conflictos que puede suceder en el seno de la familia o la pareja.

Son realistas

Pues, ser optimista no es vivir en un mundo ajeno a problemas, esto es optimismo falso. El comportamiento puede parecer correcto a corto plazo, pero a la larga puede traer consecuencias más negativas de lo que podría ser el problema inicial.

Pues, una persona que es optimista no tiene por qué negar que en el mundo está repleto de problemas graves, de sufrimiento. Pero en vez de resignarse ante la idea, orienta el pensamiento a buscar maneras de solucionar esto. Ser optimista es ser realista.

Se valoran de manera positiva

Para poder tener una mentalidad optimista hay que valorarse positiva-mente. Esto quiere decir que las personas tienen una autoestima alta y gozan de un equilibrio emocional que permite que se afronten los retos diarios con las garantías máximas. Esto no significa que se consiga lo que se propongan, solo que no se rinden así por así ante la aparición de los primeros problemas solo por no creerse capaces de avanzar o cons-truir algo.

Saben motivarse

Saberse motivar es una de las claves para seguir vivo en los momentos difíciles, porque la motivación permite que se mantengan en acción, aunque la situación no ayude. Las personas optimistas se motivan constantemente y buscan estrategias para mantener una mentalidad constructiva y que oriente a los objetivos.

Disfrutan el ahora

Las personas que son optimistas conectan consigo mismas y con el momento, es decir, con el aquí y el ahora. Esto ayuda al bienestar porque viven el momento y lo disfrutan totalmente. Saben que el pasado se ha vivido y el futuro viene en camino. En otras palabras, lo único que tiene sentidos para ellos es el ahora.

Luchan por lo que quieren

Vivir el ahora no significa que no se tengan objetivos y expectativas. Al contrario, son personas que conectan con los deseos más íntimos y luchan por lo que quieren. Se convencen de poder lograr lo que se proponen y son entusiastas y dan la vida por los sueños. Se convencen de que la confianza y el compromiso personal hace que consigan resultados.

Tienen mucha autoconfianza

Este tipo de personas están convencidas de que pueden lograr lo que se propongan y porque creen en sí mismos y en lo que pueden hacer. Esto es lo que se conoce como tener autoconfianza y es clave para afrontar las situaciones. Las personas que tienen autoconfianza son más propensas a ser exitosas. Son más optimistas cuando las cosas se ponen mal. Siempre piensan que saldrán adelante en las situaciones.

Pasan de las críticas

Las personas que son optimistas tienen poco tiempo para pensar en lo que los demás piensan de ellos. No tienen una buena valoración de sí mismos, es complicado que lo que los demás digan les afecte. Aprenden de las críticas constructivas, pero las maldadosas y con mala fe, les resbalan. Esto sucede porque contrario a lo que hacen las otras personas, saben poner en perspectiva las opiniones propias y saben que están sesgadas de una u otra forma.

Tienen control de la vida

Como se ha comentado, las personas optimistas gozan de mucha confianza, luchan por lo que desean, son capaces de motivarse incluso en los malos momentos, son realistas y se saben valorar. Esto les hace personas mentalmente fuertes, tienen control de la vida y una personalidad que engancha.

Da pasos que en otras circunstancias no harías

Tener confianza propia va más allá de la manera en la que te vistes y te presentas. Tienes que actuar como tal, te tienes que acercar a un completo extraño en un evento o aceptar un proyecto que normalmente podrías rechazar. Practica mostrarte seguro y pronto te vas a sentir como en tu propia piel.

La falta de acción genera dudas y miedo, mientras que la acción genera confianza y valor, como un ejercicio, puedes anotar las fortalezas y debilidades, muchas personas te van a decir que trabajes las debilidades, pero en vez de eso usa lo que tienes y saca provecho de los puntos fuertes. La confianza comienza a brillar por sí misma.

Mantente preparado

La planificación evita los malos resultados entre más te prepares más seguro te vas a sentir con la experiencia y el nivel de competitividad. El prepararte ayuda a evitar resbalarte por los baches de la vida que no esperas.

Aprende todo lo que puedas sobre la industria, el tema de conversación, las metas y lo que te arrastra al éxito. antes de que comiences una tarea, imagina cómo quieres sentirte cuando termines. No busques lograr mucho a la vez, divide las tareas complejas, en fragmentos más manejables y pequeños.

Como dijera en algún momento el general estadounidense Creighton Abrams Williams Jr.: "Si vas a comerte un elefante, toma un bocado a la vez".

Si gozas de paciencia, perseverancia, una persona más confiada se encontrará a pasos de distancia.

LA MOTIVACIÓN ES EL MEJOR COMBUSTIBLE PARA ALCANZAR LAS METAS

*C*omo ya hemos venido viendo, la motivación dispara el talento en las personas. De algún modo todos trabajamos con personas, necesitamos colaborar con los otros. Dependemos de otros para lograr las metas. Estamos involucrados en facilitar el aprendizaje o desarrollo de otras personas. Por tanto, todos necesitamos saber trabajar la motivación, de eso depende gran parte de los resultados.

Aunque la motivación es personal, cada persona tiene estilos motivacionales diferentes, hay siete pasos que no puedes saltarte a la hora de trabajar con personas, si quieres que estén en un estado motivacional óptimo.

Despierta emociones

El que se ponga en marcha la amígdala, que es el radar emocional, que es cuando se capta el mensaje y las señales. Los estímulos tienen componentes emocionales, se activan, se prenden, las estrategias que se pueden usar activan las emociones y se inicia el proceso motivacional que puede despertar la curiosidad. Usar el efecto sorpresa sirve para generar entusiasmo, alegría. Por ejemplo, el ver un video que mueva las emociones, comenzando con una pregunta que provoque

que genere debate o que invite a reflexionar. Plantea acertijos, juego, incluso comenzando con una canción. La clave está en seducir, conectar con las personas con las que se trabaja.

Uno de los grandes retos como líderes actuales es mantener motivados a los demás, el tener la habilidad y la capacidad para ilusionar a las personas para que encuentren lo que quieren de forma natural.

El líder no control, sino que propicia situaciones por medio de un modo particular de hacer las cosas, pues, ayuda a las personas para que actúen por iniciativa propia. Un buen líder sabe hacer motivar a los que tiene alrededor.

Estas son las formas de mantener la motivación con los tuyos:

- Comprende de dónde viene la motivación, esta viene desde dentro, los buenos líderes hacen que las personas tengan motivación a sí mismas con el liderazgo.
- Sé la causa, no el efecto, los líderes actúan no como efecto sino como causa
- Es recomendable que pienses, las personas se sienten motivadas cuando piensan en cosas que les motiva. El pensamiento y no las circunstancias son las que deben reinar.
- El ego sano se tiene que alimentar, el tener confianza inspira lo mismo en las personas.
- No admitas limitaciones, se les tiene que mostrar a estas que son más capaces de lo que creen.
- Da el ejemplo, los líderes tienen que hacer, no sentir. La habilidad de motivar a la gente aumenta exponencialmente mientras que la reputación de hacedores crece.
- Debes darles poder a los otros, para que la gente se disponga a trabajar, los líderes tienen que eliminar el miedo a tomar decisiones.
- Crea una cultura de reconocimiento, las personas tienen que ser reconocidas hasta en lo más mínimo, esto les motiva a hacer cosas bien.

- Debata contigo mismo, cuestionar las ideas propias elevará el pensamiento a tu nivel.
- Lidera desde el frente, los líderes pueden ser grandes motivadores, si ellos son los primeros que hacen lo que quisieran que su gente hiciera.

Todo esto es importante, ten presente esa frase que dijo el inmortal escritor Mark Twain:

"Mantente alejado de aquellas personas que tratan de menospreciar tus ambiciones. Las personas pequeñas siempre lo hacen, pero los verdaderamente grandes hacen sentirte que tú también puedes ser grande".

Busca mantener el interés en lo que haces

Ahora estamos entrando en el cerebro más racional, porque para poder despertar el interés, la activación emocional es importante, pero para poderlo mantener hace falta que entren en juego otras variables. Las dos más importantes son que se comprenda, que haya entendimiento y creación de sentido y significado.

Mantener el interés exige de esfuerzo adicional, para poder comprometer el esfuerzo tenemos que ver los beneficios. Te tienes que hacer entender, comprender, de este modo los demás sabrán claramente lo que le pides y cuentas, lo que quieres transmitir. Si no te entienden se van a desconectar. Si pasas el primer filtro de entendimiento aún queda otro más, el del significado, las personas tienen que percibir la conexión de lo que le estás planteando o transmitiendo con la vida, los deseos, intereses, objetivos y motivos. Si lo que pides hacerles a otros o lo que propones no llega a ellos, vas a perder la atención e interés en ellos.

A menos que tengas el poder para adivinar, la única forma en la que puedes triunfar en este paso es que preguntes, para que conozcas lo que saben, eso que desean del tema o tarea los otros, con conocimiento previo. La manera en la que impacta en tu vida, para que lo que transmites diseñas o ejecutas se pueda comprender. La mejor herramienta es una buena conversación, donde el objetivo sea conocer al otro, saber lo que es importante y de qué parte. Partiendo de allí puede trabajar con él, como los test, las entrevistas, tormenta de ideas que se usan. Pero lo que más gusta sin duda es lo que se llama conversación inteligente que se enfoca a:

- Diagnosticar el estado en el que están, la situación de partida.
- Conocer los objetivos que tienen o las necesidades para satisfacer.
- Descubrir los disparadores emocionales.

Ponte retos

En muchas ocasiones es el miedo el que nos priva para avanzar, conseguir las metas y poder llegar a los sueños. Un miedo que nos creamos nosotros y que muchas veces no tienen sentido. El 90% de los miedos son por cosas que no pasarán jamás. Todos somos más fuertes de lo que creemos, tanto a nivel físico como mental. Dentro de nosotros hay una fortaleza que tenemos que aprovechar, hay que creer en nosotros mismos y enfrentar retos con creencia y predisposición.

Si una persona conoce el valor que tiene y al sitio al que puede llegar, no tiene preocupaciones por lo que digan los otros. hay que afrontar los retos con optimismo, con visión positiva, pensando que todo va a ir bien y que conseguirlo solo será cuestión de tiempo. A lo mejor le costará un poco más, pero solo es que se tiene que esforzar

Dentro tenemos una gran fortaleza que tenemos que aprovechar, debemos creer en nosotros mismos y enfrentar los retos que nos pongamos con la creencia y la predisposición. Si una persona conoce lo que vale y hasta dónde es capaz de llegar, no tiene nada de qué preocuparse por lo que piensen los otros. hay que afrontar los retos desde una mirada optimista, con visiones positivas y pensando en que todo marchará bien y que lo lograrás en poco tiempo. A lo mejor te costará un poco más. Eso solo significa que te tienes que esforzar más para lograrlo. Si en un primer momento no lo logras, puede ser para que sigas aprendiendo y luchando. No olvides que además de la constancia y la paciencia, lograrás triunfar si crees en ti mismo y si nunca dejas de luchar. Cree en ti, eres inmenso, una grandeza que llegará a donde quieras.

Si quieres crear, primero tienes que creer, para que se cumpla un sueño primero tienes que soñarlo, pon todo de tu parte para que tengas lo que te propongas. Las cosas, además de pensarlas se tienen que hacer, hay que hacer que ocurran. No dejes el destino en manos de la suerte, a lo largo de la vida se ha conocido a muchas personas que dejan todo el peso del destino en manos de la suerte. A lo mejor es una manera de quitarse responsabilidades o escondes y darle forma a lo que tememos.

En la vida siempre tenemos contratiempos, tenemos traspiés o tropezones, hay épocas que son más doradas que otras, pero tenemos que centrarnos en qué hacemos y cómo lo afrontamos nos centramos solo en lo que no tenemos, hay que tener confianza, ser positivo, tener deseos de trabajar para crecer.

Poco a poco con la constancia seremos mejores en lo que hacemos, porque los retos nos ayudan a crecer, a tomar mejores retos y tener éxito.

Ponte en acción

Actuar no es fácil, aunque tengas cosas claras. Sabes lo que quieres y cuándo lo quieres, pero no decides dar el paso a la acción. Es que, pensar en hacer algo es una cosa, pero ponerse a hacer es distinto. Requiere de alfo más, que es ponerse en acción de una vez por todas.

Si quieres lograr el éxito y no sabes por dónde comenzar, tienes que hacer un plan de acción, pero antes de ello con los propios recursos lo puedes hacer.

Hay pasos clave para que lo hagas sin que te cueste.

Comienza pensando bien

Pensar en positivo es importante, ya eso lo tienes claro, porque el pensamiento también es acción, piensas y después existes. Cuando piensas en lo que quieres conseguir, o en lo que quieres hacer y en la forma en la que lo vas a hacer, estás tomando acciones. Pensar es la primera parte, la segunda es la actitud.

Te tienes que hacer fácil el camino

Si tiendes a tirar piedras delante, a veces lo haces creyendo que si algo no es difícil entonces es porque se te irá rápido de las manos. Puede ser para nosotros, pero esta no es una realidad. Creer que es fácil puede implicar que lo sea de verdad, toma la decisión de ponértelo fácil, de usar y llevar contigo herramientas para hacerte el camino sencillo y cómodo para ti.

Deja de hacer conjeturas

La imaginación exagera las dificultades y después resulta que no era para tanto, a lo mejor te equivocas al pensar que quien quiere algo, le cuesta algo. Esta creencia es el primer obstáculo que necesitas superar, por eso, mientras antes comiences a actuar antes te vas a dar cuenta de la gran imaginación que tienes. Tanto para idear lo bueno como para exagerar lo que es malo.

Aprende a dar el primer paso

Un camino de mil millas comienza dando solo un paso. Te has acostumbrado a decir lo que te gustaría hacer, pero no intentas hacerlo. Esto es algo sumamente común. A veces no estamos acostumbrados a caminar por nosotros mismos, sino que nos arrastra la inercia o por los pasos a nuestro alrededor. Ya lo sabes, la única cosa que te impide caminar a donde quieres ir es la falta de práctica, como todo en la vida, se logra caminando.

Disfruta mientras actúas

Como en el poema Ítaca, de Kavafis, el viaje tiene mucho valor, no solo el destino. Si lo pasas bien si te diviertes, si disfrutas los pasos, y las acciones. Va a ser más fácil actuar la próxima vez.

Ten planes de acción

Si quieres resultados diferentes, toca actuar diferente. ¿Qué te falta para actuar? ¿Qué es lo que tienes que hacer? ¿Cuáles son los pasos que debes dar? El plan de acción hace que todo sea mejor y si te motivas a ponerte en acción, podrás ver todo completamente diferente.

Sé consciente del progreso

Tienes que saber que, sin satisfacción, recompensa o placer, la motivación se va al caño. Por eso es que es importante que la persona sea consciente de lo que logra, de los progresos, los avances, mejoras, conquistas y aprendizajes que va logrando en el camino. Es importante que vea que avanza gracias a los trabajos, esfuerzos, acciones, que les reconozca y que se deleite.

Este proceso permite que se consolide el aprendizaje y se traspase la información en el corto plazo, las experiencias de la acción a la memoria del corto plazo. Este es un puente que se logra si hay un aprendizaje significativo en donde se implique la emoción, la satisfacción, el orgullo por el logro y el progreso.

Puedes tener un diario de logros, donde anotes lo que vas consiguiendo, así sean logros muy pequeños.

Ten consciencia de los aprendizajes

Además de que te hace consciente de los logros, es clave que la persona conecte con lo que logra con las habilidades, las acciones, capacidades, esfuerzos, etc. Que vea el aporte al logro para que se adueñe de él y para que saque aprendizajes.

Por eso tienes que conectar el comportamiento con el resultado, con el valor de las capacidades y la contribución al logro.

Aprovecha la dimensión de los aprendizajes

Las personas además de la sensación de autonomía y competencia, tiene que experimentar la dimensión social, tener relaciones significativas, aprender con otros y de otros. ampliar el aprendizaje, darle dimensión social, conseguir la riqueza.

Seguramente te has puesto a hacer un curso porque el amigo va a hacerlo. seguramente no valora al momento de hacer el curso la posibilidad de conocer a otras personas.

La vida es una escuela, solo tenemos que ver alrededor para encontrar modelos y aprender, tener oportunidades para hacerlo.

Si trabajas con otros, no olvides la dimensión de esto y hazlo fácil por medio de grupos de trabajo, con dinámicas de grupo, mentorías, cambia experiencias con ellos, cosas que hagan en común.

Si quieres descubrir lo que pasa cuando trabajas en buscar la motivación, pues sucede que te pones en acción a alcanzar lo que quieres y sueñas.

Divide las metas en pequeños logros

Una gran meta se puede dividir en pequeños objetivos que sean alcanzables, no es nada del otro mundo si sigues los pasos correctos, así que vamos a ver en este apartado cómo se pueden lograr las metas sin importar el tamaño de estas.

Soñar en grande puede ser algo abrumador, especialmente cuando no se sabe exactamente cuál es el primer paso que se tiene que dar para comenzar a hacer realidad los sueños locos que andan rondando y haciendo ruido en la cabeza.

Puede que al inicio la idea genial que pasa por la mente es algo que llene de mucha energía e inspiración, se comienza a imaginar lo increíble que sería el resultado final y hasta se hacen castillos en el aire.

Te puedes imaginar escalando la montaña más escarpada para lograr las cosas y todo sin haber comenzado con un plan de acción para hacer realidad el proyecto. De cualquier modo, es normal fantasear de esa manera, una cosa es que se sueñe en grande y otra ejecutar la gran meta.

Así que, si quieres evitar que los sueños mueran incluso antes de haber nacido, es vital que definas con claridad cómo es que lograrás lo que te propones.

Para ello es necesario que se tenta una estrategia que guie el plan de acción. Eso sí, antes de entrar en materia de estrategias y planes tienes que visualizar con lujo de detalles la meta.

Tienes que crear el plan de acción para que dividas la meta en objetivos específicos y alcanzables.

Una buena meta que te ayude a lograr las cosas es que lo dejes por escrito, así despejas las dudas y miedo sobre las metas sobre el papel, llega la hora de que comiences a crear el plan de acción, para hacerlo lo tienes que seguir en estos pasos:

Divide la meta en secciones

La idea de esto es que fragmentes la duración del proyecto en pequeños plazos de tiempo, primero define que el proyecto va a durar por ejemplo un año, cuando lo ves en perspectiva eso es mucho tiempo, de entrada, ya sientes que es una meta que cansa, que es inalcanzable.

Para comenzar, en vez de enfocarte en ese año, lo puedes dividir por etapas mensuales.

Aunque eso no es todo, puedes hacer más divisiones de la meta mensual, dividirlo por semanas, y las semanas las trabajas para que las dividas por días y los días lo haces por pequeños logros. Así, todas esas metas pequeñitas con sus logros por alcanzarlas, te acercan poco a poco a la gran meta.

Un día a la vez

Puede que cuando comiences pienses que la meta que te pusiste es demasiado difícil y lejana. Entonces allí cuando eso te suceda tienes que aplicar a la herramienta mágica que tienes en la cabeza, en tu mente y es la de mantenerte en contacto con la voz interior.

Así evitas el autosabotaje que puedas experimentar en las primeras semanas. Si por alguna razón sientes que estás a punto de tirar la toalla y dejar de lado la meta, te detienes y no vas tan rápido.

Trabaja por bloques de tiempo

Como la idea es ir de lo general, o sea con la meta, a lo específico de un día a la vez, cuando llega el día X necesitas enfocar el tiempo y la energía en las prioridades del ahora, que se alinean con lo que quieres lograr.

El consejo es que trabajes con las prioridades del día en bloques de tiempo. La idea es que dediques más tiempo a las actividades o las tareas que contribuyen a los propósitos.

Dicho de otro modo, es que decides intencionalmente cómo es que usarás el tiempo y la energía.

La idea es que hagas el trabajo más significativo cuando los niveles de energía van al máximo. Esto garantiza que seas más productivo y crees un producto o servicio de calidad si es eso en lo que andas.

Llegados a este punto es probable que encuentres distracciones en el camino. Si es el caso lo recomendable es que evites distracciones para aumentar la productividad.

Ideas para que definas los objetivos específicos y alcanzables

Para poder lograr los sueños más ambiciosos tienes que crear una estrategia que te ayude a dividir la meta en pequeños objetivos alcanzables y específicos. Para hacerlo tienes que considerar poner en marcha los consejos estos:

- Divide la meta en secciones.
- Fomenta la consistencia un día a la vez
- Trabaja en bloques de tiempo.

De este modo crearás un esquema de trabajo eficiente que fomente la confianza en ti mismo y la capacidad para lograr las metas. No te des por vencido

Para concluir, esto es lo que necesitas para cumplir las metas:

El alcanzar una meta personal exige que se venzan los obstáculos internos y externos que impiden la falta de conocimientos, habilidades autoestima, motivación, compromiso, miedo a fracasar y autoconocimiento.

Determina el camino

Las metas en la vida son como luces que iluminan el camino y en las noches son los faros que guían el barco para que no se estrelle contra los riscos.

Te pregunto:

¿Quién elige las metas?

¿Cómo vas caminando por la vida?

¿Tienes claro hacia dónde te diriges?

¿A qué lugar te quieres dirigir?

¿ solo vas por el camino que marca la sociedad en la que andas, reaccionas y actúas acorde a lo que se te presenta?

Las metas marcan el lugar al que quieres llegar. Lo que quieres obtener, la meta que no has logrado, por tanto, hay que trabajar para hacerlo. cuando se tienen metas, nos sentimos llenos de energía, con optimismo y esperanza.

El modo de lograr las metas:

Para poder lograr las metas necesitas:

Tener motivación:

Es la energía que sale del interior. Se basa en los deseos y los valores más importantes.

Compromiso

Es la disposición a pagar el precio para lograr las metas. Se ve en la conducta y en el trabajo que se dedica.

Adaptación y flexibilidad

El mundo va cambiando constantemente y no tenemos control en la conducta y los sentimientos de la gente alrededor. Es por eso que cuando surgen imprevistos no son como se creía, hay que tener la capacidad para hacer cambios que sean necesarios.

Autocontrol emocional

Las emociones son necesarias y parte de nosotros, pero es necesario distinguir cuando hay que controlarlas, para actuar acorde a la razón.

Organización

No podemos hacer muchas cosas a la vez ni tenemos el tiempo ilimitado, por eso hay que llevar un orden en la conducta y establecer la prioridades necesarias.

Pasos para tener éxito cuando se ponen las metas

Te debes preguntar qué es lo que quieres para lograr las metas, tienes que distinguir entre las necesidades que tienes y las planteadas por la cultura o gente alrededor.

Debes reconocer las necesidades de otros, pero reconocerlas y respetarlas no quiere decir que tienes que hacerlas tuyas.

Muchas veces sabes lo que no quieres, pero no siempre sabes lo que sí quieres. Pero se puede averiguar.

Te tienes que preguntar ¿por qué o para qué lo quieres?

¿En qué te perjudica ahora el no tener o hacer?

¿En qué cambia la vida, persona, relación, cuando logres la meta?

Cuando respondas esto recuerda que tienes que ser realista en la meta y en los beneficios.

Fortalece la confianza

Para que puedas tener éxito es necesario que tengas fe en ti mismo y confíes en lo que puedes lograr. Piensa en todas las veces que has logrado lo propuesto, aunque creas que son logros que no valen la pena. No los califiques de acuerdo a la importancia o magnitud. Considera solo una muestra de que sí hay cosas que puedes lograr y por lo tanto lo que no sabes o no has podido lo puedes aprender.

Escribe esto para que lo recuerdes, cuando sientas que falta motivación o cometas errores.

Debes hacer la frase de que, si no lo has logrado, puedes aprender a hacerlo. si has intentado hacer algo varias veces sin éxito, a lo mejor necesitas hacerlo de manera distinta o con ayuda.

Ten un compromiso contigo mismo

Describe las consecuencias positivas que vas a obtener y lo que necesitas para lograrlo. Te debes preguntar si vale la pena ese esfuerzo, si no tienes la disposición, la mente no es realmente nuestra o se basa en algo en lo que no crees o no deseas con el corazón.

Ponte metas que te motiven. Que el corazón y la mente se involucren.

Acepta las responsabilidades

Para que puedas tener éxito en las metas y en la vida tienes que reconocer que una buena parte de lo que sucede es el resultado de las acciones las conductas. Cando no aceptas y culpas a otros, a la vida, la suerte, no resuelves los problemas y te sientes víctima, incapaz y vulnerable. Esta es una actitud que bloquea o lleva a que se tomen malas decisiones.

El reconocer que se cometen errores es un acto de valor y honestidad, da la posibilidad de corregir y aprender.

Negarlo no elimina el error, solo la aumenta.

Somos humanos y falibles, recuérdalo

No somos ni vamos a ser perfectos, siempre podemos mejorar, siempre podemos aceptar las responsabilidades.

Escribe la meta

Cuando no escribes la meta, se puede quedar como una fantasía, cuando la escribes puedes ver los objetivos con más claridad y puedes comprometerte contigo mismo. Si la escribes con claridad, puedes ver los logros y lo que necesitas para llegar a la final.

Es bueno que las escribas en forma positiva, lo que si harás y lo que no quieres dejar de hacer.

Es mejor que digas que vas a organizar el tiempo, que dirás que ya no vas a ser impuntual.

La manera de hablar y de pensar incluye en la programación del subconsciente.

La debes analizar.

¿Depende de ti?

¿Se puede alcanzar?

¿Se plantea acorde a las características de una meta bien planteada?

La debes expresar en voz alta cada día, cuando te pares y cuando te acuestes. Entre más veces la recuerdes y expreses, más cerca vas a estar.

Es importante que pongas en algunos lugares alguna frase, adorno, dibujo, que la recuerde constantemente.

Esto no solo ayuda a recordar, sino que el subconsciente trabaja en ella.

Pregunta con frecuencia:

¿Eso que hago me ayuda a alcanzar la meta?

Si no es así, entonces revisa la meta y el plan de acción.

Analiza la situación actual:

Necesitas saber el punto de partida para que sepas a dónde ir y cómo hacerlo, no es lo mismo que llegues a Lima que llegues a Madrid o a Canadá.

Divide la meta en pequeñas metas a corto y a mediano plazo y en pequeños pasos que te lleven hasta la meta final. Por ejemplo, si quieres compartir más con una persona, puedes decir:

Le hablaré por teléfono, una vez al mes o a la semana planea una mañana o un par de horas para que hagan algo juntos. Para dentro de seis meses o fin de año, planea lo necesario para irte de vacaciones

Esto es algo que se aplica a cualquier tipo de meta, de negocios, personales, salud, aunque el tiempo y las actividades puede variar, acorde a las necesidades y metas. Si es una meta que incluye a otra persona tienes que tomar en cuenta los deseos, necesidades y tiempos.

Pon una fecha límite, para que llegues a esa meta final y las fechas intermedias para ir checando los progresos y corregir si hace falta. Cuando no hay un plazo, vas dejando las cosas para después y no las haces. Cuando dices que quisiera algún día yo... en el futuro hare...

No se actúa.

Poner una fecha te obliga.

Una de las principales diferencias entre un sueño y una meta es que esta tiene fecha de cumplimiento.

Analiza los posibles obstáculos

Mira los tiempos, la falta de información, los malos hábitos o conocimientos, las situaciones específicas. Una situación nueva puede generar angustia. Recuerda que la angustia es pasajera.

Mientras vas avanzando en los logros vas a sentir más confianza y satisfacción. Todo principio es difícil hasta que aprendes. Otras áreas de la vida y las emociones pueden también causar obstáculos en las metas.

No olvides que la vida se compone por diferentes situaciones, personas y actividades y no puedes permitir que estas se interpongan en los objetivos. No permitas que las metas te hagan olvidar las personas y las actividades en la vida. Aprende a dar tiempo a cada situación o relación importante.

Otro obstáculo es que te enfoques en el problema y te quedes allí, enfocarte en la solución y en cómo llegar a ella.

Debes identificar las habilidades y los conocimientos que necesitas para que venzas los obstáculos y logres las metas. Los recurso materiales, el apoyo emocional, la información y la ayuda de otros.

Cuáles son los puntos fuertes, o habilidades que te pueden ayudar.

¿Necesitas ayuda?

¿De quién?

La ayude que necesites la tienes que pedir, aprende lo que tengas que aprender o búscalo en otras personas. Recuerda que es imposible que sepas todo y que seas experto en todo.

Desarrolla planes de acción, detallados y claros. Tienes que hacer un primer esbozo y ponle o quítale lo que tengas que quitarle, a medida que vas trabajando en él.

Visualiza los resultados constantemente

Te tienes que relajar e imaginar haciendo las cosas que son el resultado de haber obtenido la meta y disfrutar de lo logrado. Velo en la imaginación con todos los detalles posibles. Piensa e imagina en cómo te vas a sentir. Mientras más lo hagas más fácil te va a ser. Esta es una forma de facilitar el trabajo del cerebro. Te tienes que enfocar en lo bueno.

Si al inicio te cuesta mucho relajarte o visualizar, recurre a una persona con experiencia que te ayude.

De preferencia una persona que lo haga profesionalmente.

Comparte la meta con alguien importante para ti

Hacerlo te ayuda a comprometerte y te da la oportunidad de tener una persona que te ayude. Cuando lo necesitas o te escucha cuando quieres expresar los sentimientos. Pero es importante que escojas la persona correcta. Alguien que tenga interés en ti.

Una persona que no te critique, se burle, te ataque, aunque sí puede expresar un desacuerdo sobre algunas conductas.

Revisa la meta constantemente para que evalúes y reconozcas los avances y corrijas cuando toque.

A medida que vas trabajando en la meta esta puede ir cambiando o te puede dar cuenta de los pasos que pensabas dar, y que no son los más adecuados. Corrige las veces que toque.

Corregir no es fracasar, significa que aprendes algo nuevo, que cambias las necesidades, las expectativas y el modo en el que piensas o percibes. Aprovecha los conocimientos.

Reconoce en voz alta los logros, así sean pequeños. No importa el tamaño o la importancia de los logros o avances. Estos no son valiosos por cuánto avanzamos sino por lo que acerca a la meta y porque demuestra el esfuerzo y deseo de logro.

Haz por lo menos una acción al día

Incluso cuando la meta sea a largo plazo, todos los días puedes hacer algo, recuerda el propósito o los planes, reconocer los logros, revisa los planes, visualiza el éxito.

Recuerda que el futuro es el resultado de cada instante de ahora que es el que realmente puedes vivir.

Comienza ahora. Recuerda que lograr una meta elegida por ti después de un buen análisis, puede darte más beneficios de los esperados y repercutir en la autoestima.

ASÍ ES EL ENTRENAMIENTO DE LOS NAVY SEAL

SEAL son las siglas para sea, earth, air. Actualmente destaca la unidad seis, que es la encargada de haber capturado a Osama Bin Laden. Un ejemplo de lo que ellos son capaces de hacer por la disciplina y preparación que tienen se puede ver en la película de Tom Hank, llamada Capitán Phillips, donde un equipo de francotiradores rescatan un barco en Somalia. Esos fueron los SEALs.

En el mundo del deporte el ejercicio físico típico, sea culturismo, levantamiento de pesas, nadar, correr e incluso el crossfit, son metas finitas, lineales. Se pueden definir antes de tiempo y luego trabajar para lograrlos. En el campo de la batalla o en combate hay metas infinitas y potenciales, todo es multidireccional, caótico y aleatorio.

Hay que pasar por muchos obstáculos o entornos para poder seguirlos. Se puede enfrentar en una pelea un minuto, luego correr la siguiente, pelear de nuevo correr y luego pelear, por lo que se tiene que tener una condición aeróbica y anaeróbica al mismo tiempo.

El combate mano a mano forma parte del calendario de entrenamiento previo al despliegue de los Navy SEAL. Los elementos clave no cambian nunca. Sé violento, golpea primero, golpea fuerte, golpea repetidamente, mantente en pie y sal del objetivo lo antes posible. Somos realistas, sabemos que la mayoría de las peleas terminan en el suelo, lo que lleva que golpear primero, duro y muchas veces es importante. No hace falta decir que nos entrenamos para el peor de los casos, donde se incluye combate similar.

Entrenamiento de velocidad

Boxeo de sombra con puños ponderados, por ejemplo, con s guantes de boxeo de veinte onzas.

Rondas de tres repeticiones, con dos minutos de trabajo y treinta segundos de descanso.

Huelgas con bandas elásticas, con rondas de tres repeticiones, treinta segundos de trabajo y 15 segundos de descanso.

Pushups, hechos en conjuntos en pirámide, con una repetición, descanso, lego dos repeticiones, descansas y así diez repeticiones. Luego desciendes del conjunto con 10 repeticiones.

Combate de poder

El poder es lo que hace que los ataques sean devastadores, la técnica es instrumental para que se pueda generar un golpe lleno de poder. el poder es el que rompe las crestas orbitarias inferiores, las cavidades del seno maxilar y claro, las mandíbulas. La potencia también depende en gran medida de la velocidad. El poder siempre depende en gran medida de la velocidad. El poder siempre se genera desde cero, sea porque estés de espalda, de rodillas o pies. Que están bien anclados a la tierra y determina cuánta energía puedes generar. El núcleo es vital para que se aprovechen los anclajes, los pies, rodillas y espalda. Para que transfiera energía desde el núcleo a las extremidades para provocar el ataque.

Lucha contra la resistencia

Esto se hace con lucha usando ganchos alternos. Se hacen rondas de tres repeticiones, con tres minutos de trabajo y treinta segundos descansando.

También se hace un superconjunto de sentadillas y peso muerto, con rondas de veinte repeticiones, con 1-10-1 en pirámide.

Se hacen rotaciones extendidas, con 5 repeticiones, cuarenta en total a cada lado. con kneeling Kettlebell Woodchops de 5 repeticiones, llegando a 40 en total en cada lado.

En caso de que no puedas respirar luego de 30 segundos de esfuerzo máximo, entonces vas a perder la pelea, los sistemas de energía son importantes, más que la velocidad o la potencia. Si no puedes recorrer la distancia, entonces no vas a ganar la pelea. La resistencia muscular no es distinta, las piernas, el centro y la parte superior del cuerpo que deben complementa el corazón y los pulmones.

La organización en misiones

La organización deja ver cómo se sigue el modelo de SAS/SBS cuando crea los SEAL, aunque con el tiempo ha cambiado la estructura de acuerdo a los nuevos requerimientos, pero siempre buscando que cada sección pueda montar sus operaciones de modo autónomo.

Cada uno de los equipos está compuesto por seis pelotones y una unidad de mando.

Cada pelotón tiene 16 comandos SEAL, dos oficiales, un jefe y trece especialistas y se puede dividir en dos escuadras o cuatro elementos

Cada equipo SEAL cuenta con 27 oficiales y 156 hombres, contando para el combate con uno 96 miembros u operadores.

Por lo general cada equipo de SEAL se divide para el combate en pelotones o escuadras, compuestos por ocho miembros, aunque depende de la operación, los SEAL pueden operar desde parejas hasta el equipo entero. Siguiendo el modelo del SAS SBS cada miembro de patrulla es especialista, uno en demoliciones, otro en electrónica. Está el que es experto en navegación cartógrafo y un para sanitario.

La infiltración en territorios hostiles exige ser discreto, por eso los miembros pocos usan la comunicación, lo que hacen son gestos, acorde a las enseñanzas que aprendieron en Vietnam.

En el equipo los miembros suelen llevar equipos de visión nocturna, GPS, la visión nocturna es necesario porque muchas de las operaciones las hacen de noche. Un equipo de SEA normalmente va con un franco-tirador y con dos a cuatro ametralladoras ligeras de apoyo. Los demás miembros van armados con fusiles de asalto M4 o la variante que es la HK416. El fusil que usan en combate urbano es el MP5 porque emplea munición con menos alcance y capacidad penetradora que el M4. De este modo las balas no atraviesan las paredes pudiendo herir a otros del pelotón.

En los últimos tiempos los han ido cambiando por el MP7. Arma de mano al gusto de cada operador. La pueden modificar como quieran o a situaciones según armamento. La armada dota a cada uno con una pistola SIG- Sauer P226.

Las infiltraciones aéreas se hacen por medio de saltos HALO/HAHO, que requiere entrenamiento fuerte para poder lograr estos saltos de precisión que hagan que los ocho miembros caigan en un mismo punto. La infiltración desde el mar bien puede ser por medio de mini submarinos, buceando hasta la costa o aprovechando ríos por medio de un zodiac. Cundo hay situaciones en el desierto, los SEAL cuentan con un coche especial, que fue diseñado para llevar tres personas más un pasajero o combustible.

¿Cuánto dura el entrenamiento?

Los requerimientos para entrar al curso de selección SEAL son:

- El aspirante tiene que ser un varón militar activo de la marina de guerra de Estados Unidos o del servicio de Guardacostas.

- No puede haber cumplido 28 años a la fecha de comenzar el curso.

Los entrenamientos y el proceso de selección de los SEALs trata de llevar a los miembros hasta el límite físico y psicológico, en la selección del SEALs se lleva a los candidatos hasta el agotamiento social, psicológica y físicamente, pone a prueba lo que puede un hombre hacer en equipo bajo una presión mental intensa y dolor físico. La selección de los SEAL se engloba en la primera fase del curso de seis meses, y el momento cumbre del entrenamiento se da en la Semana del Infierno, cinco días donde los reclutas pasan por mucho frío, hambre, se les priva de dormir.

Es aquí donde el 90% de los aspirantes renuncian. Aunque muchos otros se retiran antes de llegar a la Semana del Infierno porque no resisten el entrenamiento, recorriendo las 15 millas en algunos días, nadando dos millas en aguas abiertas e intensas con pruebas físicas no aptas para muchos.

La duración en cada etapa del entrenamiento es así:

En la fase 1 que es el acondicionamiento básico, dura ocho semanas, se basa en la condición física, habilidades en el agua, trabajo en equipo y resistencia. Estas primeras tres semanas preparan para la cuarta, que es la Semana del Infierno. Las siguientes semanas van con métodos de reconocimiento acuático y navegación.

La segunda fase, la de buceo, dura ocho semanas, se entrena y califica a los candidatos en buceo de combate. Es un entrenamiento que no para y es cada día más intenso.

En la tercera fase es la guerra terrestre. Dura nueve semanas, está centrada en la orientación, tácticas de guerrilla, técnicas de patrulla, rápel, demolición y tiro. Las últimas tres semanas y media se pasan en la Isla de San Clemente, donde se aplican las técnicas aprendidas para completar el entrenamiento, en el cierre se entrenan tres semanas de paracaidismo.

Entre el momento en el que entran y el momento final donde se admite al voluntario para estar en los SEALs, pasa un año y medio entrenando, al que se le tiene que sumar un año más de entrenamiento para poder llegar al combate.

LOS SECRETOS PARA CONCENTRARSE DE LOS MARINES NAVY SEALS

ace un tiempo el ex comandante de los Navy SEAL Mark Divine, publicó el libro Pensar como los mejores guerreros, donde describía cómo es que se preparaban y pensaba los miembros del cuerpo de operaciones de elite con más prestigio en el planeta: los Navy SEAL.

Divine, quien formó parte de este cuerpo por veinte años, actualmente se dedica a formar todo tipo de personas con los ocho principios del Método SEAL. En este capítulo se aborda, los secretos de los SEALS para poder concentrarse y dar lo mejor de sí en la batalla. Así es como ellos trabajan para forjar la mente y alcanzar la fortaleza interior, la resiliencia emocional y la intuición práctica.

Forjar la mente para alcanzar la fortaleza interior

Ellos forjan la mente para alcanzar la fortaleza interior, la resiliencia emocional y la intuición práctica. El entrenamiento se centra en la forja de la fortaleza mental, la capacidad de recuperarse emocionalmente y la intuición.

Son entrenamientos que combinan lo mencionado antes, con las artes marciales, con el yoga y con otros elementos para forjar la fuerza interior, inspirado en la disciplina del sector militar.

El liderazgo

Hay un liderazgo que se llama modelo de desarrollo integral, algo que se enseñó en SEALFIT por medio de un entrenamiento guerrero de las cinco montañas. Esta es un entrenamiento que representa el desarrollo de las competencias físicas, mentales emocionales e intuitivas.

La integración de las competencias da como resultado un crecimiento con más equilibrio de la persona. Pensar como los mejores guerreros es centrarse en lo mental, lo emocional y lo intuitivo. Sin embargo, este material puede y debe apoyar las exploraciones en los demás campos. Es bueno que se sigan para poder tener un mejor estilo de vida y unas convicciones más claras.

La exploración de la montaña física puede variar tanto que exige un trabajo completo, donde también se trabaje lo espiritual, se tienen que desarrollar de manera natural según el avance en el método de los SEAL, es un trabajo que trabaje todos los sentidos. Con esto podrá ser una persona con grandes, honor y humildad que gana con naturalidad el respeto de quienes sirve y dirige.

El liderazgo genuino tiene que surgir desde el corazón, con independencia del cargo empresarial o el poder que se tenga. Por tanto, se va a descubrir que el método se basa en el compromiso y en llegar a ser un compañero de equipo antes de entrar en el campo del liderazgo. Se centra en llegar a ser un compañero de equipo antes de adentrarse en el campo del liderazgo. Nunca asume roles de liderazgo como un fin en sí mismo.

Como último término se tiene que desarrollar lo que los japoneses llaman kokoro, que significa fundir el cuerpo y la mente en acción. Implica que estamos equilibrados y centrados, lo que nos permite operar en sincronía con el ser interior, con los otros y con la naturaleza. Cuando nos comprometemos con el desarrollo integral, nos guiamos por kokoro, somos conscientes plenos y poderosos.

El mundo está necesitado de líderes que dirijan desde la primera línea y estimulen desde la retaguardia, que aguanten y den pasos al frente, que arriesguen más para poder hacer respetar la integridad a todos los niveles, desde el personal, hasta el de equipo y empresas, es lo que se denomina un planteamiento de las tres esferas. Combinado con las destrezas, tácticas y estrategias de este trabajo.

Esta es una herramienta conceptual que aumenta en gran medida las posibilidades de vender la ética, y que es sostenible en el rápido y cambiante entorno empresarial actual. Con una perspectiva multidimensional nunca va a dejar de ofrecer ventaja ante quienes tienen un planteamiento estrecho y miope.

No hace falta organizaciones que adopten el concepto y apoyen a personas y equipos, aceptando los riesgos y los fracasos para fomentar el verdadero aprendizaje, que desarrolle carácter profundo por el verdadero líder que existe.

Este cambio es radical, donde actúa el pensamiento y la conducta. Sucede solamente por medio del desarrollo de un auténtico líder. Comienza contigo y con el compromiso por la excelencia personal. A medida que se siga el método al estilo SEAL se creará una mejor versión de ti mismo y también harás al mundo un lugar mejor.

Actuar y pensar como un SEAL es aspirar a un desarrollo completo, con un crecimiento total como persona y como guerrero. Aunque esto tenga un sabor militar, se considera que el término guerrero tiene un significado más amplio y alude a una persona que está comprometida con el dominio de sí mismo a todos los niveles que desarrolla el valor para dar un paso al frente y hacer lo que es correcto.

Todo esto mientras sirve a la familia, al equipo, a la comunidad y a la humanidad en el conjunto. Para poder alcanzar el éxito digno de los SEAL, tienes:

Que establecer un punto de mira para transformar el sentido profundo de los valores y que sean piedra angular que les mantendrá con los pies en la tierra y los ojos centrados.

Desarrollar la concentración para que nada desvíe del camino a la victoria.

Hay que blindar la misión para que los esfuerzos no contemplen el fracaso. Hacer hoy lo que otros no quieren, de forma que consiga lo que otros no van a poder.

Hay que fortalecerse mental y emocionalmente, y eliminar el subconsciente la opción de renunciar.

Destrozar las cosas y arreglarlas, mejorarlas por medio de la innovación y la adaptación.

Hay que desarrollar la intuición para usar la totalidad de la sabiduría e inteligencia. Hay que estar pendiente y a la ofensiva para sorprender a los demás y dominar el terreno.

Entrenar para desarrollar el dominio de los aspectos físicos mentales emocionales, espirituales e intuitivos.

Aunque muchas de las técnicas y de las prácticas son originales, la esencia de los principios que se desarrollan aquí, no son modernas ni nuevas. Es más, un estudio profundo de guerreros antiguos como los espartanos, los exploradores apaches y los samuráis, grupos de operadores de elite que son predecesores de los SEAL y otros que forman parte de las operaciones especiales

Escala de valores de los Navy SEAL

Veamos esta escala de valores comenzando por el credo que todo Navy SEAL aprende:

Cuando hay tiempos de guerra o difíciles, el soldado está listo para responder al llamado de la nación. Es un hombre normal con deseo poco normal de tener éxito. se forja en los momentos difíciles, en las operaciones especiales de Estados Unidos para servir al país y al pueblo americano y proteger la forma de vida. Hay que ser ese hombre, ese tridente es símbolo de honor y patrimonio.

Se le ha otorgado por los héroes que precedieron y encarna la confianza de los que han jurado proteger. Cuando se porta el tridente se acepta la responsabilidad de la profesión y el estilo de vida elegido. Es un privilegio que se tiene que ganar, la lealtad para con el país, el equipo que no se quiebra. Servir humildemente como guardián de los ideales estadounidenses. Siempre listo para defender a los que no se pueden defender. Sin dar publicidad a la naturaleza de la labor o buscando reconocimientos, aceptando los riesgos de manera voluntaria, inherentes a la profesión y colocando el bienestar de otros delante de los propios. Sirviendo con honor dentro y fuera del campo de batalla. Es la capacidad para controlar las emociones y actos, sean cuales sean las circunstancias, haciendo distinto a los demás. La norma no tiene flexibilidad, el carácter y el honor son firmes. El vínculo es la palabra.

Es dirigir, es obedecer, no hay órdenes y se toma el mando. Es dirigirse a los compañeros de equipos y ponerse en marcha para la misión. Es dirigir las situaciones con el ejemplo. Sin renunciar, perseverando para prosperar en los momentos difíciles. La nación espera que el soldado sea más duro mentalmente y más fuerte que los enemigos. Si se derriban se vuelve a poner en pie cada vez. Recurriendo a los últimos restos de aliento para proteger a los compañeros de equipo y cumplir la misión. Sin huir a la pelea.

Se tiene que tener disciplina, con innovación, la vida de los compañeros y el éxito en la misión, dependen de cada uno, de la capacidad técnica, de la competencia táctica, del cuidado de los detalles. Es una formación que no termina nunca. Es un entrenamiento para la guerra y luchar para vencer. Es estar listo para resistir todo tipo de combates para la guerra y luchar para vencer. Es enfrentar las metas marcadas. La ejecución de las obligaciones tiene que ser rápida y violenta cuando sea posible. Pero guiada por los mismos principios que se defienden, los hombres de valor que luchan y mueren haciendo la orgullosa tradición y la temible reputación que se está obligado a defender. En las peores condiciones el legado de las personas comienza con la resolución y lleva silenciosamente a las acciones. Sin fallas.

Asumir la pérdida, el riesgo y el fracaso

Este es un comentario que se tiene que tener en cuenta antes de adentrarnos más en lo que resta de esta experiencia. El proceso de decidir se puede ver afectado por el dolor y la decepción que causa a las personas por el cambio de profesiones y las probabilidades de fracasar en el intento de ser alguien mejor, como un SEAL.

Cuando comiences a ir por el camino correcto, las puertas comenzarán a abrirse y soplará una brisa de oportunidad que se mezcle con el placer y el dolor, o a lo mejor las dos. Se pueden elegir ignorar las puertas abiertas o pasarlas, esta última opción es la mejor. Hágalo como es debido y pronto verás que tienes el propio tridente del método de los SEAL.

Ejercicio SEAL

Veamos esta evaluación del método de los SEAL

Este es un ejercicio que se compone de varias partes, da inicio al viaje al autodescubrimiento. El proceso intenso personal que comienza con un ejercicio de relajación y contemplación. Mientras sopesa las cuestiones se tiene que prestar atención a las imágenes o sentimientos que aparezcan. Las impresiones iniciales sin refinar que se dan en la mente subconsciente, aún sin filtrar, analizar o categorizar. Son signos claros que señalan el camino al objetivo.

Intenta no juzgar lo que surge. Incluso si el mensaje puede dar miedo. Comienza con el credo, debido a que este es piedra angular del sistema de creencias. Más adelante define los valores que después llevan la conducta y alienta o desaconseja determinados actos. Después analizan las cosas que más apasionan porque alimentan el objetivo y representan lo que se tiene que dirigir con más energía en el futuro. Para terminar, se desvela el objetivo. Muchas veces el principio rector estaba reñido con la actual realidad, pero eso es lo que necesita para desvelarlo.

Confecciona el credo propio:

Es un credo que da respuesta a la pregunta sobre qué se debe hacer. En primer lugar, se tiene que buscar un lugar cómodo en donde se siente con el diario, tal vez una silla o en el suelo con la espalda apoyada en una pared. Te tienes que asegurar de que la columna vertebral es recta. Cierra los ojos y respira al menos por cinco minutos con inspiraciones abdominales hondas. Mientras exhala, te tienes que relajar profundamente. Esta práctica dará sereno, calmará la mente y conectará con el subconsciente.

En este estado va a ser más sensible a las imágenes y los sentimientos.

Al cabo de por lo menos cinco minutos de respiraciones profundas se abren los ojos y se consideran estas interrogantes. Escribe rápidamente las respuestas sin darle pie a la atención de imágenes y sentimientos que surjan.

- ¿Qué harías si supieras que solo queda un año de vida?
- ¿Qué harías si mi ciudad se viese afectada por un ataque terrorista o natural?
- ¿Qué harías si te pidieran ayuda para hacer el traslado, pero en realidad te piden ir al cine?
- ¿Qué harías si ganaras la lotería?
- ¿Qué harías si alguien te atacara sin razón?
- ¿Qué harías si te presentaran la oportunidad de hacer un negocio malo y que nadie se entere?
- ¿Qué haría si en tu presencia atacaran a una persona por la espalda?

Las respuestas a las preguntas responden al carácter. Por ejemplo, la respuesta a la última pregunta podría ser que mantienes la boca cerrada y te marcharías o desde otro punto de vista, respetas el derecho de las personas a tener opiniones, pero no participas en conversaciones negativas o chismosas.

Si alguien te pide ayuda para trasladarse puedes responder, lo lamento, pero tengo planes. Esto podría indicar que le das prioridad a las necesidades egoístas en vez de mantener una actitud centrada en el otro o en el equipo. Esto es importante porque tomas conciencia de que es una vía que va para el crecimiento. A medida que trates las cuestiones vas a aprender más detalles sobre el yo profundo e identificarás áreas donde querrás trabajar. En último término, el credo debería sugerirte rasgos del carácter que deseas encarnar, aunque no estés seguro de que ello se complete.

Plantea la propias preguntas sobre la base de lo que es importante mientras avanzas y recuerda que se trata del ideario, no del mío. Trata de hacer entre seis y diez afirmaciones que suenen poderosas y acertadas.

Defina los valores

Esta es una parte que trata de aclarar los valores de forma que se puedan convertir en la clase de persona que siempre se mantiene firme. Los valores dan respuesta a la pregunta qué es lo que más quieres en la vida. A menudo los expertos en liderazgo le piden que categorice valores como liderazgo, trabajo en equipo, familia o fe en la religión. La verdad, todos están implícitos en el método SEAL.

El ejercicio se tiene que centrar en los valores más íntimos que harán de ti una persona más fuerte, mejor. Cuando los identificas y los pones en marcha, se adaptan a ellos y los haces unas virtudes totalmente arraigadas en el carácter, distinto a las palabras vistas en una lista.

Debes escribir las cosas que quisieras cerca, las que quisieras alejar, como guía, hay valores para que lleves una buena vida, expresados acorde con lo que más te gustaría ser. Puedes hacer una lista con los valores básicos, por ejemplo, salud y actitud positiva, amor, pasión, etc.:

- Salud y positividad.
- Pasión y cariño.

- Autenticidad y sabiduría.
- Veracidad y gratitud.
- Diversión y juego.
- Deseos por aprender y crecer.
- Decisión y audacia.
- Generosidad con otros.

Ejemplos de valores que no deben estar:

- Negatividad y crítica.
- Desorden y sometimiento.
- Egoísmo.

Puedes experimentar gran impulso en la transformación de los pequeños actos que se aproximan o alejan de cada valor. Por ejemplo, se acercas a lo saludable y positivo. Cada que vez que comes bien, te hidratas, piensas en la salud, haces meditación o te entrenas.

Los pequeños pases facilitan que se pueda convertir en un hábito de valores relaticos o la actitud positiva. Con lo cual se forjan rasgos de carácter.

Descubrir la pasión

Ahora nos vamos a divertir, fantasear un poco. Aclarar eso que nos apasiona, permite dedicar más energía que motivará a mejorar. Las pasiones dan respuesta a la pregunta de quién soy yo al nivel más profundo. A lo mejor las pasiones apunten en dirección al objetivo que es el propósito final de este ejercicio. Surge aquí el compromiso para comenzar o profundizar la implicación en una actividad llena de valor y gratitud. Además de que ayuda a identificar el objetivo de un modo que lo podría vincular a las actividades para lograr satisfacción, relevancia y éxito.

Debes comenzar planteando las interrogantes, hacerlo de una en una y escribir lo que se te ocurra: debes prestar atención a la primera impresión y no juzgar.

¿Qué libros, películas, música, obras de arte, te conmueven?

¿Quién le inspira y por qué?

¿Qué características suyas le hacen sentir bien?

¿Qué actividades practicarías si tuvieras tiempo y nada te lo impidiese?

¿Qué aportas a los demás en características o actividades?

¿Puedes cambiar el mundo haciendo un poco mejor si te centras más en ellas?

¿Qué requieres para comenzar a hacer al menos una de esas actividades?

Esto es como con el credo, si descubres que las respuestas se inclinan a una actitud negativa, por ejemplo, si no ve que las actividades aportan beneficio para otros o se ve cambiando las actividades, ni siquiera en mínimo, habrá encontrado una oportunidad para reflexionar profundamente.

¿Qué es eso que te motiva intensamente?

Descubre el propósito

Este puede ser el paso más difícil para todos. Con un gran efecto. El primer objetivo es que seas un líder guerrero y tengas disciplina al extremo de poder cumplir propósitos de la mejor forma. Mientras lo logras puedes incluir de manera natural metas relacionadas con logros externos, como encontrar el tridente de loa Navy SEAL, implican la graduación al cabo de dos duros años entrenando. La meta se centra en un concepto de transformación, lograr algo a nivel de carácter y no en la mera adquisición de un título o cargo. No se elige el propósito, ser un oficial SEAL llegando a un rango de almirante.

Técnicamente esto incluye ser algo, ese tipo de meta se centra solo en la etiqueta y no en el contenido.

¿Cuál es la importancia de fijar la atención en el objetivo? No se saben las vueltas que da la vida, el dejar claro el propósito de ser algo encamina la dirección y da un motivo intrínseco para el viaje, permito a la vez que por un camino se presente la flexibilidad, la espontaneidad y el cambio. El ponerse propósito para lograr algo tan solo lo lleva a un espacio restringido y decepciona cuando las cosas no salen como se espera.

Con una gran conciencia propia lograda en las primeras etapas, hay que examinar las posibilidades que se ve, se sienten o suenan como si fueran acordes con las pasiones, valores o credo.

Visualiza el futuro yo.

Cuando tengas satisfacción con los resultados de las evaluaciones anteriores va a haber un momento de desarrollar la mejor imagen interna en tanto que ser humano, construido en torno al grado de consecución de las metas y vivir la vida con pasión y fidelidad a los valores, todo esto con lealtad a ti mismo, llevarlo a cabo ayuda a reforzar el proceso de autoconocimiento y aporta visión estimulante y motivadora que te recordará por qué te tomas molestias. A la vez, comienza a construir las herramientas de visualización, algo que desarrollas a lo largo de este contenido.

La visualización permite que te sientas cómodo en los papeles, que te imagines a ti mismo en el estado ideal activando el poder personal y viviendo en armonía con las creencias y objetivos. Algo que enseñan los SEAL es que no existe la perfección, sino el esfuerzo perfecto. Por medio de la práctica mental de la versión perfecta de nosotros mismos, llegamos a serlo poco a poco en la vida real.

El primer paso es que encuentres un sitio cómo para que te sientes con el diario, puedes usar uno donde medites con frecuencia. Ciérralos ojos y respira con profundas inspiraciones abdominales al menos por cinco minutos. Mientras respiras te relajas, al terminar los cinco minutos de respiración profunda, comienzas la visualización.

El segundo paso es que evoques en los ojos de la mente una imagen de ti mismo en el estado ideal dentro de tres meses a partir de este momento. Cuando logras las metas intermedias en perfecto estado de salud y asumiendo los rasgos de carácter que representan los ideales, metas y valores. Según cobre nitidez, la imagen, sonido, color, emociones y movimiento como si se viera en un film. Es un proceso que se debe llevar un par de minutos.

El otro paso es que se avance rápidamente y se repitan las imágenes, pero desde el punto de vista de un año después, si lo deseas, adelantando tres años y repitiendo.

El otro paso es que cuando estés satisfecho de las visiones del futuro yo, las traigas al momento actual y veas tu yo como a esa persona. Hazlo como el que se ha ganado el tridente personal. Te puedes apropiar de él y respirar teniendo la visión. Al terminar, te limitas a abrir los ojos y vuelves a la cotidianidad, dejas que el subconsciente haga el trabajo.

El yoga como elemento base

El yoga se usa para entrenarse físicamente, mental, intuitivo y espiritual, con gran atención en la salud al sistema nervioso y la columna vertebral, así como la flexibilidad y la resistencia.

El yoga no se enseña en el programa SEAL, pero desde 2007 si se ha estado enseñando a los candidatos SEAL un método llamado Warrior Yoga, muchos SEAL entienden el valor del yoga para manejar el estrés y la capacidad de concentración y las habilidades cruciales para guerreros y civiles.

Amarlos, odiarlos o amar odiarlos, las poses de Guerrero son algunos de los fundamentos básicos de una práctica de asanas buena y sólida. Desde caderas cuadradas, a posturas anchas, al equilibrio; desde tu núcleo hasta tus piernas, estas poses lo tienen todo.

Los beneficios físicos, mentales y emocionales de las poses de guerrero

Guerrero I, II y III son algunas de las posturas más comunes en la práctica del yoga, y por una buena razón. Son accesibles para la mayoría de los cuerpos y son menos intimidantes que algunas de las posturas más avanzadas, al mismo tiempo que siguen siendo excelentes posturas para desarrollar fuerza, confianza y conciencia corporal.

Sin embargo, el hecho de que las poses de guerrero sean tan comunes en las prácticas de la mayoría de las personas puede hacer que algunos den por sentados los beneficios que ofrecen. Entonces, con eso en mente, echemos un vistazo a los beneficios físicos, mentales y emocionales de las poses de Guerrero para ayudar a revivir su entusiasmo por estas posturas.

Los beneficios de Warrior I

Físico: Warrior I es increíble para fortalecer los pies, los isquiotibiales, los cuádriceps y los glúteos, desarrollar la potencia central, facilitar la rotación interna de la pierna (que puede ser bastante desafiante para muchos) y abrir el pecho si realiza la postura con un enérgico levantamiento de la parte superior del cuerpo.

Mental: Warrior I es increíble para enseñar la conciencia corporal y aumentar la conexión cuerpo-mente. La rotación interna del pie trasero, combinada con la cuadratura de las caderas y la planta completa del pie trasero, requiere que uno tenga una gran percepción de dónde está su cuerpo en el espacio.

Este desafío mental desarrolla la coordinación y un sentido general de conexión con su yo físico.

Emocional: Warrior I es excelente para abrir el corazón y desarrollar el coraje. Esta postura te mantiene de pie muy fuerte: una pierna hacia atrás, una pierna hacia adelante, las caderas hacia adelante y el pecho levantado. Esta poderosa postura puede ayudarte a ganar fuerza interior y coraje, permitiéndote abrirte a ti mismo y a los demás.

Los beneficios de Warrior II

Físico: al igual que el Guerrero I, el Guerrero II es ideal para las piernas, los glúteos, las caderas, los músculos centrales, el pecho, los hombros y los brazos. Esta es una pose de cuerpo completo que esencialmente, si la estás haciendo correctamente, trabaja todos los músculos que tienes.

Esta postura también puede ayudar a desarrollar la resistencia, ya que es bastante fácil mantener esta postura durante un período de tiempo más largo mientras se mantiene la alineación adecuada y sin riesgo de lesiones.

Mental: Warrior II puede ser una práctica para encontrar la facilidad con el esfuerzo. Esta postura ofrece una oportunidad única para practicar la búsqueda de dónde puede permitir que se disuelvan las tensiones excesivas, mientras continúa sosteniendo lo que debe sostenerse para la estabilidad e integridad dentro de la postura.

Por ejemplo, puede comenzar a notar realmente la tensión en el cuello y los hombros en esta postura, y trabajar para liberarla, mientras continúa manteniendo la poderosa posición de estocada de las piernas.

Este trabajo en el nivel físico puede traducirse en un trabajo en el nivel mental también: ¿dónde tiene tensiones innecesarias en su vida? ¿Dónde puedes aprender a relajarte mientras mantienes la fuerza en otras áreas?

Emocional: Warrior II se trata de encontrar la paz en el momento. Esta postura es muy común en la mayoría de las prácticas, lo que significa que lo más probable es que pases mucho tiempo en esta postura, sin importar el linaje de yoga al que te suscribas.

Esta familiaridad a veces puede conducir a la complacencia, la resistencia o el aburrimiento. Cuando surjan estos sentimientos, piense en cómo usar esta postura para desarrollar la paz en los momentos incómodos de su vida. Usa Warrior II como un espejo para tu habilidad de encontrar tranquilidad y tranquilidad mental en lugares en los que preferirías no estar.

Los beneficios de Warrior III

Físico: Warrior III tiene que ver con el equilibrio y la estabilidad. Trabajará su pierna de apoyo con bastante fuerza mientras equilibra todo su peso sobre ella, accediendo a todos los músculos a lo largo de la columna vertebral para mantener la parte superior del cuerpo larga y recta, y hundiendo los isquiotibiales en la pierna extendida.

Tu trasero estará haciendo un gran ejercicio y tus músculos centrales estarán comprometidos. Además de eso, sus músculos estabilizadores también se beneficiarán de su dinero.

Mental: puede ser muy fácil querer tensar todo cuando estás en Warrior III, ya que la pose es bastante desafiante físicamente. La otra tendencia que he visto aquí es querer revisar mentalmente: enviar la mente a otro lugar para tratar de disminuir la incomodidad física que puede sentir en esta postura.

Mientras estés en Warrior III, entrenarás la mente para permanecer presente y concentrada durante situaciones difíciles, además de entrenar tu mente para relajarse y liberar las tensiones que no necesitas. Esta pose se trata de dejar ir la resistencia mental a lo que es, y ¡vaya, vaya, lo sentirás!

Emocional: Warrior III puede provocar sentimientos intensos de querer escapar. Esta postura también puede hacer que se sienta desafiado más allá de sus posibilidades y puede hacer que desee darse por vencido y dejar de fumar. Para mí, Warrior III nos permite practicar el mantenernos emocionalmente equilibrados en medio de la presión, en medio del desafío.

El aspecto de equilibrio de esta pose a nivel físico también se refleja en nuestras emociones. Warrior III puede enseñarnos a mantener el equilibrio en nuestras emociones, a estar presentes con lo que sentimos sin tener que reaccionar a todas y cada una de las pequeñas cosas que surgen en nuestra experiencia emocional.

Cómo hacer la pose de guerrero

El yoga está plagado de batallas que debemos trascender para alcanzar plenamente la libertad espiritual. Solía ver al Guerrero Uno simplemente como un símbolo de fuerza y concentración para continuar durante los momentos más desafiantes de la práctica, enseñándome cómo invocar esas cualidades durante los momentos difíciles de la vida.

Si bien todo eso es cierto y ciertamente útil, comprender la leyenda y la historia de esta postura enriquecerá su práctica diaria de yoga, lo ayudará a afinar su ejecución física y, en última instancia, lo facilitará aún más en su camino hacia la liberación.

Invocando a Virabhadra: El mito del héroe yóguico

Sati, la esposa de Shiva, invadió una fiesta organizada por su padre, el poderoso, influyente e irascible sacerdote llamado Daksha. A su llegada, Daksha se enfureció y comenzó una discusión con Sati que terminó en su suicidio.

Cuando Shiva se enteró de la pérdida de su esposa, sus emociones se apoderaron de él y se arrancó un mechón de cabello de la cabeza y lo pisoteó contra el suelo. Esta acción invocó a Virabhadra (traducido como amigo heroico) y lo trajo a la existencia para buscar venganza contra Daksha y todos los que asistieron a la fiesta que condujo a la prematura muerte de Sati.

En Warrior I, Virabhadra emerge con dos espadas en sus manos preparándose para defender a su líder. Armado con el coraje inquebrantable para luchar si es necesario, un sentido de servicio desinteresado y una lealtad incondicional a la voluntad de Shiva, Virabhadra representa lo que significa vivir y respirar propósito con total confianza y libre de distracciones.

Preparándose para la batalla

Para calentar para esta asana, asegúrese de estirar las caderas y los isquiotibiales con algunas estocadas bajas y perros hacia abajo.

Si sufre de dolor de rodilla o lumbalgia, comience con una estocada creciente con ambos pies hacia adelante hasta que se sienta fuerte en los cuádriceps, estable en las caderas y tenga la capacidad de mantenerse erguido sin inclinarse hacia adelante o arquear excesivamente la espalda.

Guerrero I: paso a paso

- Comience en Tadasana.
- Da un paso con el pie derecho hacia la parte posterior de la colchoneta creando una postura larga.
- Gire el talón derecho hacia abajo y coloque el pie en un ángulo de 45 grados.
- Doble la rodilla izquierda lo más cerca que pueda en un ángulo de 90 grados.
- Extiende tus brazos hacia arriba como si fueras Virabhadra sosteniendo sus dos espadas.
- Intentar inclinar ambas caderas hacia el frente es ideal, pero no es necesario y debe evitarse si experimenta dolor en las caderas, rodillas y / o espalda baja.
- Mantenga la postura durante 5-10 respiraciones antes de regresar a Tadasana y repetir en el segundo lado.

El yoga no se practica ni se enseña como una forma de artes marciales para enseñarte a luchar. Sin embargo, al igual que las artes marciales, el yoga te entrena para tener discernimiento y conocerte a ti mismo a través de la autoobservación, la conciencia y la compasión.

Independientemente de si las batallas que enfrentas son internas o si te sientes obligado a enfrentarte al mundo entero, el Guerrero Uno te enseña a encarnar el dharma de Virabhadra y a conocer tu propósito. Actúe solo desde su más verdadera intención y recuerde que incluso en medio de un conflicto, el objetivo real es solo el de la paz.

Que tu yoga te lleve solo hacia este camino de paz, armonía y amor.

Consejos de alineación para un poderoso guerrero dos

Es tremendamente popular en la mayoría de las formas de yoga, pero ¿el icónico Warrior 2 (Virabhadrasana II) garantiza toda la publicidad? ¡Sí! Se considera una pose de nivel principiante, aunque ofrece un desafío para los yoguis de todos los niveles. Y cuando practicamos con la alineación integral, podemos mejorar los increíbles beneficios físicos y energéticos.

Físicamente, se abre a través de las caderas y la ingle y aumenta el calor y la fuerza, especialmente en las piernas. Energéticamente trabaja para equilibrar nuestro chakra raíz Muladhara, que puede ayudar a calmar nuestras emociones y mejorar los sentimientos de conexión a tierra y estabilidad. Y como una ventaja total, puede ser extremadamente útil para aquietar una mente ocupada y fluctuante. Así que echemos un vistazo.

1. Coloque la base con una postura amplia

En las formas de yoga fluidas o dinámicas, es común abrirse del Guerrero 1 al Guerrero 2, pero la postura en el Guerrero 2 es en realidad un poco más amplia. La mejor manera de medir la ubicación de los pies es pararse frente al borde largo de su tapete y separar las piernas.

Con los brazos hacia los lados a la altura de los hombros, los pies deben estar debajo de las muñecas.

2. Instala los pies

Veremos esto como si estuviéramos trabajando primero en el lado derecho. Gira los dedos de los pies 90 grados hacia la derecha para que miren hacia el borde corto del tapete y los dedos de los pies hacia atrás estén ligeramente hacia adentro.

El talón de tu pie delantero debe alinearse con la mitad del arco de su pie trasero, y debes asegurarte de que el borde exterior y el talón de su pie trasero estén firmemente conectados con la colchoneta. Levanta a través de los arcos internos de ambos pies.

3. Rodilla delantera

La rodilla delantera está doblada e idealmente apilada directamente sobre el tobillo, aunque si tu ingle / caderas están muy apretadas, es posible que no alcance esa profundidad. No quieres la rodilla delante del tobillo. También desea alinear la rodilla para que se deslice sobre el segundo dedo y el medio.

4. Muslo delantero paralelo al suelo

Si tienes la ingle apretada (común para los principiantes), y si todavía estás fortaleciendo los muslos, esto puede ser un poco desafiante ... pero es bueno saber que aquí es hacia donde se dirige.

Según el primer punto, necesitamos una postura lo suficientemente amplia para que nuestro muslo esté paralelo, por lo que es posible que debas ajustar ligeramente la base para obtener la profundidad correcta.

5. Hombros sobre las caderas

Los brazos están abiertos a la altura de los hombros y tú estás extendiendo las manos por igual hacia adelante y hacia atrás. Es muy común inclinarse demasiado hacia adelante en esta postura, generalmente porque la mente quiere "ir a alguna parte", por lo que es posible que debas alinear conscientemente los hombros sobre las caderas y resistir el impulso de escapar ...

6. El coxis se alarga hacia la colchoneta

Para mantener una hermosa columna vertebral larga, sienta que el coxis se alarga hacia abajo mientras la corona se eleva hacia el cielo. Y si estás buscando un poco de conexión a tierra, esta es la pose perfecta para formar una conexión con la tierra. Imagina que un rayo de luz atraviesa tu cuerpo y conecta tu coxis con el suelo debajo de ti.

Disfruta de esos sentimientos por unos momentos. Esa conexión puede llegar hasta el núcleo de la tierra si necesitas niveles realmente intensos de estabilidad (como lo hago a menudo cuando viajo).

7. El corazón está abierto y ligero

Con los brazos abiertos, el cofre está abierto y amplio, dejando un montón de espacio para que brille hacia adelante tu luz y tu belleza interior. ¡Anímalo con los brazos abiertos! Literalmente.

8. Enfoca tu mirada

Tradicionalmente, la mirada se posa sobre el dedo medio de la mano delantera, pero obviamente ten en cuenta el cuello y trabaja adecuadamente. En sánscrito se llama encontrar tu drishti, un punto focal para tus ojos que ayuda a aquietar y relajar la mente a través de la concentración en un solo punto.

9. Mantenga una respiración suave y uniforme

Sé realmente consciente del proceso de respiración en esta postura porque es muy fácil que se vuelva corto y desigual. Las respiraciones suaves y uniformes te ayudarán a mantener la calma, lo que será particularmente útil si la mente comienza a agitarse por el desafío físico.

El control de la respiración

Los trucos simples de respiración para aliviar el estrés y la ansiedad en el día a día. El estilo de vida imperante en sociedades como esta, refuerza la competición y la mejora constante, causa una elevada cantidad de estrés en el organismo, lo que altera el bienestar y la cantidad alta de estrés. Causa problemas de ansiedad e incluso trastornos. Una de las formas de controlar la activación mental y el estrés es por medio de la respiración.

La respiración es una de las funciones elementales del organismo que permite que consigamos oxígeno para sobrevivir. La función se puede ver afectada en la presencia de estrés o elementos contextuales que causen desarrollo de patrones acelerados que dañen la correcta entrada de oxígeno en el cuerpo. Sin embargo, entrenar la función puede causar que se reduzca el nivel de estrés que lleve a circunstancias ambientales y sociales por medio de la relajación, reduce problemas de sueño, hipertensión, asma, cefalea, problemas sexuales o fobias, además de que se puede tener un mejor percepción, gestión del dolor y sensaciones que se dan por causas orgánicas o mentales.

Técnicas de respiraciones eficaces

A continuación, vamos a indicar una serie de ejercicios de respiración sencillos que se llevan a cabo para que relajes la mente y el cuerpo.

Respiración profunda

Este es un ejercicio sencillo de hacer. De los más fáciles sirve para que te tranquilices luego de una situación de estrés o esfuerzo. Se basa en que tomes aire por la vía nasal, mantengas los pulmones y lo sueltes con suavidad por la boca. Cada uno de los pasos debe durar unos cuatro segundos.

Respiración diafragmática/abdominal

Es un ejercicio bastante fácil. Similar al anterior, pero en este caso la respiración se hace de manera abdominal, para poderse hacer, se tiene que tener un sitio donde se pueda estar cómodo.

Lo mejor es que se esté sentado o tumbado, como primer paso se inspira por la nariz por unos cuatro segundos, mantienes el aire en el interior por unos segundos y expulsas por la boca suavemente, sostienes el aire en el interior unos segundos y sacas por la boca suavemente. Se necesitan inspiraciones largas, entran en el cuerpo con un gran volumen.

Se pone una mano en el estómago, y la otra en el pecho se puede comprobar si se está llevando el aire correctamente en las zonas pretendidas. La mano del pecho no se debe mover cuando se inhale, mientras que se nota el aire llenando el vientre.

El entrenamiento causa el control parasimpático y el descenso de la tasa cardiaca. Se recomienda que se intente generalizar y automatizar la respiración con la finalidad de mantener el control sobre el nivel de activación del cuerpo.

Respiración completa

Este es un tipo de respiración que tiene una sola técnica de respiración profunda abdominal. El proceso arranca con la expulsión de todo el aire de los pulmones. Se hace con la inspiración suave y profunda hasta que se llena el abdomen, para seguir inhalando hasta llenar los pulmones y pecho en una misma inhalación. Se mantiene el aire por unos segundos y luego se expulsa oralmente y lentamente. Primero el pecho y luego el abdomen.

Respiración por la nariz alternada o Nadi Shodhana

Esta es una técnica aplicada en el mundo del yoga, se basa en la alternancia entre las fosas nasales a la hora de inspirar. En primer lugar, se procede a tapar una de las fosas nasales, para hacer una inhalación profunda por la otra fosa. Cuando inhalas, se tapa la fosa nasal por la que entra el aire y destapar la otra, por la cual se produce la exhalación.

Ahora, se repite el mismo procedimiento, comenzando por la fosa nasal contraria al ejercicio anterior. Esta es una técnica efectiva para que se despeje la mente.

Respiración de fuego o Kapalabhati

Esta es otra técnica que viene del yoga, se inicia con el ejercicio respiratorio, con una inspiración profunda y lenta, sigue con la exhalación forzada y rápida desde el abdomen. Se hace con el ritmo de inhalación exhalación cada dos segundos hasta que completes las diez respiraciones. Se trata de una respiración llena de energía, pero lo mejor es que se tenga precaución dado que puede causar hiperventilación y dolor de abdomen. Por esto no es recomendada para personas demasiado ansiosas.

Respiración para controlar la ira

Este es un tipo de ejercicio que se indica para las situaciones que causan ira, con el fin de controlarla. Se tiene en cuenta que inhalar causa la llegada de oxígeno al cuerpo por lo tanto de energía, puede ser recomendable en situación donde se quiera controla la rabia y nos centremos en la exhalación, proceso que por lo general libera presión y relaja.

Para hacer esto solo se necesita exhalar fuertemente, vacías todo lo que puedas los pulmones en una potente exhalación. Luego, inhalas cuando el cuerpo lo necesita, para repetir el procedimiento, hasta que la sensación de presión se reduzca.

Visualización guiada

Se usa como un modo para relajarse, es una técnica que permite la tranquilidad mental. Se basa en el uso de una respiración profunda y regular mientras se escucha una grabación con el tipo de pensamiento e imágenes que debería imaginar. Por lo general se trata de ubicar a la persona en un escenario mental que guste, que permita ver objetivos y visualizar haciéndolos. Se trata de una técnica que se usa en mindfulness.

Relajación muscular progresiva de Jacobson

Es una técnica de relajación que incluye el control de respiración y la tensión de músculos. Con ojos cerrados y postura cómoda que mantiene la respiración profunda y regular. Luego se procede a hacer un recorrido de los grupos musculares del cuerpo.

Cada grupo muscular se tensa en periodos de tres a diez segundos para luego descansar entre diez a treinta, lo mejor es que el periodo de relajación sea con el triple de tensión, haciendo tres repeticiones.

El proceso de respiración comienza por los extremos distales del cuerpo, por los puntos y las extremidades alejadas del cuerpo hasta que llega a la cabeza. Así comienza la rutina de tensión relajación por los pies. Para seguir por las piernas, glúteos, espalda, brazos, pecho, cabeza, mandíbula y cuello.

Si se hace con precaución, dado que es común la presencia de calambres, mareos, hormigueos, hiperventilación. En caso de tenerlos lo mejor es que se pare el ejercicio. Es una gran técnica.

La positividad

El darles la vuelta a las cosas y verlas desde un punto de vista más positivo nos puede servir para apreciar mucho el mundo desde otro lado. se parte de la base de que todo depende del punto de vista en el que lo miremos y que toda experiencia o situación se puede obtener con cosas buenas. Así es como se trabaja la positividad. La psicoterapia positiva se basa en trabajar las fortalezas de las personas y no solo en las debilidades. Pone el foco en las mociones positivas para poder llegar al cambio.

Esto se logra por pasos.

Querernos

Este es el primer paso, de este modo, si queremos tener un cambio, podemos comenzar a analizar lo que podemos transformar y ver las situaciones en este prima positivo. Lograrlo es difícil, pero tener las ganas es un primer paso importante que nos lleva al objetivo.

Expertos recomiendan que antes de comenzar a trabajar en ser más positivo, lo primero a hacer es estar a gusto con nosotros mismos. Hay que querernos más y aceptarnos como somos, hay que dedicar minutos a esto.

Hay que analizar lo bueno partiendo de lo malo

Luego de dedicar un tiempo a diario para la reflexión, es bueno que hagas un ejercicio sencillo. Busca un momento diario para pensar en una o varias situaciones negativas que se viven en el día a día, con familiares, vecinos, pareja, con amigos en el trabajo, después se intenta sacar el lado positivo, es decir, tratar de buscar el aprendizaje que se haya obtenido con lo vivido.

La conclusión de esto es que, al mirar la situación negativa desde un ángulo diferente al habitual, se toma el tiempo para analizarla, nos puede hacer sentir con una autoconfianza y positividad mayor. La idea es que se tome papel, boli y se haga un análisis una vez al día.

Sonrisas, hobbies y deporte

Otra de las actuaciones que se recomiendan es que sonrías más. El que regales sonrisas incrementa el bienestar del que las recibe y también del que las da. Para poder trabajar la positividad se pueden hacer muchas cosas sencillas, como dedicar tiempo a un hobby, hacer algo que aumente la autoestima, todo esto ayuda a que se sea más feliz y más positivos.

El deporte también tiene un grano de arena, esto hace que liberemos endorfinas, hormona que tiene que ver con el bienestar, que provoca que nos encontremos mejor, relajados y menos malhumorados.

La visualización

La mente tiene mucho poder, los pensamientos y las emociones que se derivan de ellos, que tienen capacidad para modificar la realidad tangible. Todo esto, claro por medio de las acciones, sin embargo, la visualización creativa es una herramienta simple que con constancia ayuda a construir el presente que queremos.

La mente es poderosa, los pensamientos y las emociones que de ellos se derivan, tienen la capacidad de modificar la realidad tangible. Todo esto claro, por medio de las acciones. Si embargo, la visualización creativa es una herramienta sencilla que, con constancia, nos puede ayudar a crear el presente que queremos vivir.

Por norma general empleamos la mente en pensar sobre lo que se acontece. Reflexionamos sobre los aspectos de la vida que no funcionan como queremos, nos preocupamos al respecto de esto e invertimos la energía en alimenta mentalmente situaciones que no nos gustan. Si dirigimos el potencial la creación en imaginación, de lo que queremos esto al final se hará tangible.

Las ayudas de la visualización para tener autodisciplina

Nos ayuda a enfocar en la oportunidad. Seguramente has visto que cuando un elemento te interesa, comienzas a verlo por todos lados. Puedes que cando intentas ser madre, comienzas a ver más mujeres embarazadas. Cuando un coche determinado te llama la atención comienzas a encontrarlos sea donde sea que vayas.

La razón de esto es porque estamos diseñados para detectar eso en lo que centramos la atención. De esta manera lo que ocupe los pensamientos va a ser más fácil detectarlo en el mundo físico. Quien constantemente piensa en las dificultades las encuentra, tal como el que acostumbra a pensar en positivo encuentra modos de alegría. Al saber esto, se puede decidir con qué pensamientos nutrir la mente. Si visualizas con frecuencia el trabajo que amas, el cerebro estará más alerta a situación y opciones relacionadas. Si mantienes la imagen de un hombre caballeroso va a ser más fácil que lo identifiques antes que a otros no se les dé la característica.

Ayuda a transformar el contenido

Si haces una reflexión vas a encontrar que en algunas áreas de la vida se repite un patrón, a lo mejor muchos de los amigos que tienes te traicionaron, varias de las parejas han sido indiferentes o siempre que te has propuesto metas has decaído antes de encontrarlo. Las repeticiones no son fruto del azar, vienen de las creencias. De un modo más o menos directo, lo que pensamos encuentra el camino para poderse manifestar ante nosotros.

De repente así, la convicción de que las personas no son confiables te lleva a que te acerques a quienes cumplen con esa creencia. El pensamiento de que es una persona perezosa y sin constancia te quita motivación para poder perseverar. Sea como sea, eso en lo que pensabas termina corroborándose.

Tenemos que recordar que la realidad se alinea con los pensamientos. Por lo tanto, tenemos que tratar de llenar el espacio mental con afirmaciones e imágenes positivas que sean consecuentes con eso que queremos obtener. La visualización creativa ayuda a implantar y arraigar las escenas para tenerlas presentes a lo largo del día.

Acercando la imaginación a la realidad

Se ha demostrado que pensar en una acción provoca en el cuerpo efectos similares a hacerla. Por ejemplo, cuando una persona imagina in alto edificio, los ojos se mueven como si miraran de verdad la construcción. Así se imagina siendo sociables y espontáneos para el cerebro, como un acontecimiento acaecido. Una suerte de práctica que se almacena en la memoria. Así, cuando se pone en práctica se parte de esta experiencia.

Cómo se aplica la visualización

Debes encontrar un espacio tranquilo, colocarte en una posición de comodidad y relajación. Cierra los ojos y comienza a respirar de manera diafragmática. Luego para entrenar la capacidad de visualización, imagina objetos o estancias que conozcas. Puedes por ejemplo visualizar la oficina, repasas mentalmente cada elemento que lo compone.

Cuando lo domines, cuando sostengas la escena, la comienzas a aplicar para eso que deseas a ti mismo en una situación anhelada. Trabajando en un espacio más amplio, viendo la televisión, visualizando detalles, colores, olores, temperatura. Siente de la forma más vívida posible que comienza con otras circunstancias. Ahora te centras en las emociones que se despiertan, orgullo por haber logrado el ascenso, o la felicidad y plenitud por encontrar el amor. Ten esa emoción por un tiempo prolongado, si practicas el ejercicio al menos dos veces cada día, eres perseverante, compruebas cómo los cambios comienzan a darse.

El factor 20X

El factor 20X es la percepción de que somos capaces de hacer veinte veces más de lo que jamás hubiéramos pensado. Esta es una percepción que se tiene que adquirir a base de trabajo para desarrollar la tenacidad mental y para romper las creencias que limitan.

Este es un principio que aplica en todas las áreas de la vida. Se puede aplicar en todas las áreas de la vida, la salud y la condición física, estudios, trabajo, ingresos, relaciones…

Cuando se adquiere y se interioriza será imposible conformarse con menos en la vida.

Los SEALs no son el primer cuerpo de guerreros en comprender esto del factor 20x. en las formas antiguas del yoga, quienes preparaban guerreros para la batalla, requerían tapas, que se traduce en un esfuerzo desmesurado. Era un esfuerzo que se prolongaba por entrenamientos de muchas horas cada día y por medio de complejos movimientos que costaba mucho perfeccionar.

El yoga integraba difíciles ejercicios respiratorios y largos periodos de meditación para eliminar la debilidad y poner en marcha la mente.

Los espartanos usaban el agogé, un programa brutal de instrucción para guerreros jóvenes que los hacía duros física y mentalmente. Las artes marciales orientales tales como las de los monjes shaolin y el ninjutsu, y los guerreros nativos como los apaches adoptaron también el factor 20X.

No es una cuestión de que nos volvamos espartanos y vayamos a la montaña una semana, sino más bien que tratemos de ir más allá cada tanto, romper el estatus quo para cambiar el mito de que lo fácil es bueno y lo difícil es malo.

El factor 20X se puede extrapolar en otras actividades no físicas como:

- Irse de viaje sin un billete de vuelta. Llevando una mochila.
- Entrar a estudiar un idioma que no controlas.
- Poner un negocio. Eso sí que es un reto inmenso.

Todo es cuestión de que hagas cosas que rompan con el ciclo de conducta cómoda y refuerzan el carácter.

¿Por qué ponerse a prueba?

Muchas personas se sienten intimidades por los retos de la naturaleza extrema. Es algo normal si se tiene en cuenta el nivel de confort y bienestar al que estamos acostumbrados en la sociedad occidental. La era industrial trae prosperidad material y muchas comodidades, pero también trae enfermedades, obesidad, infelicidad y carencia de propósitos.

Una cosa es que se tengan momentos de placer y otra que se tenga una vida saludable con momentos de felicidad, para eso necesitamos cuidarnos y a la vez ponernos a prueba, someter el cuerpo y la mente a estresores para hacerlos más fuertes. Nos hace falta aventura.

Cuando se busca el factor 20X con los desafíos, se logra:

- Aumentar el baremo de sufrimiento, se mejora la capacidad de tolerancia al dolor. En un mundo con muchas comodidades todos tenemos que sufrir un poco cada tanto y no ahogarnos en un vaso de agua.
- Hay que resetear el detector de estrés. Se supone que el sistema simpático se activa para escapar de leones, no por un atasco. Luego de un desafío extremo cualquier situación que se dé en el día a día no va a ser tan estresante en comparación.
- Salir de la zona de confort, es ahí donde se da la magia y las creces, hacer amigos, parece increíble, pero en los momentos intensos es cuando se dan lazos más estrechos. No imaginas lo que es sufrir juntos y apoyarse unos a otros en los peores momentos.
- Demostrar que se puede y que se puede hacer muchas cosas.

Los motivos son pocos, pero importantes como para que consideres un desafío cada año que te suponga mucha preparación.

Puedes ponerte como meta hacer una maratón, hacer una carrera de obstáculos o simplemente hacer algo ajeno al ejercicio físico que suponga un desafío como viajar al extranjero para hacer un curso en otro idioma. A lo mejor apetece hacer cosas extremas y nuevas, entrenar como héroes.

CONSEJOS DE UN SEAL PARA AUMENTAR LA TENACIDAD MENTAL

stos consejos salen de un SEAL con veinte años de experiencia, treinta años de experiencia en entrenamiento en artes marciales y más de 15 años practicando yoga y entrenando guerreros. Si hay algo que puede enseñarte es la importancia de la fortaleza mental por arriba de las habilidades físicas que puedas tener. El mantra Mente sobre el cuerpo, es cierto, puedes hacer lo que sea si pones la mente en ello.

Ten presente estos consejos para que comiences a construir la fortaleza mental, tal como lo haría un SEAL.

Primero te debes enfocar en ti mismo

La autoconciencia es un punto para comenzar a construir lo mismo que se llama mente invencible. La mayor autoconciencia ayudará a que se evite cometer los mismos errores una y otra vez y permitirá que nos preparemos para futuros momentos críticos.

En la juventud se es un soñador, si se pregunta cómo sería el futuro y que se hubiera quedado mirando fijamente con una expresión vacía. Esto no es poco común.

El diario es un buen lugar para establecer autoconciencia, incluso si son diez minutos al día, encuentra un sitio donde puedas evitar interrupciones. Puedes hacer respiraciones profundas, centrarte y pasar un momento sincero y reflexionando sobre quién eres y dónde estás en la vida. Debes hacer esto a diario y convertirlo en un hábito como cepillarte los dientes.

El enfoque es cómo las riendas que toman a un caballo brioso, se tiene que aprender a dominar. ¿Cuántas veces te detienes cada día para ver el móvil y ver las redes sociales? ¿Cuántas veces has comenzado un proyecto, pero lo dejaste a medio camino?

Mantener el enfoque es una tarea cada vez más difícil actualmente. Principalmente por las distracciones que se dan en todos lados. Si estás aquí para cambiar esto, pues excelente, comprender la importancia de enfocarte en los objetivos personales y profesionales es un gran paso.

Para poderte ayudar más a crear hábitos para conquistar las metas. Veamos en detalle esto del enfoque y la manera de desviarlo a nosotros mismos.

No tener enfoque afecta en las más variadas áreas de la vida. Si no se tiene enfoque se comienza a perder el control en las tareas del día a día, lo que siempre se deja atrasado para después.

La pérdida de control puede invadir áreas mayores, como falta de enfoque para organizar finanzas personales, por ejemplo, cuando se dice que es necesario enfocarse, se quiere decir que se va en dirección a una meta, así es como se organiza y se hace una planificación para entender lo que se necesita para conquistar lo que se quiere.

Antes de dar el paso, es necesario que se evalúe el momento donde se encuentra el enfoque mental. Si no logras ignorar las distracciones, entonces es hora de que le atiendas.

Puede que lleve su tiempo, pero no te desesperes, ten buenos hábitos que con el tiempo va a ser más natural.

Técnicas para trabajar el enfoque y lograr lo que te propongas

Ten en cuenta estas técnicas para que te ayudes y enfoques mejor y aumentes la concentración.

Comienza poniendo en práctica estos objetivos.

Comienza gradualmente

Si tienes un objetivo central, puedes emprender e iniciar un negocio nuevo, la mejor manera de trabajar para esto es que se alcance la meta gradualmente.

Es como emprender con una actividad nueva después de mucho tiempo sin hacer ejercicio, no vas a lograr un buen resultado de buenas a primeras. Hace falta que te entrenes y conquistes un acondicionamiento cada vez mejor con el paso del tempo

Tienes que dividir el objetivo en metas pequeñas, comienza a trabajar desde allí. Un consejo es que uses la técnica Pomodoro que también fracciona el tiempo de trabajo.

Elimina las posibles distracciones

Aunque se vea obvio, muchas veces no tenemos la noción de la cantidad de distracciones que impiden concentrarnos en las tareas. Actualmente hay fuentes comunes de distracciones como los móviles y las redes sociales. Solo se necesita una notificación para que se caiga en la gran tentación de actuar.

Una manera de lidiar con esto es que alejes el móvil, que bloquees el acceso a redes sociales, para esto puedes instalar un plugin de Chrome que lo hace por ti. Deja un horario para que te centres en la tarea. No importa si es para estudiar o para trabajar, crea una rutina elimina fuentes de distracciones y así te puedes enfocar en lo necesario.

Céntrate en una cosa a la vez

Sea dicha la verdad, pocas personas logran ser multitarea, para los que tienen problemas con enfoque lo ideal es que se escojan metas y se enfoquen en una de cada vez.

Hay que hacer malabarismos con tareas varias a la vez, solo lleva tiempo reducir la productividad. Mejorar el enfoque quiere decir que aprovecha al máximo los recursos en cada momento.

Un paso a la vez.

Aprende a decir que no

Si tienes muchas tareas acumuladas, tienes que evaluar con cuidado cada una de ellas. Puedes eliminar algunas para que te enfoques en lo realmente importante.

Además de que emprendes tareas, se tiene que evaluar y considerar si encaja en prioridades. Si la respuesta es no, pues no.

Enfocar es dar prioridad a cosas que de verdad importan.

Ten presente la atención plena

Un técnica que es conocida para enfocarse mejor, es la práctica de la atención plena. Algunos especialistas recomiendan dedicar de diez a veinte minutos para practicarla.

Se trata de concentrarse en lo que se está haciendo, observando las sensaciones físicas y emocionales de ese momento. La atención plena se puede aplicar en cualquier hora del día, por ejemplo, mientras se come la comida, mastica y se concentra en sabores y texturas.

La práctica ayuda a reducir las distracciones a medida que surgen. Si se trabaja y se sienten deseos incontrolables de hacer cualquier cosa, la atención plena es algo que ayuda a recuperar la concentración.

Haz deporte

Si haces alguna actividad física tendrás muchos beneficios para la vida, incluso podrás mejorar el enfoque. Es algo vital para que garantices el funcionamiento del cuerpo y que se mantenga el auge de la aptitud para cumplir las metas.

No se habla de correr muchos kilómetros, correr media hora, hacer yoga por veinte minutos o alguna actividad que sirva para aumentar la productividad.

Ponte metas flexibles para el progreso

Ahora que sabemos la necesidad de crear metas para mejorar el enfoque, recuerda que tienes que mantenerla flexible. Al fin y al cabo, todo proceso se tiene que revisar para garantizar el éxito con un objetivo mayor.

Es importante como el seguimiento, lo puedes hacer con planillas como la del mismo Google o con otras herramientas que ayuden en la gestión. La clave es que las veas cada tanto, anotes el progreso y lo que necesitas cambiar.

Ten a una persona que te ayude

Se sabe que definiendo las metas y creando objetivos es difícil que se ponga todo en marcha y procrastinar el trabajo.

Para ayudar en esto, es clave que se busque a una persona de confianza que motive e incluso exija progresos. Pero no se piense en esto como algo malo, pues la función es simplemente ayudar. Esa persona podrá ser un guardián, así como puede serlo tú para ella, con alguien ayudando y exigiendo, dedicando un objetivo más difícil para que pierdas el enfoque.

Organiza la agenda

Es normal olvidar hacer algo en el día, pero muchas veces los olvidos pueden significar que se deje algo importante sin hacer.

Por eso es bueno que se tenga una agenda organizada, lo que se torna imposible de olvidar las cosas. Tener una buena agenda es fácil, pues en la red se hallan una gran cantidad de aplicaciones que ayudan.

Para poderse organizar hay que tener horarios, enfocarse en lo que sea necesario para terminarlas. Si tachaste algo de la agenda puedes hacer una pausa y recompensarte haciendo algo que te guste.

Practica siempre

Fortalecer el enfoque no es algo que suceda en un abrir y cerrar de ojos. Se requiere tiempo y práctica para volverse una persona centrada y que no se pierda el objetivo.

Hay que descubrir todo lo que se obstaculiza, pueden ser notificaciones de correos o alguien interrumpiéndose a cada rato. lograr valorar más el tiempo y trabajar para cambiar lo que toque.

Tienes que trabajar el enfoque y verás que vas a conquistar los objetivos.

Descubre tu propósito

El SEAL trabaja este punto en el entrenamiento integral y el desempeño que impulsa los recorridos por medio del crossfit, vista remota, tai chi, chi gong, pranayana, meditación consciente, vista remota, silencio sagrado, silencio apache y muchos más.

Todo esto tiene un impacto importante en la forma de ver el mundo y en la forma en la que trabaja la mente y el beneficio de todo esto. Aquí hay algunas interrogantes para determinar si vas por el camino correcto.

¿Qué es lo que has condicionado a pensar que deberías hacer con tu vida?

¿Qué es lo que realmente crees que deberías hacer con tu vida?

¿Qué es lo que sientes realmente que deberías hacer con tu vida?

¿Hay una pequeña voz de duda dentro de ti que sugiere que estás en el camino errado?

¿Es la misma voz que te empuja con la sensación de que vas por el camino correcto?

¿Por qué crees que estás aquí?

¿En qué crees que deberías enfocarte si nada te detiene?

¿Qué harías distinto si superas que apenas te queda un año de vida?

¿Qué haces con la introspección?

Todo esto es algo lleno de mucho poder y que motiva a dejar una carrera que te puede estar consumiendo. Hacer esto ofrece una guía posible para seguir el sueño.

Todos recorremos el propósito de vida. Asumimos que encontrarlo es llevar una vida llena de pasión, haciendo lo que nos hace totalmente felices. Más importante aún, con un trasfondo que va más allá de nuestro beneficio.

La cuestión es que muchas personas no tienen idea de qué hacer con la vida y se sienten mal por esto. Olvidan que la vida se trata de descubrir, probar, intentar, y finalmente crear un proyecto que nunca va a tener final. Que siempre se puede mejorar.

El propósito de vida no se encuentra es algo que se construye. El propósito de vida no es algo que se encuentre, sino algo que se construye. El optar por una actitud pasiva frente a descubrir lo que te apasiona no es el mejor plan para crear una vida ejemplar.

No sirve de nada que te sientes a pensar en lo que desperdicias la vida, asume que los otros tienen resuelto el futuro mientras que estás estancado en un trabajo que no te gusta, donde la única felicidad son los fines de semana y las vacaciones de un par de semanas al año.

Entonces, ¿qué es lo que necesitas para dar con ese propósito de vida?

El objetivo de esto es que descubras los consejos que hay para que los apliques día a día de un modo que no solo aprendas cómo ser feliz en la vida, sino que encuentres el motivo que te haga pararte a diario.

Inteligencias múltiples

Puede parecer contradictorio, la mejor manera de dar con el propósito es que apliques metodología de descarte, esta plantea que en un comienzo no se sepa qué hacer sino lo contrario, saber qué no hacer. Hay que identificar qué es lo que no te gusta.

Todas las personas tienen debilidades y fortalezas, temas que llaman la atención mientras que hay otros que no interesan para nada, esto se le puede llamar inteligencia múltiple. Lamentablemente una de las razones por las cuales no se encuentra el propósito de vida es porque la sociedad ha hecho que las personas se preocupen por lo que hacen mal y no por lo que tienen talento.

Un ejemplo de esto es que no es extraño que un niño que le vaya bien dibujando, pero sea malo en números, lo obliguen a estudiar matemáticas y no hacer técnicas de dibujo, porque nos han enseñado que hay que reforzar los aspectos que tenemos como debilidad.

Esta idea te lleva a saber un poco de todo, a la vez no sabes nada en profundidad.

Cómo construir un propósito de vida

Antes de que entremos en estos pasos para encontrar el propósito de vida es que dejes de buscar complacer a los demás, al igual que quererlos a todos. Más bien te tienes que enfocar en las actividades que despiertan tu interés, porque representan un terreno óptimo donde se puede hacer el propósito.

No te compares

Nadie tiene el futuro resuelto. Las personas andan pendientes de lo que hacen los otros, del dinero que ganan, de los trabajos que sueñan y del crecimiento personal que han tenido.

La sociedad nos enseña a vender el presente, desde imágenes publicadas en Instagram hasta apariencias que no muestran la realidad de las personas. Una cosa es lo que dicen y otra la de la realidad que vemos todo el tiempo.

Entonces, te tienes que centrar en el proceso y dejar de pensar en que los demás han resuelto la vida, ten por seguro que ellos están como tú, sin saber bien lo que hacen, con muchas dudas y apariencias que esconden miedos.

Al entender que cada uno tiene sus batallas, que cada día es una oportunidad que tenemos para ganarla, vas a tener la libertad para buscar calmadamente lo que quieres hacer con la vida.

El trabajo es un medio, no un fin

Cuando piensa en el trabajo como medio, no como fin, entiendes que ese trabajo no termina de llenarte, es una experiencia más que vives, mala o buena, la cual te enseña muchas cosas

¿Cómo aprovechar las situaciones? Identifica lo que puedes aprender del trabajo actual, porque esto es elemental para encontrar el propósito de vida, recuerda que lo primero es que sepas lo que no te gusta.

Se tiene la convicción de que no todo lo relacionado con el trabajo es malo. Hay que saber aspecto que disfrutas y te llenan. Sea con los compañeros o con el ambiente laboral, entre otras.

La labor es que se encuentren cuáles son estas, igual sucede con lo que se disfruta hacer. Tener esto claro pone una posición ganadora de acuerdo al futuro, porque sabrás en qué campos te enfocan y en cuáles no.

Define lo que no te gusta hacer

Tal como se vio en el pasado punto, te tienes que preguntar por eso que te da pereza hacer en el trabajo, en la escuela o en la vida.

¿Disfrutas hablar con personas?

¿Hablas de temas como música, meditación, finanzas, programas de TV?

Si no te gusta, lo escribes, de este modo te haces consciente de lo que puedes hacer o sentir.

Cuando lo tengas claro, habrás eliminado las opciones dentro de la búsqueda del propósito de vida. Entonces aparecen preguntas claves y determinantes que tienes que hacerte en un punto.

¿Qué harías totalmente gratis por un mes?

¿Cómo le puedes sacar dinero a esta actividad?

Prueba cosas nuevas

Antes de que tomes una decisión te tienes que dar la oportunidad de probar cosas nuevas. Para esto tienes que usar el tiempo libre con eficiencia.

Muchas personas viven satisfechas con la vida que tienen, pero no hacen nada, se quejan desde el mueble, con un móvil en la mano, enviando la apariencia de las redes sociales.

Son soñadores frustrado, tienen la solución en el tiempo libre, pero prefieren quejarse porque es más fácil actuar con base en la búsqueda de un propósito.

Mira a ver qué haces en el tiempo libre, ve a cursos de temas que te atraigan, compra libros de algo interesante, aprende a escribir blogs, allí compartes lo que te gusta, conoce a otros de otros campos de conocimientos.

Define las mejores habilidades profesionales que tienes

Si quieres dar con esa carrera que amas, debes arrancar desde la identificación de las fortalezas, las habilidades que permiten que te diferencies de los demás.

Para que lo puedas hacer, ten presente estos pasos que consisten en tres preguntas que tienes que hacer para identificar el propósito de vida.

¿Cuáles son mis habilidades?

Comienza escogiendo de 5 a 10 personas que sientas que te conocen mejor y las divides en dos grupos.

Grupo 1: reúne a los amigos con los que te conectas desde lo más profundo del ser, con los que compartes valores, principios y visión de vida.

Grupo dos: tendrás a las personas con las que eres cercano, pero que se diferencian de personalidad, sea por el estilo de vida, proyectos o trabajo.

Pregunta a capa persona de cada grupo cuáles creen que son sinceramente las fortalezas y habilidades y cuáles son las debilidades.

Aquí es importante que tengas presente dos cosas:

- Tener una investigación de mercado sobre las habilidades.
- Generar un ambiente donde sean totalmente sinceros contigo.

Puede que debido a que te quieren los amigos, estos no te quieren decir la verdad, porque sienten que te van a lastimar o te harán pasar malos momentos. Sin embargo, entre más rápido te des cuenta en lo que eres bueno, más rápido te enfocas en lo que es importante, en el propósito de vida. Así que a aguantar un poco el dolor.

¿Cuáles son mis fortalezas?

Es imposible que tengas visiones románticas de las habilidades que te han llevado al éxito en la vida.

Mira esto así, piensa en que puedes ser un gran estudiante por arriba del promedio, pero sin tener interés por la academia.

Podrías ser muy bueno jugando fútbol, pero no es lo que quieres hacer por el resto de la vida.

El que no tengas visión romántica sin duda te ayudará a que encuentres el propósito de vida, porque implica que uses las fortalezas como base para identificar talentos que antes no conocías.

Tal como se ha mencionado, el hecho de que algo no sea lo que quieres para tu vida, no quiere decir que no puedas tener habilidades y fortalezas para desarrollar la actividad. Como ejemplo, el hecho de que no te guste el fútbol no quiere decir que la habilidad para trabajar en equipo no sea importante, así que no pierdas las habilidades, úsalas para encontrar el propósito de vida.

Le puedes preguntar a extraños:

Usa todo el potencial que tiene internet, usa las redes sociales, haz videos o publicaciones, pregunta a las personas que te siguen y que tanto has repetido.

Luego de que colectes la información por medio de estos pasos, vas a tener el criterio y las bases para tomar buenas decisiones. Cando tienes claras las habilidades sabes que eres bueno en eso, tienes en cuenta los criterios y consejos de los amigos, y puedes definir muchas cosas en tu vida.

Así podrás tener muchas oportunidades, por ejemplo:

- Tener un empleo nuevo según habilidades.
- Aprender cómo arrancar un negocio propio en el tiempo libre.
- Encontrar un socio que complemente las habilidades y fortalezas y trabajar con ellos.
- Tener una empresa con los amigos que te complementan.
- Comenzar a ganar dinero por internet y hacer lo que te apasione.

Sigue tu curiosidad

No importa lo que hayas encontrado si tienes o no el propósito, es primordial que sigas las cosas que te llamen la atención, no importa que no lo hayas intentado, porque la idea es que descubras intereses menos obvios.

Para lograrlo tienes que salir de la zona de confort. Cuando tienes la iniciativa de seguir los intereses poco comunes, sales de la comodidad y te abres mentalmente a la posibilidad de explorar nuevas cosas.

Este es un ejemplo, la curiosidad de Steve Jobs por las tipografías, esto lo llevo a ir a una clase de tipos de letra que parecía inútil para algunos, pero en realidad era para desarrollar sensibilidad de diseño.

Esa sensibilidad sirvió para verse en los ordenadores de Apple y marcó diferencia en la marca.

Que el dinero no sea lo único que motive

Si andas buscando el propósito de vida y pasar los años haciendo algo que te gusta, la mejor manera de comenzar es que se trate a las preocupaciones financieras como algo secundario.

No se dice que con esto las finanzas no sean importantes, es clave que aprendas cómo ahorrar dinero, tener ingresos nuevos y administrar el capital.

Si limitas el propósito de vida a la cantidad de dinero que puedes ganar, es difícil que encuentres algo que ames.

La idea es trabajar primero en las finanzas de manera que tengas libertad, así sea en el tiempo libre, de que explores los otros intereses y gustos, al igual que aprender la manera de ganar dinero rápido.

Diferencia entre placer, pasión y propósito

Hay unas diferencias entre estos, lo deja bien claro Tony Hsieh en el libro Delivering Happines, donde dice que hay varios tipos de felicidad.

- El placer: es la felicidad a corto plazo, donde se disfruta en el instante y que despierta las cosas materiales.
- La pasión: es la felicidad que implica un mayor compromiso,

nos hace sentir que el tiempo vuela y que lo demás se pierde con la importancia para nosotros.

- El propósito: finalmente y más importante es que la felicidad es la que debemos buscar a diario, se halla cuando hacemos parte de algo grande, más que nosotros mismos.

El propósito es algo que se convierte en una razón para pararse temprano cada día, para sacrificar cosas que nos gustan y que encima de todo le da sentido a la vida. Para hacer el propósito de vida se tiene que tomar decisiones y a la vez renunciar a muchas otras.

Es así, que esto es algo que les pasa a muchas personas, es que cuando no se tiene pasión o no se construye el propósito, se anteponen lo urgente por encima de lo importante.

Es bien que cambies, que te retires y pruebes otras cosas.

Es normal que en cada búsqueda y construcción de un proyecto de vida que admires, cometes fallas, emprendes camino que con el tiempo no eran los correctos o simplemente cambies de opinión.

El hecho de que tomes una mala decisión no significa que lo hagas mal, es un proceso donde las malas decisiones también tienen su lugar.

El hecho de que aún no tengas esto del todo claro, no implica que tomes decisiones, cambies, hagas o renuncies con lo que es necesario.

Muchas veces encontrar propósito de vida exige que tomes riesgos que confíes en ti mismo, y des un paso a lo que no conoces.

El propósito no es un golpe de suerte, es una disciplina

El propósito de vida no es algo que puedes encontrar de la noche a la mañana. No es lo que pueda llegar después de pensarlos por una mañana o luego de conversar.

Como puedes ver en este capítulo, el propósito de vida forma parte de la disciplina.

Es el resultado de estar siempre buscando actividades nuevas, oportunidades de negocios, conociendo nuevas personas cuando encuentres lo que te interese. Dedicarte a hacerlo y perfeccionarlo.

Este es el resultado de tener disciplina para decir no al resto de las opciones, para rechazas caminos fáciles y tener una visión a largo plazo. La grandeza requiere de tiempo, dedicación y esfuerzo.

Cuando te comprometas, entenderás el propósito más allá de trabajar poco a poco o de hacer algo que te agrade, es contribuir de un modo con las personas que tienes alrededor.

Determina tu camino

Que desarrolles habilidades como disciplina, dedicación y adquirir la capacidad de un alto desempeño, requiere estar en sintonía con el verdadero yo. No una versión embrollada de lo que otros piensan de ti. El no tener claridad y autoconciencia te hacen perseguir metas que otros te imponen, con una vida de éxito corporativo puedes tener mucho, pero a la vez no tener nada. Puede que sientas que estás en el camino equivocado, la única manera de volver al camino correcto es que te hagas autoconsciente. Comienza con las preguntas enlistadas en este apartado.

Las personas que tienen un gran propósito vital, fuerte, definido, tienen más éxito. son más felices y además encuentran fuerzas necesarias para poder vivir más que los otros. aunque no sepas del todo lo que quieres hacer con tu vida, hay una serie de pasos que puedes seguir para que encentres el camino.

Recuerda tus mejores momentos

Para poder definir la razón de ser en el mundo, puedes comenzar analizando las distintas etapas de la vida. Las experiencias te aportan felicidad y allí tienes que buscar cómo sentirte más útil. ¿Has dejado de hacer cosas que eran claves para sentirte bien?

Hay muchas pistas para que reencuentres el sentido de la vida en la niñez, cuando podías permitir las paciones con toda libertad y dando siempre lo mejor.

Recuerda lo que eras en la niñez, lo que querías ser.

Dos preguntas que debes hacerte

El británico Ken Robinson, quien es educador y conferencista, relaciona la vocación con identificar el propio Elemento, aquel ámbito o actividad que nos hace sentir en nuestro terreno. Estas son las dos preguntas clave:

- ¿Qué se me da bien hacer?
- ¿Qué disfrutas haciendo?

Si ambas preguntas te llevan a un mismo destino, ese es tu Elemento.

Algunas personas se sienten cómodas y realizadas enseñando a otros, mientras que hay las que disfrutan más ideando proyectos en la soledad.

Hay que reconocer cuál es el Elemento, porque probablemente la misión de vida se encuentre en ese ámbito.

¿Qué te motiva a vivir?

El fundador de Logoterapia Viktor Frankl tiene una historia, dice que ayudaba a sus pacientes a reencontrar el significado vital con una pregunta provocadora.

Tras la sorpresa todos comienzan a enumerar cosas valiosas aún pendientes. Como el deseo de ver a la hija terminar la universidad, el sueño de encontrar a una pareja, el que antes de morir se quiera aprender a tocar el piano.

¿Ya ven cómo tiene sentido la vida?

Lee biografías inspiradoras

El ser humano aprende por imitación, no solo en la primera juventud, porque la primera vida entera es una formación continua.

Si nos encontramos en un momento donde no hallamos sentido a la nada, puede ser un revulsivo leer libros de personajes con existencias muy significativas.

Se dice que el mismo Benjamin Franklin se inspiraba en personajes históricos a los que admiraba y los trataba de incorporar a su visa con los valores que iba viendo en ellos. Es lo que Newton denominaba estar a hombros de gigantes.

Mira a ver qué es eso que no quieres hacer

Si alguien no tiene idea de qué quiere hacer ¿cómo encontrar entonces el sentido de la vida?

Alejandro Jodorowsky creador de la psicomagia y autor de innumerables libros, dice que, si no sabes lo que te gusta, comienza tomando nota de lo que te gusta, porque por eliminación llegarás al Elemento o misión.

Es una técnica que se recomienda a escritores que padecen bloqueos ante la hoja en blanco, si no tienes idea de por dónde seguir, apunta lo que sabes que no va a suceder, de esta manera llegarás a lo que sí sucede al final.

Déjate contagiar

Muchas cosas que se pueden dotar de significado en nuestro día a día, necesitan la participación de los demás. Así como los alpinistas avanzan en grupo para alcanzar la cumbre, se pueden ayudar y confiar los unos en los otros, las misiones tienen más fuerza si se hacen con buena compañía.

Los amigos que leen la primera obra de un escritor que comienza, unos viajeros apasionados, gente que hace cosas por salvar el planeta…

Tal como diría Ferran Ramón Cortés, las emociones son contagiosas, como lo es el deseo de seguir un propósito vital. Por eso es esencial saber rodearse de gente que tenga una vida con sentido.

Spoiler para esa vida que viene

Mario Reyes, quien es escritor, propuso una técnica lo más de interesante para darle sentido a la existencia. La idea es que se escriba una carta sobre nosotros, imaginando lo que desearíamos que un amigo o un hijo dijera de nosotros en el funeral. En el texto le damos libertad para inventar toda la existencia y los valores por los que se sentiría orgulloso ese ser querido.

Después de leer este homenaje ficticio, el otro paso es que se replantee la vida para que corresponda con ese ideal.

Desarrolla y define el ikigai

Este es un concepto japones que se traduce como "la felicidad de estar ocupado" y la vedad es que los centenarios de Okinawa presumen de no retirarse nunca, encontrando siempre tareas de valor para hacer con la comunidad. A cualquier edad, quien tiene un motivo por el que saltar de la cama, va a encontrar una motivación para vivir un día más.

El inmortal autor Cary Grant decía esto:

"Mi fórmula para vivir es muy simple. Me levanto por la mañana y me voy a la cama por la noche. En medio, me ocupo lo mejor que puedo"

Ten una vida libre de venenos

Así no hayas encontrado sentido de la vida, para poder seguir en la búsqueda es importante que evites todo lo que puedas para descargar las pilas vitales.

Ver la televisión por inercia, gastar horas en las redes sociales para matar el tiempo, compartir el ocio con personas que no te interesan, todo esto es un veneno para que te motive, porque nos agota antes de que hayamos podido usar la energía en lo que merece la pena.

Al igual que los deportistas de elite que evitan la mala nutrición, la aventura de crear la propia vida, exige una dieta de todo lo que nos dé valor.

Sustenta el objetivo con un estilo de vida saludable y apoyo de los demás

Por mucho, si la vida está en el camino errado, no tienes la energía para incluir un programa de salud como parte de la vida diaria o para alimentarte con una buena dieta llena de salud y energía. Una consecuencia de una pobre autoconciencia es que la rutina reclama la salud mental, física y espiritual. Una plataforma de autoconciencia que te lleva a un propósito renovado que hace que cuides el cuerpo de manera obsequiosa.

Lo bueno es que vas a estar animado por estar en el verdadero camino que la energía no tendrá problema. La clave es que emplees esto y te comprometas con un estilo de vida saludable con ambos.

Si esto es un problema para ti, no lo hagas solo, a lo mejor la atribución más importante a los Navy SEALs es la importancia de la palabra equipo. Encuentra un grupo de personas que piensen como tú y te apoyen, así como no solo estás en el camino si no te mantienes en él.

Cómo ser positivo mientras te ahogas

¿Te imaginas teniendo pensamientos positivos mientras te ahogas? Los SEALs de la marina sí que saben cómo hacerlo.

Dentro de las pruebas de un SEAL está la de la piscinas, donde los reclutas tienen que mantenerse bajo el agua por veinte minutos. Ellos están equipados con tanques de oxígeno para el aire, todo lo que deben hacer es mantenerse bajo el agua sin subir. Se ve simple, la trampa es que constantemente son acosados por los instructores que les cortan el aire de las máscaras por periodos dolorosos, pero no mortales. Les aplica otras formas generales de acoso para que suban a la superficie. El trabajo de ellos consiste en que no se defiendan ni que entren en pánico. Que aguanten hasta que el tanque termine sin dejar de estar nunca bajo el agua y esperar a que el otro ataque llegue.

Los soldados cuentan con cuatro oportunidades para pasar esta prueba de clasificación. Solo uno de cada cinco lo logra en el primer intento. La principal razón de suspenso es el pánico, no tienen autorización para tener pánico.

No importa lo agitada que sea tu vida, porque no puedes ser mentalmente más exigente que esto. Tienes que tener la misma fuerza de voluntad peor en versión light. Eric Davis, quien es autor de "Raising Men: Lessons Navy SEALs Learned from Their Training and Taught to Their Sons", es un ex SEAL veterano, con condecoraciones y reconocido como uno de los instructores de más alta clase en los francotiradores. Su libro en realidad se trata más de paternidad, cuenta algunas cosas que aprendió en sus 16 años en el cuerpo. Entre ellas está la frase común en la formación SEAL: vale la pena para ser un ganador y que según reza el mantra que repiten los soldados mientras sufren.

La verdad es que los estudios estiman que tenemos conversaciones mentales siempre en las que nos decimos de 300 a 1000 palabras a nosotros mismos por minuto.

El entrenamiento SEAL se asegura de que la conversación sea positiva todo el tiempo que se pueda o como mínimo no haya conversación. Puede parecer una tontería, pero la verdad es difícil decirse cosas positivas a uno mismo cuando se es alguien negativo y se está en una crisis. El pánico es lo decisivo que no beneficia a nadie y la negatividad causa pánico, por eso parece que el entrenamiento realmente funciona.

El profesor de la Universidad de Pensilvania, Martin Seligman, habla de pesimismo en su libro Learned Optimism.

"La característica definitoria de los pesimistas es que tienden a creer que los eventos malos van a durar mucho tiempo, lo socavarán todo y son siempre por propia culpa. Los optimistas piensan acerca de la desgracia de la manera opuesta. Tienden a creer que la derrota es temporal, que sus causas se limitan a este único caso y que la derrota no es su culpa sino de las circunstancias, la mala suerte o un suceso meramente aleatorio".

La verdad, esto es muy sencillo, apenas llega al 40% David Goggins, además de ser veterano de la marina SEAL es titular del récord mundial de flexiones hechas en 24 horas 4025 flexiones y el quinto clasificado en el Badwater, una ultramaratón celebrada cada mes de Julio en California, Estados Unidos, con salida en la Cuenca Badwater y llegada en el Monte Whitney. Es proclamada la carrera más dura del mundo. se dice eso, cuando la mente te dice que ya no puede más, realmente estás con un 40% de batería.

Puede parecer que se habla como si fuera una publicidad, pero es más que una declaración de motivación, la ciencia respalda que estamos capacitados física y mentalmente de lo que creemos. Por ejemplo, los investigadores encontraron que los sujetos encontraron un placebo, pero se les dijo que era cafeína. Pudieron con esto levantar más peso que a esos a los que sí se les dio cafeína. Claro, todos tenemos límites, pero cuando la mente te dice que no, a veces te lo dice demasiado pronto y cuando tratas de mantenerte fuerte por unos minutos más, resulta que puedes más.

Por otro lado, la fuerza de voluntad en casos extremos sabe enfrentarse con el ahora. Mark Spitz, quien tiene medalla de oro olímpica en natación dice que trata de hacer lo mejor que puede para una prueba, que no puede pensar en mañana.

En un estudio de Harvard se muestra que las personas que tienen metas tienen diez veces más éxito que los que no tienen metas y los que anotan tres veces más probabilidades de lograrlas que los que no lo hacen. Pero esto es algo que aplica si la meta se puede alcanzar.

Normalmente nos parece difícil lograr los objetivos del día, en algunos casos ya es bastante salvar el pellejo hoy. Por lo tanto, los olímpicos y los soldados usan la visualización para lograr los objetivos. No se imaginan en la línea de meta mañana ni la otra semana, esto no es eficaz, se les enseña a visualizar a sí mismo teniendo actividades una por una y pasando por los movimientos que se tienen que hacer, se trata de visualizarse haciendo las tareas, el proceso, no el final.

SÉ DISCRETO COMO UN MARINE

*E*l cuerpo de elite de la marina tiene un código no escrito pero que es eficaz, ser discreto en las misiones.

Los SEALs de la marina tienen este código. Ser profesionales discretos. Es algo que afirma Chris Heben, un ex SEAL con diez años de experiencia en misiones en Afganistán, Medio Oriente y África. Dice que aquí no hay espacio para la fanfarronería, que hablar de las misiones lo que hace es dañarlas y que se muera la gente.

A lo mejor los miembros del equipo especial enviado para acabar con Osama Bin Laden en Pakistán, no hablen del papel que tuvieron en esta misión. Sin duda el apego al secreto, incluso entre las autoridades de Estados Unidos tiene un papel vital para el factor sorpresa en las misiones de éxito.

Hay funcionarios de administración que se han negado a revelar la composición de los equipos que mandan a misiones.

En muchos medios se ha visto, incluso el New Yorker, Huffington Post y ABC News, han reportado que el grupo se conoce como el Team Six, una banda confidencial de operativos que nadie conoce y que viajan a misiones en el momento en el que se les indica. Por lo general no están informados sobre quién es el objetivo hasta que la misión está cerca.

Los ex SEALs que han entrevistado, han sido cautelosos en la descripción de cómo operan el Team Six, y otros equipos especiales dentro de las asignaciones de los SEALs. Generalmente los SEALs seleccionado para este tipo de misiones especiales son elegidos por los superiores por alguna habilidad que los haga distintos. Aunque deben ser capaces de asumir tareas del otro miembro sin que este se lastime o muera.

Deben ser más que guerreros especiales, hay que formar parte de un equipo especial que significa que se ha consolidado como un operador maduro y estable con una serie de misiones sensibles y de gran riesgo en el mundo real.

Los que están detrás de las misiones nunca le han dado razón a nadie para dudar de que son confiables y concentrados. Son lo mejor de lo mejor.

Esa imagen de un SEAL arrastrándose por la jungla son cosas de películas de guerra. Aquellos que no superan el entrenamiento SEAL, son los que quieren jugar a ser Rambo. Si no se puede trabajar en equipo, y funcionar con autonomía, no se va a durar mucho.

La fuerza de combate que se conoce como los SEALs de la marina, tienen origen en la Segunda Guerra Mundial cuando Estados Unidos se dio cuenta que para invadir Japón requería de inteligencia, pensamiento rápido que pudiera desempeñar reconocimiento en el mar.

Más allá de las experiencias, las tropas necesitaban tener una fuerza física increíble. Se hicieron conocidos como las tropas sabelotodo, podían pasar por el río Yangtze de China, disfrazados de habitantes chinos en 1945 o dirigir operativos de demolición en túneles de trenes y puentes a través de la costa coreana en la guerra coreana.

Los SEALs obtienen el nombre hasta luego que el presidente Kennedy habla sobre la admiración a las fuerzas especiales el deseo de que el ejército de Estados Unidos se enfoque en mejorar la capacidad para hacer operativos bélicos no convencionales, antiguerrillas y clandestinos.

Había una nueva e insistente necesidad de técnicas militares más avanzadas durante la época. Entre otras misiones los SEALs se despliegan para actuar como asesores y entrenadores de comandos vietnamitas del sur.

Vietnam es la primera guerra que transmite ampliamente por TV y otros medios, se mete en la cultura popular para el consumo, solidifica la imagen de los SEALs como tipos rudos, con gran reputación por los informes sobre la capacidad para enfrentarse cuerpo a cuerpo con el Vietcong, así como historias de colaboración con la CIA.

La relación entre la agencia de inteligencia estadounidense y las tropas de elite fue crucial para recaudar información de inteligencia en tiempo real para misiones que a veces se llevan a cabo de último minuto, a lo mejor un activo más importante que nunca. La guerra contra Al-Qaeda implica tanto conseguir información como ganar en el campo de batalla.

Los SEALs han tenido muchas batallas, en el conflicto de Vietnam logran una operación encubierta llamada programa Fénix, el cual captura a simpatizantes de Vietcong.

En la guerra de Iraq e Irán los equipos SEAL dirigen misiones para contrarrestar los botes que instalan minas. El primer oficial de alto rango de la marina en poner pie en Afganistán tras dos ataques de 11 de septiembre de 2001, fue un SEAL encargado de todas las operaciones especiales para la Central de Mando, según el sitio web.

El sitio que los SEALs comandan la fuerza K-Bar que supervisa a la Marina, Fuerza Aérea y Fuerzas de Operaciones Especiales de la Coalición al inicio de la operación libertad duradera, la cual lleva a cabo más de 75 misiones especiales de reconocimiento e intervención directa. Se destruyen más de 500 mil libras de armas y explosivos, se identifica personal enemigo y conduce operaciones de búsqueda de terroristas que buscan huir por mar.

El despliegue más grande de SEALs en la historia se da durante la Guerra de Iraq cuando SEALs dirigen misiones que incluyen aseguramiento de estructuras petroleras al sur de la península Al Faw, así como terminales de gas y petróleo costa afuera. Despejan canales críticos para que la ayuda llegue al país. Varios terroristas de alto perfil son capturados por los SEALs incluyendo a Ahmed Hashim Abed, la supuesta mente maestra de la mutilación de cuatro guardias de Balckwater en Fallujah Iraq en 2004.

La gran misión que hacen ellos recientemente es en 2009, cuando un equipo SEAL rescata al capitán del barco de carga Maersk Alabama, el que es secuestrado por piratas somalís fuera de la costa de Somalia.

Francotiradores SEAL están en la cubierta dl barco y dispara en tres ocasiones matando a tres piratas que custodian al capitán.

El entrenamiento SEAL es la prueba final para un hombre. Son casi dos años los que ellos pasan entrenando, llegando al punto cumbre de entrenamiento en la Semana del infierno.

La disciplina de los SEAL es intensamente satisfactoria, cuando cazan a Bin Laden van en la noche, cuando la luna está escondida. Esto no es azar. Evaluaron un posible ataque desde una escuela pakistaní que está a poca distancia del complejo que previeron distintos escenarios para dar el ataque y evitar bajas civiles.

Un SEAL no deja nada al azar, un blanco es un blanco, es un objetivo, misión que tienen que cumplir con el entrenamiento que arrastran. Sin importar el enemigo que tengan. Ellos lo confrontan y les ganan.

El problema de la falta de discreción

El inmenso problema que tiene la falta de discreción es que no tiene vuelta atrás. Las palabras no se las lleva el viento, aunque te disculpes, lo que dijiste ahí se queda. Es difícil ganarse la confianza de las personas, cuesta ser alguien en quien puedes confiar, pero solo con unas palabras se puede echar a la basura la reputación. Una frase o una conducta imprudente acaban con todo y dañan las opiniones que tienen los demás.

Ser prudente es ser confidencial con información ajena, con la personal o tener cuidado de no lastimar a otros con comentarios que puedan ser hirientes. Ser prudente es estar en un sitio y ser discreto, la prudencia es estrecha y relacionada directamente con la capacidad para valorar las consecuencias de los actos y lo que dicen. La persona que se comporta con prudencia hace análisis de impacto que pueden tener lo que diga o lo que haga. Caso contrario, la persona imprudente no mide, no evalúa, no tiene las consecuencias en cuenta. Quien consigue comportarte con prudencia hace análisis de impacto en lo que pueda decirse o hacerse. La persona imprudente no tiene en cuenta consecuencias de lo que comparte. Hoy en día, con la exposición a la que nos sometemos, es un peligro, puede arruinar una idea profesional, dejarte en ridículo, perder un trabajo, perder amigos.

La sociedad de hace treinta años era mucho más prudente, cuando no había redes sociales se compartía con menos personas la información. No había tanto acceso a todo ni nos llegaban noticias por las redes donde se veía la imprudencia y lo que antes era privado ahora es público. Las generaciones de ahora se educan en este medo y no distinguen o que es correcto y lo que no lo es.

Hay muchas fórmulas para conocer el contenido desde el primer mensaje que se puso hace años en la red. Lo inteligente es actuar prudentemente para no terminar como una persona que se cierra sus puertas, nadie quiere tener como compañero de trabajo a un amigo o persona que no mide lo que hace. Al tener amigos colegas prudentes y discretos te sientes seguro y protegido, puedes mantener relaciones de confianza sin miedo a que te traicionen o se vayan de la lengua.

Sé discreto con tus objetivos

Cuando tengas un deseo o propósito en mente, tienes que ser cauto, prudente, cuidad con quien compartes los anhelos, porque, aunque no lo creas hay en exceso apagadores de e ilusiones, los que llenan de envidia las ilusiones, los que envidian los sueños, los que se adelantan en esos mismos objetivos y claro, las personas que más tarde te juzgan en base a lo que hayas alcanzado. Algo que todos sabemos es que no siempre es sencillo identificar a las personas dignas de confianza. Es más, lo que hacemos muchas veces es poner en las manos, mentes y corazones de otros la visualización de un todo un proyecto vital, ejemplo de ello serían esas veces donde buscamos la cercanía de los padres y hermanos para comentar con ellos lo que queremos lograr, emprender el viaje, arriesgar todo con esa relación.

El mejor modo de saber si puedes confiar en alguien es confiando tú en esa esa persona. Al poco y casi sin que se espere, aparece la mueca de escepticismo, la mirada que ironiza y la palabra que corta la efervescencia de las ilusiones. Saca eso de la cabeza, es una tontería, te digo esto porque te quiero, pero lo que piensas no es para ti, ten objetividad y abandona esa idea.

Esa y otras más son las que aparecen y que se tienen que enfrentar. También están los que andan supuestamente de nuestro lado, que no dicen nada, se cree contar con su ayuda, con su complicidad y cercanía, sin embargo, en el momento que menos se espera, aparece la decepción o traición.

¿Por qué lo hacemos? ¿Por qué a veces erraos a la hora de compartir los deseos y anhelos de las personas?

No es tu culpa, el ser humano está programado para confiar en otros a muchos nos suena la clásica situación de la persona que desea ascender en el trabajo y lo comenta con el compañero de departamento a la hora del café. Para el almuerzo, toda empresa conoce ya lo que se tiene entre mano. ¿Tenía que ser más prudente esta persona? ¿Tendría que haber aplicado, algún filtro con el cual anticipar posibles consecuencias de la revelación?

La respuesta es no y es sí, no en primer lugar porque según la neurobiología, todos estamos programados para confiar en los demás. Lo mismo es lo que nos explica un trabajo publicado en The Journal

Neurosciencie, donde se pone en evidencia que la confianza es básica para la vida social, porque de lo contrario su temiéramos ser traicionado a cada momento, estaríamos sometidos a un gran estrés.

Por otro lado, sucede que podemos pecar de cierta falta de cautela, o mejor dicho, de no ser competentes a la hora de aplicar las tres reglas que definen la dinámica de la confianza o de ser buen confidente. Te explicamos lo que tiene.

El tema de la confianza

Ante las dudas lo mejor es ser cauteloso, lo que nos sucede muchas veces sale de la ilusión del proyecto y de la chispeante emoción del proyecto novedoso que hace que abramos demasiado los filtros hasta el punto de compartir con personas que no convienen.

Es bueno que se sea prudente y se apliquen estos principios:

La fiabilidad es sin duda un pilar. Confía en los deseos y sueños con quien te haya demostrado en otras ocasiones que es de fiar, que no te juzga, que te acepta en todo momento por cómo eres.

Conexión emocional autentica, esta otra dimensión obliga siempre a confiar en las personas con quienes se tiene intimidad emocional real y duradera, pueden ser pareja amigos…

La última clave tiene que ver con la empatía afectiva y con la empatía cognitiva, no basta con que se contagien las ilusiones, los sueños y la alegría contenida. Se quiere que se entiendan lo que pensamos, que sean capaces de comprender nuestra perspectiva.

Bien en ocasiones puede suceder que, aun existiendo un tridente de confianza, la persona falle. Que el amigo de toda la vida lo haga, nos falle o que la familia reacciones de forma opuesta a cómo esperamos en el inicio. El saber cómo actuar en estos casos, va a ser de gran ayuda.

Esas amistades que nos fallan

Los amigos caducan, se apagan como luz de un sol viejo, cuando nos damos cuenta, cuando el primer viento frío que trae el otoño luego del verano.

Cuando nos fallan las personas

Las personas nos fallan, pero a veces también nosotros fallamos. Todos podemos llegar a transmitir si nos empeñamos en ellos, la sensación de ser perfectos y falibles a la vez, por eso con el tiempo vamos desarrollando cuidado, n ben hacer que se basa en la discreción y en esa cercanía limitada pero acertada para las personas más especiales, las que han sabido estar en todos los instantes, sin importar si hay viento, marea o días calmados.

Esta sabiduría para comprender con quién debemos compartir las cosas y con quién no llega con el tiempo y la experiencia. Poco a poco entendemos que hay personas expertas en cortar las alas ajenas, habilidosos maestros para robar ilusiones con el fin de que nadie mejor que ellos. Si se osa a ser más libre, con más capacidad y felicidad, es para las personas un sacrilegio.

El tiempo enseña también que es mejor ser discreto, cuidar palabras y luchar por lo que nos gusta, con determinación y en silencio. Hacerlo dejando a un lado las aprobaciones de otros, como las críticas o comentarios que en un momento determinado son como una barrera de púas en el camino.

Hay que aprender por lo tanto a elegir en quién confiar sin olvidar que es la propia confianza en nosotros la que nos lleva a los más altos objetivos, a los más valientes.

La discreción como elemento diario

Cuando estás rodeado de amigos y colegas que son prudentes, sientes que hay seguridad, que puedes tener relaciones llenas de confianza y hay cómplices. No hay miedo a que haya traiciones por la lengua. Vamos a ver cómo es que podemos ser prudentes cada día.

No participes en las críticas

No opines sobre las demás personas que no están presentes, tampoco escuches lo que otros critiquen como un criticón pasivo y callado. Puedes evadirte, decir que te sientes incómodo hablando de otros, es suficiente para que te salgas de las conversaciones tóxicas e imprudentes.

Mira antes de hablar

Muchas personas sin observar, hablan. Se meten en temas de religión, sociales, políticos, futbolísticos. Hablan y dictan sentencia, son los expertos en todo. No miran en qué contexto están. Son personas que despellejan a alguien por llevar velo, por separarse de la pareja, por meterse con el otro o por no meterse. Porque es de un equipo deportivo o del otro. Porque sus hijos no se vacunan o van a X iglesia.

Juzgan y no conocen las opiniones que tienen las personas alrededor. Puede que hiera a otros, todos tienen derecho a la libertad de expresar lo que piensan, pero de una manera oportuna y prudente sin juicios de valor.

No hables de forma dicotómica

Expresa las opiniones y está abierto a la opinión de los otros. no juzga si es bueno o malo lo suyo, solo es una postura más y así lo toma. La flexibilidad mental es clave para ser prudente.

No cuentes secretos a otra persona

Por muchos que creas que estás en un foro seguro, donde ese amigo no te va a traicionar contando los secretos a otra persona. Nunca compartes un secreto, porque en el momento en el que lo hace ya está traicionando al que confió en él.

Una de las grandes desventajas de andar contando secretos es que la persona queda ante los demás como alguien de poca confianza, detestable, no grato y es una de las peores facetas. Además de que entre quienes anda esparciendo chisme deja daños, muchos que no se pueden reparar por culpa de las palabras.

Las críticas siempre han existido, tristemente es parte de la naturaleza humana cuando buscas comunicarte. El problema inicia cuando la comunicación viene de la mano con falsos rumores, suspicacia y mentiras. Esto es lo que se hace realmente molesto un chisme y a quién se lo digas.

En las desventajas por decirle a otros cosas que no tienes que decir, está que caigas en un círculo social que puede fracturarse por las críticas de una de las personas. Todo porque la persona puede conocer detalles personales que pueden ser distorsionados con tal de volverlos interesantes. Esto puede causar daños en la persona del aludido y en su reputación con el instigador del chisme.

La falta de credibilidad de una persona chismosa en su consecuencia severa, porque al saber que gran parte de noticias se difunden como rumores, es entonces cuando los demás se ponen a escuchar historias inverosímiles.

Consejos para dejar de caer en criticar a otros:

- No hagas lo que quieras que te hagan a ti.
- Si no se tiene nada bueno que decir de otros, es mejor que no digas nadas.
- Si hablas con franqueza es mejor, las personas que solo inventan hacen mal.
- La persona chismosa es ávida de atención, pero chismear no solo llama la atención, sino que genera enemigos.
- Si se tiene imaginación para crear historias de los otros, es importante que se ocupe en escribir cuentos, novelas y cosas de ficción. Puedes ser un escritor en potencia.
- Deja de hablar tanto y actúa más.
- No seas envidioso, muchas veces cuando se critica es porque se tiene envidia. Se acaba inventando y diciendo cosas que no son reales. El chisme destruye

No hables a voces

Deja de hablar a voces, no seas un histriónico. Habla con volumen conversacional, gesticula con serenidad, esto es ser educado, sin estar llamando la atención más de la cuenta.

No hables con el cerebro vacío

Las personas imprudentes opinan sobre los otros de lo que no tienen ni la más remota idea. Creyendo que se la saben todas.

Pide permiso antes de dar consejos

No todas las personas quieren que les abran los ojos, que les guíen por el camino o que les den soluciones a sus problemas. Lo mejor es que se pregunte antes de proponer algo que no te han pedido. Pregunta si quieres la opinión que tienes o lo que harías en determinada situación. Pero no seas metido y la des, para algunos puede ser ofensivo.

No digas groserías o chistes de mal gusto

Depende del ambiente en el que te encuentres, especialmente en los de trabajo, hay chistes ofensivos, machistas, racistas, homofóbicos, xenófobos, que puede que no causen ningún tipo de gracia. En general no la tienen nunca, pero menos en ambientes formales donde no es bueno que se llame la atención de ese modo.

No acapares las conversaciones

En las reuniones a veces está esa persona que se queda la conversación, que habla todo como si fuera él dueño del encuentro, tienen que oírlo obligados.

Cuando alguien habla, ellos ponen un tono más elevado de voz para apaciguar al otro, así mantienen el dominio. Este tipo de personas fastidia, es incómodo. No acapares la conversación, es desagradable.

No compartas fotos, comentarios o historias que no te pertenecen sin perdis autorización

Las redes sociales no son un sitio en el que todo el mundo se sienta cómodo, así que antes de esta compartiendo algo que otra persona te haya confiado o sepas por accidente, tienes que pedir permiso para decirla.

A lo mejor ese tema que tienes puede parecerte normal, que es benigno, el compartir una foto puede parecerte bien, pero a otro le puede parecer incómodo y no quiere salir en la imagen. No quiere que se publique.

La confianza es algo elemental en las relaciones personales. Sin ella no podemos mantener buenas relaciones con otros, solo frívolas, superficiales, donde se habla del clima y de poco más. Una gran ventaja de la prudencia es que se logran relaciones de calidad y de respeto.

SÉ UN SEAL DE RESILIENCIA EMOCIONAL

❧

*L*a resiliencia es un tema que se maneja mucho en la psicología positiva, es un valor que va en crecimiento en los planteamientos y las terapias psicológicas. Los medios de información también se hacen eco en esto. Dicen que se tiene que ser resiliente.

¿Qué es la resiliencia?

Boris Cyrulnik, neurólogo, psiquiatra, psicoanalista y etólogo francés, da a conocer este concepto que toma de John Bowlby, autor que describe la conocida teoría del apego en edades tempranas.

Hay que remontarte a la obra de John Bowlby para dar con las referencias tempranas de resiliencia que se define como la capacidad de los seres humanos para superar periodos de dolor emocional y situaciones difíciles, saliendo fortalecido de ellas.

Muchos autores han hablado sobre esto, cada uno le pone un enfoque.

- Concepto genérico que se refiere a una gran gama de factores de riesgo y la relación con los resultados de la competencia. Es producto de una conjunción entre los factores ambientales y el temperamento con una habilidad cognitiva que tienen niños cuando aún son pequeños. Esto lo dice Osborn en 1996.

- La resiliencia distingue dos componentes, la resistencia ante la destrucción, es decir, la capacidad de proteger la integridad bajo presión y, por otro lado, la resistencia, capacidad para forjar un comportamiento vital positivo pese a las circunstancias críticas. Lo dice Vanistendael en 1994.
- La resiliencia es saber afrontar la adversidad de manera constructiva. El tener el conocimiento para adaptarse con flexibilidad y salir fortalecido del sucedo. Lo dijo la doctora Santos en el 2000.

Todas las personas pueden sobreponerse a los estímulos adversos, pero el uso decidido de esta capacidad nos hace resilientes.

La resiliencia es el arte de rehacerse, esto con relación al otro, como decía Nietzsche "Todo puede ser adquirido en soledad, excepto la salud mental".

Aprender de las situaciones difíciles que sientes que no mereces es posible. No es fácil actuar de este modo en todas las circunstancias, pero se puede aprender a hacerlo. Cada persona lo hace a su ritmo y con su propio estilo.

Se habla de dominios de resiliencia para hacer referencia a formas de ella, como puede ser la social, emocional o escolar.

La persona resiliente social es la que cuenta con competencias sociales, es la que se expresa en competencias adaptativas en el ámbito de la educación y la resiliencia emocional tiene un bienestar psicológico que se mantiene ante las crisis o las situaciones de estrés que pueden pasar en la vida.

Resiliencia y apego

La resiliencia comenzó a estudiarse en niños y niñas que habían pasado la niñez en condiciones traumáticas o privados de cariño o cuidados.

Que habían tenido conflictos para desarrollar la relación de apego en donde el cuidado o cuidadora le dio amor incondicional.

Esto es algo que provoca vulnerabilidad de afecto y relación, por ser una etapa importante en el desarrollo de los patrones de comportamiento y relación de la persona consigo y con otros. sí desde pequeño un niño tiene rechazo, abandono, falta de atención, su ánimo va a variar, llora más, le cuesta diferencia si tiene sueño o hambre, si se pota bien o no, la estructura más básica que necesita para comenzar a comprender el mundo se sostiene por pilares débiles y esto no favorece las capacidades resilientes. El apego seguro es base para edificarse resiliente.

Luego, el niño crece, se generan otras posibilidades de generar vínculos o relaciones reparadoras del proceso anterior, por lo que un niño o adolescente puede reconstruir parte de lo que en un primer momento se pudo forjar. Lo vemos como proceso dinámico, interacción con otros que es susceptible de ser entrenado y reforzado.

¿Qué dice la neurociencia?

La neurociencia considera que las personas con resiliencia tienen más equilibrio emocional ante situaciones de estrés, soportan mejor la presión, esto les permite una sensación de control ante acontecimientos y más capacidad de afrontar situaciones estresantes y difíciles.

Algunos autores en el ámbito de la biología dicen que esta se manifiesta a nivel biológico, neurofisiológico y endocrino. Respondiendo a los estímulos del ambiente.

La investigación neurológica ha demostrado que las evocaciones del trauma y estrés se dan con activaciones autónomas de diversas partes del cerebro, especialmente las de la memoria y las de vigilancia, es decir, se activan en distintas áreas del cerebro como núcleos de la amígdala, el locus cerúleo, el hipocampo y el neocórtex.

Es la dualidad mente y cuerpo donde ambos se retroalimentan y expresan, de uno u otro modo la respuesta del individuo es una situación de estrés y sufrimiento. El sufrimiento psicológico provoca en las personas modificaciones químicas que son perceptibles en los análisis, especialmente el cortisol que se relaciona con aumento en el estado o hiperalerta, así como atención focal, el exceso de cortisol implica problemas de desarrollo, reproducción de respuestas inmunes adecuadas. Esto explica lo visto en personas sometidas a estrés, o las de larga evolución, reducción de pensamiento asertivo, menor creatividad y proactividad, frecuencia de ideas estereotipadas, repetición de esquemas, disfunciones sexuales.

En resumen, el cortisol atenta contra la resiliencia, fortaleza la resiliencia y repercute en el estado mental.

Como ser más capaz ante las adversidades

Como se ha mostrado antes, a pesar de que las experiencias tempranas y los factores de personalidad se establecen en la adolescencia, son dos guías que marcan ciertos aspectos de la capacidad para adaptarse y ser resiliente. Hay cosas que se pueden hacer para reducir los factores de riesgo y aumenta los protectores en situaciones de estrés y sufrimiento.

El salir fortalecido de las situaciones adversas puede implicar que en un futuro ante situaciones que nos despierte los mismos sentimientos de frustración, rabia, tristeza o desesperanza, podamos reaccionar de manera distinta, escribir otro final en la historia.

Para ser más resiliente tenemos que fortalecer las cualidad que nos permiten adaptarnos de manera positiva a las situaciones adversas o de sufrimiento.

A lo mejor tenemos desarrolladas más unas cualidades que otras, sería bueno buscar un equilibrio o reforzar esos que necesitamos sin buscar abarcar todos, lo que es importante en nuestro ritmo.

Los cambios necesitan comenzar por el primero de ellos, conocernos mejor para saber cómo afrontar las situaciones dolorosas o de traumas.

Cualidades de una persona resiliente

Estas son las cualidades de alguien que es resiliente:

Autoconocimiento y autoestima de la persona resiliente

Esta es un arma poderosa y las personas resilientes la saben usar a su favor. El saber cuáles son las fortalezas y habilidades, así como limitaciones y debilidades, el poder ponerse metas realistas, objetivas que identifiquen aspectos que se puedan mejorar, es un camino directo para fortalecerse.

Además de conocerse, es saber la importancia del trabajo en equipo y cuando toque, pedir ayuda sin pudor.

El autoconocimiento permite que se mejore la capacidad de reconocer y expresar las emociones. Especialmente en momento donde suframos, esta es una buena forma de afrontar situaciones de dolor.

También nos permite identificar emociones de enfado que hagan que nos comportemos de manera poco saludable.

Se ve que, a mayor actividad cognitiva y capacidad intelectual, aumenta la resiliencia, no solo emocional, sino de neuronas y parte biológica de afrontamiento del estrés.

La persona con más conocimiento de sí misma y de la realidad puede procesar y elaborar eficazmente traumas y factores de estrés.

Empatía y resiliencia

La empatía es la capacidad de entender al otro y ponernos en su lugar, comprender los sentimientos y comprender los propios. Es algo resiliente, que permite que separemos pensamiento de acción, cuando sentimos enfado por alguien que queremos.

Cuando tenemos empatía, damos y recibimos afecto en flujo. Se incrementa la red de apoyo, algo muy importante en los resilientes.

La autonomía

La creencia de que uno puede influir en lo que pasa alrededor, perdiendo el temor a que las cosas se den de manera injustificada, o con causas ajenas al control. Esto hará que sea más fuerte la autoestima, y nos moviliza a la resolución de conflictos que de otro modo cronificarían el tiempo.

Afrontamiento de la adversidad

Afrontar las adversidades con humor es propio de las personas resilientes, son capaces de reírse de las adversidades y sacar bromas de las situaciones difíciles que ayudan a superarlas y mantenerse optimista y fuerte. Esto no es que en un funeral se tenga que usar el humor, sino que una situación de dolor ha llevado a que se sea capaz de recordar a una persona en momento divertidos, que busquemos espacios de felicidad con esa persona feliz que pasamos con ella, incluso cuando acordamos algo gracioso que se decía o hacía.

Hay que hacer un enfoque a lo positivo de las situaciones, abrir camino que estaban ocultos. También se evita la queja constante.

La creencia de que uno puede aprender de las experiencias, sean buenas o no, permite que se crezca y madure a lo largo de la vida.

Consciencia del ahora y del optimismo

Las personas resilientes tienen el hábito de vivir el aquí y el ahora, el presente, sin que las culpas del ayer o la incertidumbre del futuro afecte el momento que experimentan. Disfrutan los pequeños detalles y no pierden la capacidad para asombrarse ante la vida. De este modo es fácil encontrar enfoque en aspectos positivos que ofrece las situaciones, sean complicadas o no.

La consciencia del ahora puede ser complicada con los ritmos de vida actual, pero hay formas de entrenar la conciencia del momento, como el mindfulness.

Flexibilidad que se combina con perseverancia

El tener un propósito es una de las características de las personas resilientes. Es una meta que da fuerza interior para responsabilizarse y perseguirla, con flexibilidad y obstinación. El hecho de que las personas resilientes sean flexibles no implica que renuncien a las metas, al contrario, es algo las caracteriza es la capacidad para luchar, pero cuando se deja de tener sentido, se cambia el rumbo sin que se sienta mal por haber abandonado el objetivo inicial.

Es valiosa la capacidad para escuchar, las personas que nos rodean pueden tener información que complemente la propia y en alguna pueden ser guía para las metas o proyectos. Siempre crecemos en relación con los otros. el aislamiento social favorece que el pensamiento pierda flexibilidad y amplitud o perspectiva.

Hay que aprender a hacer realidad los deseos, con fuerza de voluntad y autocontrol emocional.

Sociabilidad en las personas resilientes

Las personas con resiliencia saben cultivar y valorar los amigos, por lo general se rodean de personas con actitudes positivas. De esta forma se puede hacer una red de apoyo para sostenerse en los momentos difíciles.

Cuando se pasa por sucesos potencialmente traumáticos, el primer objetivo es que se supere, se es consciente de la importancia del apoyo social, y no se duda en buscar profesionales cuando se necesitan.

Tolerancia a la frustración

Un de las tensiones principales y estrés es el deseo de querer controlar todos los aspectos de la vida, porque solemos tolerar mal las cosas. Un modo de ganar seguridad en nosotros y vivir con menos es aprender a lidiar con la incertidumbre para que nos cause el menor malestar posible.

El duelo y la pérdida

En la vida podemos estar expuestos a muchos eventos o situaciones de pérdidas, la muerte de alguien, el maltrato o abuso psíquico o físico, perder la salud, fracaso ante distinto ámbitos, catástrofes naturales, pobreza, cambios de rol en la familia incluso etapas vitales donde le envejecimiento nos hace perder capacidades o un determinado estatus social.

Cada una de estas situaciones son elementales para seguir creciendo, para generar cambios en nuestras vidas, para mejorar la aceptación y no estar desmotivados o impotentes ante los cambios.

Las personas con resiliencia saben que los momentos de crisis no van a ser eternos y que el futuro depende de la manera en la que reaccionen.

Los resilientes cuando enfrentan adversidades o quieren superar tristezas, se preguntan qué pueden aprender de esto.

Técnicas para mejorar la resiliencia

Veamos estas técnicas para saber afrontar las adversidades de manera constructiva, adaptando con flexibilidad y logrando salir fortalecidos:

- Conocerse a sí mismo, dedicarse tiempo y observarse: el conocernos mejor y fortalecer las cualidades permiten que nos adaptemos mejor a los cambios.
- Cuida cómo te hablas, qué te dices y confía en las capacidades, te tienes que hablar con cariño, respeto, siendo flexible contigo mismo, tolerando los momentos de malestar, sin culpar por sentir esto, equilibrando los recursos, sin caer en la autoexigencia o el perfeccionismo, respeta los ritmos, sin que te arrastre la presión.
- Humor y sonrisa en momentos difíciles, tienes que fomentar las emociones de placer, los momentos agradables, divertidos, distendidos, ellos servirán para que desconectes, liberes tensiones, fomentes las ilusiones, motivaciones y esperanza.
- Aprende cosas, con enfoque positivo ante las adversidades. La

dificultad puede ser una oportunidad para aprender a entrenar las capacidades, no te tienes que centrar en el problema y la queja. Busca soluciones, aprende, la adversidad tiene el don de despertar talento que en la prosperidad hubieran permanecido dormidos.

- Salud y equilibrio emocional. Tienes que identificar, analizar y regular lo que sientes. Todo es emoción. Tú eres emoción. Las emociones guían lo que decidas. Las motivaciones y las ilusiones. Aprende a identificarlas, regularlas, tolerarlas, aceptarlas, para que decidas cómo vivir, fomentando el bienestar y la serenidad.
- Comparte emociones y fomenta la expresividad, una persona que es resiliente libera emociones ante situaciones adversas, expresan lo que sienten y piensan, lo hacen sin generar daño a otros, esto les ayuda a liberar tensiones acumuladas. Es inteligente dejarse ayudar y pedir ayuda cuando corresponde.
- Contacto social es elegir con quien quieres vivir, quien debería estar a nuestro lado, aprender, crecer y compartir el tiempo. Eliminar lo que se debería, las obligaciones, presiones auto impuestas, el contacto social hace que se tenga la mente más abierta, más flexible y tolerante ante las circunstancias.
- Ponte limites, tolera la incertidumbre. Es normal que se tengan incertidumbres, la seguridad y la tranquilidad de saber lo que sucederá, pero no es posible tener todo bajo control.
- Cuida y mejora la salud física. El exceso de cortisol que se da por el sufrimiento psicológico mantenido en el tiempo, empeora la resiliencia, aumenta el estado de hiperalerta y reduce el pensamiento asertivo, la proactividad y afecta a las respuestas inmunes. Una persona resiliente se cuida, así contrarresta los efectos de las adversidades.
- Sé realista. En la vida se dan sucesos positivos y negativos, la vida es un cambio constante, es una cualidad maravillosa, no caigas en la personalización, no todo te pasa a ti.
- Cuida a dónde llevas la atención. Hay emociones como la ansiedad, el nerviosismo, la inquietud o el enfado, pueden

afectarnos a la hora de interpretar la realidad. Dependiendo de dónde nos enfoquemos, nos sentiremos de un modo o de otro, debes intentar tener una visión conjunta y centrarse en lo racional, no solo en lo que interpretas.

- Vive que el miedo no condicione la vida, dejemos de sentirnos atrapados por los pensamientos anticipatorios, por las emociones como el miedo, la impotencia o la vulnerabilidad, trabajamos a diario para aceptarlas y regularlas, tomar las riendas de la vida y sentir libertad viviendo el ahora

Ten empatía

Ser empático es tener interés por las personas, conocer sus culturas, aficiones y situación de ahora, conocer las necesidades y los objetivos. Solo así se puede poner en lugar de otros. las claves para ser empático son:

- Tener una escucha activa con la intención de entender al otro.
- Partir de la base de la forma de ver las cosas que es única y que todos los puntos de vista son válidos y se respetan.
- Entrenar la capacidad para entender las emociones como base para entender a los otros.
- No dar consejos sin petición.
- Enfocarse en comprender a otro en vez de juzgarlo.
- Eliminar prejuicios y estereotipos.
- Evitar relativizar el problema del otro, lo relevante es sí para él, es importante y no pensemos igual.
- No sacar conclusiones ni acudir a explicaciones simplistas.
- No prestar atención sin mostrar interés.
- No tener prisa y respetar los tiempos.

Uno de los elementos clave en el hecho de la empatía es la capacidad para escuchar de manera activa, que se puede definir como una serie de comportamiento y actitudes que preparan a la persona para escuchar y concentrarse en la persona que habla y proporciona respuestas. Sin embargo, una serie de obstáculos o de actitudes pueden llevar a que se afecte la escucha activa.

- Atender varios temas a la vez. Si se divide la atención difícilmente se podrá concentrar en el interlocutor.
- Centrarnos en nosotros en las preocupaciones, en vez de la otra persona, puede llamar a distracciones internas.
- Hablar en vez de escuchar, en estas situaciones nos concentramos más en lo que se quiere que en lo que se percibe.
- Escuchar con carga emocional fuerte.
- Estar en un entorno con ruido o sonidos inapropiados, distracciones del exterior.

Ejercicios para mejorar la empatía

La clave de todo esto es que se logre tener más empatía y aprender a ponerse en el lugar del otro, dejando de ser tú por un momento y entender los deseos y miedos del otro sin estar pendiente de lo que se vaya a decir a continuación. Es una especie de meditación, veamos cómo lograrlo.

Deja de escuchar por cinco minutos y te fijas en otras cosas. Normalmente le damos más significado a las palabras que a lo demás que somos capaces de percibir, la postura, el tono, la expresión, mirada, silencios… se capta la información de un modo inconsciente, pero la racionalidad la esconda cuando da más importancia a las palabras textuales, entonces, hay que callar la razón y darle paso a la intuición.

Para entender a alguien hay que intentar imaginar lo que motiva a hacer lo que se hace, hay que pensar en alguna dificultad que se halle en el día a día. Por ejemplo, un comerciante puede que tenga el negocio con pocas ventas, los ingresos no son buenos esta temporada y pagar el alquiler es más duro. Reflexionar sobre esto un momento antes de hablar puede aumentar la empatía.

La otra persona puede ponerse de tu parte, para que se abra más a la pregunta ¿cómo estás? Y espera. Mueve el cuerpo hacia la persona y le ofreces la atención. No solo es una cortesía, incluso el tocarle ligeramente en la parte superior del brazo puede hacer que se sienta más comprendida y libre de expresarse.

No se te ocurra exponer conclusiones con lo que te diga. Evita frases como tu problema es que… si percibe que entiendes no sentirá que es su problema únicamente, pero si siente que le vas a sermonear se cerrará.

Parafrasea y reformula el mensaje, añade la emoción que creas que experimenta: así que nadie te ha llamado en dos semanas… eso seguramente te ha sentir solo ¿verdad?

Vas a lograr que se sienta comprendido y lograrás que pase de hablar de hecho a hablar de emociones y esa es la clave de la empatía.

Sal varias veces al día de tus zapatos y entra en lo de los demás, te tienes que esforzar por un tiempo en hacer todo esto y dentro de poco verás que te sorprendes haciendo lo mismo de manera casi inconsciente y lograrás tener empatía.

Todas las relaciones sociales tienen que ver con la empatía. Es imposible que odies a alguien si de verdad le entiendes. Todos somos humanos con las mismas emociones y motivaciones. Solo nos han puesto en sitios distintos.

Cómo trabajar la intuición para poder ir mejor por la vida

Ahora que hemos abordado la resiliencia y la importancia que tiene la empatía en el día a día. Es bueno que conozcas la intuición, porque con ella podrás dar mejores pasos en la vida.

Una de las claves para poder tener éxito en los negocio es que se tenga buena intuición. Las personas con gran capacidad para intuir que son capaces de guiarse con mucho más acierto por los senderos de la vida.

La intuición se define como la habilidad para conocer, entender o percibir algún aspecto importante de la realidad de manera clara, aún sin la intervención del escrutinio racional. Es decir, que la intuición nos permite que tomemos buenas decisiones de manera efectiva y rápida. Advierte de peligros y nos ayuda a crear una visión más amplia sobre las cosas que nos rodean.

Hay muchas técnicas y estrategias para desarrollar estar habilidad para intuir. Veamos unos ejercicio más potentes a la hora de desarrollar la capacidad de intuición.

La intuición en esta guía vital que de manera semi automática nos ayuda a tomar buenas decisiones, resuelve problemas y se es más exitoso en los ámbitos de la vida. Profesional, académico y personal. Sin embargo, es una habilidad que no se puede tomar en cuenta y por tanto no se le presta mucha atención desde las instituciones públicas. Esto hace que el sistema educativo no potencie el desarrollo de la intuición, a pesar de los beneficios que tiene capacidad para afrontar en el día a día.

Para poderte ayudar a comprender las bondades de la intuición y para que puedas potenciar la habilidad, se ha investigado el tema y estas son las estrategias para que puedas activar ese sexto sentido, el complemento cierre para que puedas comenzar a trabajar y lograr el éxito:

Confía en los pálpitos

Va a ser complicado que logres desarrollar la intuición, si constantemente niegas la influencia sobre las decisiones del día a día. Para mejorar habilidades intuitivas, se debe empezar para otorgarles credibilidad, la suficiente como para, por lo menos, tener en cuenta las corazonadas que se tengan a diario.

Sucede a menudo, se tiene que tomar una decisión importante en la vida. Uno de los posibles caminos, desde el plano racional parece buena idea, no te genera buena espina, hay algo en este punto que, aunque de manera racional no se puede expresar con palabras, no te genera confianza. En este momento la intuición te da una señal de alerta. Ese camino no parece el que más se desee.

Es probable que te libres de ser atropellado gracias a un pálpito, a una intuición súbita que te hace parar de golpe justo cuando un coche te iba a atropellar. No tuviste un momento para analizar ese peligro, solo notaste que se acercaba y actuaste, cuando la emoción que nos genera algo, o alguien, es más bien negativo, estamos ante intuición que actúa. La voz interior que tiene la capacidad para hacernos notar que hay algo que no nos convence. Se tiene que potenciar el pensamiento heurístico, para lograr que sea capaz de responder las exigencias del día a día.

Diferenciar entre intuición y prejuicio

Esto es importante, los prejuicios no son comparables con la intuición. Los prejuicios son ideas preconcebidas que nos hacen tener aversión a determinadas personas por el origen étnico, religioso, social o cultural o por algún otro rasgo físico y personalidad que se asocia con algo malo.

Hay que intentar diferencias claramente intuición y prejuicio. La intuición debe ser una brújula emocional, pero es importante que se logre distinguir entre emociones e ideas preconcebidas o que nos inocula culturalmente. Si la intuición nos manda señales de aviso para que no confiemos al 100% a alguien, se tiene que tratar de sopesar hasta qué punto la señal está interferida por prejuicios y estereotipos que podamos tener en contra de esa persona y fijarnos en no influirnos negativamente por una experiencia pasada.

Medita y haz mindfulness

Todo lo que ayude a conocernos mejor a nosotros mismos y redunda en una mejora de la intuición. Si se practican milenarias de meditación, incluso filosofías como mindfulness que tienen grandes beneficios como vimos anteriormente. Nos hace ser capaces de absorber estímulos e información incluso cosas que antes nos pasaban desapercibidas. Además, las técnicas de meditación nos reportan un equilibrio emocional.

La meditación exige una práctica continuada. No vale que te pongas a meditar un día sí y otro no, se tiene que entender que es un hábito que requiere constancia, simplemente para hacerlo es que te pongas cómodo en el lugar donde haya pocos elementos disruptivos, pones la espalda derecha y te relajas.

Poco a poco, la ansiedad, el estrés y las preocupaciones cotidianas se van esfumando, a base de una buena técnica de respiración. Aprovecha para que escuches esa voz, que se liga con la habilidad para la intuición.

Con la meditación también consigues desvanecer el estrés y es una buena forma de aumentar la concentración y la creatividad, solo tiene ventajas.

La técnica curiosa, la visualización de paisajes

Hay varias técnicas potentes para desarrollar la intuición. Una de ellas es la visualización.

Primero tienes que cerrar los ojos y centrarte en la respiración, acomodarte y tratar de encontrar un espacio.

Visualiza un paisaje que te transmita seguridad y buenas vibraciones. Mira con atención e intenta reparar en los detalles existentes, el aire, los aromas, colores, detalles, guarda en la memoria los detalles.

Respira con calma y en profundidad, abre los ojos, a lo mejor notas que te sientas más a gusto. A lo mejor notas que te sientas más a gusto, además habrás mejorado la intuición, especialmente si practicas esta técnica habitualmente.

Sueños lúcidos y el inconsciente

Los sueños lúcidos, a lo mejor la respuesta es que sí, casi todos en alguna ocasión has logrado dominar los sueños mientras se duerme, puede manejar a nuestro antojo lo que sucedía en él.

La capacidad para controlar el inconsciente durante el sueño puede ayudar a ser consciente de la realidad, por tanto, aumenta la intuición.

Cómo tener sueños lúcidos. Después de que te duermas y reposes en la cama, piensa y reflexiona sobre las cosas que te llaman la atención durante el día. Intenta dar respuesta a las preguntas que quedan sin atender las intenciones de personas con las que compartes algo. Esto logra evitar la imaginación y estimula el inconsciente para que comience a pensar de manera creativa.

No es frecuente, pero si sigues este paso, a lo mejor logras tener sueños lúcidos, cuando despiertes no olvides anotar en una libreta el contenido de los sueños, juega a darle una interpretación personal.

Visualización de cuerpos geométricos

La visualización es clave a la hora de mejorar la intuición. Esto sucede porque permite que se acceda a las habilidades cognitivas relacionadas con la capacidad para anticipar y describir la realidad. Se asa en elementos sueltos, ayuda a integrar información y crearnos un mapa mental sobre la realidad.

La visualización con cuerpos geométricos hace que se pueda trabajar la inteligencia visual y espacial, que se relaciona con la creatividad. La técnica es la siguiente:

- Cierra los ojos e imagina una pantalla blanca justo enfrente de ti.
- Intenta proyectar, imaginar que en esa pantalla aparece un cuerpo geométrico bidimensional, puede ser un cuadrado, círculo o triángulo. Ten esa imagen visual de dos minutos y luego imagina otra figura.

Descansa por unos minutos y luego cierra los ojos. Imagina varias figuras combinadas. Por ejemplo, un cuadrado dentro de un círculo, vas complejizando el ejercicio con otros cuerpos. Un cuadrado dentro de un círculo que están a la vez, rodeados por un gran triángulo.

Trabaja la empatía y practica

La empatía es una cualidad por medio de la cual podemos ponernos en el lugar de otros, entendiendo y solidarizando con las circunstancias y las opiniones.

La intuición aparece con la habilidad para interpretar las emociones y los sentimientos ajenos. Puedes hacer una habilidad e intuición que piensas con las personas y tienes lo suficiente con ellos. Puedes preguntar si estabas en lo cierto. Te va a sorprender de lo relativamente sencillo que es. Adivinar el estado de ánimo de alguien.

CONCLUSIÓN

Estamos en una sociedad que ha comenzado a darle más valor a las conveniencias y los intereses de algunos que en el bienestar de todos. Aunque este es un valor pilar para el buen desarrollo de las comunidades. Muchos consideran irrelevante y no entienden lo importante que es tener disciplina en la vida.

Seguramente ya viste en este trabajo que ser disciplinado es esencial, los SEALs lo tienen claro, si no, solo basta con ver lo que consiguen en sus misiones y todo se basa en la disciplina.

Para algunos el generar cualquier tipo de habito en las vidas resulta una tarea complicada, sin embargo, la disciplina cuenta con más ventajas que desventajas. Aunque si se piensa bien, puede que no haya desventaja en tener disciplina. Es un hábito que se genera basado en el compromiso y el autocontrol, porque como personas tenemos definidos los objetivos y cómo los podemos lograr sin caer en las tentaciones o distracciones del libertinaje.

La disciplina tiene mucho valor, orienta, capacita, corrige, se basa en lineamientos y principios éticos. También aborda normas para poder vivir sanamente en comunidad.

La disciplina es una manera de conseguir planeación en ejecución. Aunque haya imprevistos que puedan darse, por ejemplo, en el espacio laboral.

En el ámbito personal, la disciplina nos deja algo parecido, es decir, si tomamos la decisión de que hagamos alguna actividad, tenemos que hacerlo sin que nos afecten las circunstancias, por ejemplo, cuando decidimos pararnos temprano cada día para hacer ejercicios y caminar, simplemente se tiene que hacer y cumplir con lo decidido.

Puede que te pregunten por qué es importante tener disciplina para alcanzar metas, la verdad es que te sirve para que tengas equilibrio dentro del sistema, entidad o proceso, permite un buen desarrollo de manera eficiente. Si no tienes disciplina no tienes orden, si no hay orden todo es un desastre. Por eso es que se tiene que tener enfoque en todos los aspectos.

La disciplina comienza a temprana edad. Es importante en el proceso de enseñanza y desarrollo en los niños. Esto les permite ser personas más seguras de sí mismas porque aprenden parámetros establecidos para el comportamiento. Hay pautas que ayudan a relacionarse con los demás y prepara para tener un desempeño adecuado en la sociedad.

Hay otra disciplina que también no exige compromiso, en este caso somos nosotros mismos, es importante que podamos llegar al éxito en cualquier meta que pones pongamos, se define como el manejo, control y desarrollo de la fuerza de voluntad, la cual vamos a usar para seguir con los proyectos.

La autodisciplina es esencial, es sacrificar lo que se necesita para obtener metas, para algunos puede ser poco relevante o difícil de lograr, siempre es algo importante, porque se participa en los pilares para el desarrollo de la sociedad.

Ya viste todas las maneras que hay para que cultives la disciplina, haz lo que planificas, es decir que, si estableces que entrenas tantas veces a la semana, pues cumple con eso que te pusiste.

Si te vas a bañar con agua helada en las mañana para estar activo, pues te bañas. Si vas a salir a correr todos los días pues lo haces, si vas a estudiar el nuevo idioma a diario, cumples.

El ser auto disciplinado es simple, pero eso no quiere decir que sea sencillo, aun cuando se trata de cumplir con algo que se tenía planeado hacer. Cuando se puede manejar totalmente el cuerpo la mente para comenzar a ser constante se puede ver el gran poder que se tiene. Con el apoyo de la disciplina puedes hacer las cosas de manera adecuada.

Es por esto que tienes que ponerte en marcha con la disciplina que es una cualidad que sirve para que cultives en el proceso de la vida y te ayude a lograr metas y conseguir compromisos a diario. La idea es establecer un orden, cumplir con las normas y los procesos, seguir el plan que nos guía al objetivo.

La disciplina se aplica en diferentes áreas, puede ser en el trabajo, las actividades deportivas, los estudios, los negocios…

Las personas que se destacan y tienen éxito es porque son disciplinados, que trabajan por alcanzar los logros. Por eso es que es importante que animes la educación y la relevancia en los hijos desde que son pequeños.

Para que puedas lograr el éxito en la vida, tienes que tener disciplina, hay cualidades como constancia, esfuerzo, talento, inteligencia, creatividad y todos los que tratamos aquí, que son claves para lograr el objetivo. Es importante saber cómo ser más disciplinado, trabajar en ello si se quiere alcanzar la meta.

Como se ha venido desarrollando, la disciplina requiere autocontrol, poner normas, reglas, objetivos para lograr lo que se ha propuesto. Si se falla puede que nos fallemos a nosotros mismos, por eso cuando se cumple lo que se impone, nos sentimos mejor.

Aprender a establecer compromisos con nosotros mismos es parte de la disciplina, el comprometerse con visiones claras del futuro, de lo que queremos sin que nada pare la carrera para lograr metas.

La disciplina requiere esfuerzo, tenemos que ser consciente de lo que somos capaces y si podemos dar más, especialmente cuando queremos tener excelencia, hay que salid de la zona de confort. El hábito de la disciplina es algo que se tiene que practicar cada día, como un SEAL, con el poder de ellos, con el temple, como si se estuviera en la Semana del Infierno.

Así es que se podrá alcanzar el éxito y todo lo que te propongas en la vida.

GUÍA PARA LIDIAR CON LA ANSIEDAD Y ATAQUES DE PÁNICO

CÓMO UTILIZAR LA NEUROCIENCIA PARA SUPERAR LA ANSIEDAD, LA PREOCUPACIÓN, LOS ATAQUES DE PÁNICO, EL MIEDO, LOS TRASTORNOS OBSESIVO COMPULSIVOS, EL TRASTORNO BIPOLAR Y DE LA PERSONALIDAD.

INTRODUCCIÓN

Las palabras ansiedad y ataques de pánico nunca habían estado tan de moda como hoy. Vivimos en un mundo lleno de caos, incertidumbres y retos, donde tienes que aprender a moverte a la misma velocidad o te quedas atrás. Esto ha logrado que se consiga mucho éxito en la vida, que haya más emprendedores que en cualquier otra época de nuestra historia, que salgan ideas novedosas, increíbles. Ha permitido que evolucionemos como en los miles de años no lo habíamos logrado, pero también ha dejado consecuencias: nos hemos hecho inestables emocionalmente.

Hasta hace unas décadas atrás, las personas disfrutaban más de la vida, se iba un día a la vez. Ahora, no, todo es frugal y efímero, por eso todo se marchita como las flores y aparece con fecha de caducidad. Incluso nosotros.

Por eso es que la ansiedad hace parte de nuestras vidas, estamos inmersos en buscar hacernos con el éxito, que el emprendimientos crezca, engorde y tenga mucho dinero, que el alma, las emociones, lo que sentimos, lo dejamos de lado.

El estrés era la palabra de moda hasta hace un tiempo, las personas vivían estresadas todo el día, correr de un lado al otro. Ya dejaron de nombrarla tanto porque se hizo tan normal que todos la tienen, la viven y es un requisito necesario para lograr cualquier meta.

Luego comenzó a aparecer la ansiedad, palabra que estaba enmarcada solo en las paredes de consultorios psicológicos. Las personas comienzan a padecer ansiedad, que es el siguiente nivel del estrés, cuando se ha padecido tanto esto, que termina haciendo que las personas tengan un cuadro ansioso todos los días.

La ansiedad, que es peor que el estrés, va llevando a la persona a ataques de pánico, que van in crescendo hasta hacerse insoportables.

Está bien buscar el éxito, pero a costa de qué, de perder la vida, de perder la salud, la felicidad, la paz.

No vale la pena semejante esfuerzo. Tenemos la posibilidad de escalar en el camino al éxito, de ser personas que podamos crecer un poco cada día, pero sin que tengamos que dejar la salud mental en el basurero.

A continuación, vas a conocer en este contenido todo sobre la ansiedad y los ataques de pánico. Comprender esta pandemia del siglo XXI, los síntomas que se manifiestan, a ver si tú eres ansioso y no lo sabías. Muchas personas dicen estar estresadas y creen que se sienten así, pero en realidad ya escalaron a la ansiedad, pero es tan normal su estado que se les hace normal sentirse así.

No permitas llegar a ese escalón para buscar ayuda, corta ahora ese flujo negativo y retorna.

No es fácil, requiere trabajo, pero con tesón y perseverancia lo logras.

Conoce por qué aparece la ansiedad, ya que una cosa es trabajar duro y enfocarse en conseguir los objetivos y otra muy distinta es perder el norte por culpa de las emociones del día a día.

Tú puedes encontrar el éxito sin necesidad de sacrificar tu paz mental.

También conocerás lo que son los ataques de pánico, cómo influyen en tu vida y qué hacer cuando te dé uno, incluso cómo diferenciarlos de un ataque al corazón. Los ataques de pánico son el nivel más alto de la ansiedad, cuando te desbordas y te derramas, que no puedes más. Es en esos momentos cuando el cuerpo te está pidiendo auxilio, que le ayudes a salir adelante, que no lo dejes sucumbir al infierno donde está, guindando, próximo a caer a la lava ardiente.

Conoce cómo enfrentar los ataques de pánico. También comprende la importancia de aceptar que tienes ansiedad, el saber la importancia de conversar con ella. hablar de los síntomas, descubrir lo que el cuerpo te dice, porque no hay nada más sabio que nuestro organismo, cuando explotamos, es porque nos está diciendo algo y no queremos escucharlo.

Aprende aquí como escuchar a tu cuerpo, atender ese diálogo interno que se da cuando estás en momentos difíciles. Luego de todo esto, aprende a disfrutar de nuevo.

Hay muchos ejercicios y técnicas disponibles para tratar la ansiedad, por ejemplo, el deporte, el yoga, la meditación, las fragancias, la relajación muscular, cada uno de estos puntos se trata dentro del libro, donde se habla de ellos junto con ejercicios para que los pongas en práctica.

Este no es el típico contenido donde te vas a aburrir escuchando relleno que narre lo que es la ansiedad y cómo curarla. Es un trabajo teórico practico que permite que pongas en marcha las muchas herramientas disponibles para sanar la ansiedad y los ataques de pánico.

Conocerás los distintos tipos de medicina disponibles para enfrentar la ansiedad, desde la tradicional, hasta la homeopatía, pasando por mantras, fragancias, gemoterapia y varias poco conocidas que podrás emplear desde casa.

Aprende también a superar esos miedos, que son ramificaciones de la misma ansiedad, como el miedo a usar el coche, a subir a aviones, a hablar en público, a ir al médico, al dentista, y hasta la peor fobia de todas: el miedo a morir.

Descubre cómo manejar las emociones y las preocupaciones que suceden en el día a día, ve por qué es tan difícil dejar atrás los pensamientos y cómo canalizarlos para que no sean negativos.

Luego de recorrer todo el trecho que nos lleva a través de la cura para la ansiedad y los ataques de pánico, conoce cómo no recaer.

Este es un trabajo completo donde saldrás sabiendo cómo controlar la ansiedad y los ataques de pánico.

¿QUÉ ES LA ANSIEDAD Y CUÁLES SON SUS SÍNTOMAS?

*C*omencemos conociendo qué es la ansiedad y los síntomas, así como que tienes que aprender a lidiar con ella, la importancia de aceptarla y las razones por la que aparece la ansiedad.

Conozcamos más sobre esta enfermedad del siglo XXI.

La ansiedad como pandemia de este siglo

La ansiedad es una enfermedad que cada día es más citada por las personas. Por delante de la depresión se ha convertido en el mal de nuestros tiempos. Algo que preocupa, porque cada día compran pastillas para lidiar con esto, ansiolíticos que se consumen como caramelos.

Se dice que la enfermedad silenciosa del siglo XXI es la ansiedad. También hablan de ella como epidemia social, la persona que no conoce a una persona con episodios de ansiedad o cuadros de depresión. La ansiedad es una enfermedad que se cita todos los días, varias veces en los consultorios, está delante de la depresión y es un mal de nuestros tiempos. Un dato revelador y preocupante es que los sedantes aumentan las ventas cada día en las farmacias del mundo. países como España son líderes de consumo de ansiolíticos. Por lo menos una de cada diez personas sufre los síntomas, según la OMS.

Un día llegas y te rompes, el mundo sigue a tu alrededor y la cabeza no funciona, como debería. Intentas repararla como quien se cura de un golpe en el pie o una gastroenteritis, pero esto es más complejo y no comprendido socialmente. Entre otras cosas, se cree por el estigma de siglos atrás, que hacen que no avancemos en este sentido. La gente esconde este tipo de situaciones y problemas. Mejor no se hable de eso, pero la verdad, esto es un error. La sociedad nos lleva a esconder en el armario enfermedades o afecciones que tampoco hemos elegido.

Te miran como a una cosa rara. Tienes que aprender a ser feliz, centrarte en lo positivo. Sí se puede. Lo hacen por ti, por ayudarte, pero no te ayudan nada, con perdón. La depresión es un enfermedad seria. Nadie quiere estar deprimida y sufriendo. Nadie lo quiere pasar así, aunque tengamos un concepto de la felicidad. Es errado y muy de Occidente y mercantilizado.

Estamos programados para consumir y producir y dejar que la vida pase. No nos enseñaron a vivir. Ahora la persona consume drogas, legales e ilegales para poder lidiar con estas emociones. Las personas independientes que no tienen baja laboral, apenas se pueden permitir enfermar. Echan en falta sistemas de la salud pública que prime la salud mental y lo haga desde una perspectiva que transforme.

Los libros de autoayuda están llenando las repisas de librerías en papel y los muros de Amazon, libros que prometen la felicidad en diez pasos, que él ahora es el que vale, que la ansiedad se supera así o asa. Todo esto escrito por gente que no sabe de esto. Muchas personas compran libros de ese tipo, buscan una explicación a la vida que tenemos y a una solución más oriental.

Intentas el poder del ahora, como meditar, pero te interrumpe el sonido del móvil, claro, creo que ayuda y está probado científicamente que la meditación reduce la depresión y la ansiedad. El plan es que nos fijemos en la respiración, pero además también el ser altruista y estar en este momento presente, teniendo desapegos. Esto es complicado cuando nos han programado en la cultura cristiana y capitalista, con el esfuerzo, el sacrificio, la culpa por arriba de todo.

Por eso las personas padecen muchas crisis episódicas, como las que pueden estar teniendo la persona que vive este tema. Hay que sacarlo, hacerlo visible, compartirlo, aunque sea difícil es el primer paso para avanzar. Hay muchas asociaciones y grupos de apoyo para invitarte a avanzar.

La ansiedad, básicamente es un mecanismo de defensa. Un sistema de alerta que nos avisa sobre las posibles amenazas. Es un mecanismo que tenemos todos. Se da en todas las personas, es común, mejora el rendimiento y la capacidad de anticipación y respuesta. La función de la ansiedad es que se mueva el organismo, mantenerlo alerta y en camino para intervenir ante los riesgos y las amenazas. De la manera que no se produzcan o se minimicen las consecuencias. La ansiedad, pues nos lleva a tomar medidas convenientes, atacar, escapar, afrontar, neutralizar, adaptarse. Según el caso y la naturaleza del peligro o riesgo. El peligro viene dado por la obstaculización de cualquier proyecto o lo que se quiere hacer, por la degradación del mundo o los logro que hemos conseguido.

El ser humano desea lo que no tiene, y quiere mantenerse lo que tiene. La ansiedad pues, como mecanismo adaptativo, es funcional, normal y no representa problema de salud.

Pero, en algunos casos, este mecanismo funciona alterado, es decir que causa problemas y en lugar de ayudarnos, nos incapacita. Los factores pueden influir en que un mecanismo normal, saludable, y que se adapte y deje de serlo.

La ansiedad tiene factores pre-disposicionales:

- Factores biológicos, algunos de ellos son genéticos.
- Factores de personalidad, patrones de afrontamiento del estrés, estilo de vida.
- Los factores ambientales, con contextos y apoyos sociales.

Factores activadores o que desencadenan:

- Situaciones que son vividos como desbordantes de los recursos.
- Acontecimientos con consecuencias graves o que tienen muchos esfuerzos para adaptarse.
- Obstáculos para que encuentres logros o que limiten la capacidad para alcanzarlos o mantenerlos.
- Consumo de estimulantes y otro tipo de drogas legales e ilegales.

Factores de mantenimiento que tiene que ver con la ansiedad:

- Tener miedo al miedo.
- La pérdida de condiciones o facultades, por la ansiedad que hacen necesario afrontar los problemas.
- Soluciones intentadas que son contraproducentes.
- Los problemas en las áreas inicialmente no conflictivas como consecuencia de la ansiedad
- Afrontamiento insuficiente o errado de los problemas de origen de la ansiedad.
- El establecimiento de mecanismo fóbicos.

Los problemas de ansiedad se dan por lo normal por una combinación de alguno de estos factores por un tiempo.

Síntomas de la ansiedad

Son muchos los síntomas que se vuelven más significativos que los evento que los desencadenaron y comienzan a interferir con la vida, pueden ser señales de un trastorno de ansiedad.

Estos trastornos pueden llegar a ser debilitantes, es posible que se controlen con la ayuda adecuada de un profesional médico. Aquí hay unos síntoma que puedes tener y no sabes, así como saber cuándo es necesario buscar ayuda profesional.

Preocupación excesiva

Uno de los síntomas más comunes de la ansiedad es la preocupación excesiva. La preocupación que se relaciona con problemas y lleva a que se tenga ansiedad desproporcionada a propósito de los eventos que la llevan y sucede como respuesta a situaciones normales y cotidianas.

Para que puedas ser considerada una señal de trastorno de ansiedad, la preocupación se tiene que manifestar muchos días por la menos seis meses y que sea difícil de controlar. La preocupación también debe ser grave e intrusiva, afectando la habilidad para concentrarse y hacer las tareas diarias.

Las personas que tienen menos de 65 años tienen menos riesgo de desarrollar el trastorno de ansiedad generalizada, especialmente los solteros, con un nivel socioeconómico más bajo y con muchos elementos estresantes en la vida.

La gran preocupación excesiva por las cosas del día a día es una característics distintiva del trastorno de ansiedad, cuando es grave como para que interfiera con la vida del día a día y se presenta a diario por al menos seis meses.

Sentimientos de agitación

Cuando una persona se siente ansiosa, parte del sistema nervioso simpático se potencia. Esto lleva una serie de efectos en todo el cuerpo, como un pulso que se acelera, palmas sudorosas, manos que tiemblan y boca seca. Los síntomas suceden porque el cerebro cree que ha percibido un peligro y comienza a hacerse el cuerpo para reaccionar ante la amenaza.

El cuerpo desvía la sangre del sistema digestivo para los músculos en caso de que se necesite correr o pelear aumenta el ritmo del corazón y agudiza los sentidos. Estos efectos serían útiles en el caso de una amenazar de verdad, que pueden debilitar si el miedo está en tu cabeza.

Hay investigaciones que sugieren que las personas con ansiedad no son capaces de reducir la agitación tan rápido como el resto de la gente, lo que significa que pueden percibir los efectos de ansiedad.

En los síntomas está el ritmo cardiaco acelerado, sudor, temblores y boca seca, si sufres de ansiedad puedes experimentar síntomas de agitación por largos periodos de tiempo.

Intranquilidad

La falta de tranquilidad es otros de los síntomas comunes de la ansiedad. Cuando una personas se sienten intranquila, describe la sensación como nervioso o con una necesidad de moverse.

Un estudio hecho con 128 niños que fueron diagnosticados con ansiedad, encontró que el 74% reportó intranquilidad entre los síntomas que padecían.

No todas las personas ansiosas sufren intranquilidad, pero es una de las señales de alerta que miran los médicos con frecuencia cuando hacen el diagnostico. Si tienes intranquilidad por más se seis meses entonces es una señal peligrosa.

La intranquilidad sola no es suficiente para diagnosticar un trastorno de ansiedad, pero puede un síntoma especialmente si sucede con frecuencia.

Fatiga

Fatigarse de nada es otro de los síntomas que se manifiestan cuando se padece ansiedad. Este es un síntoma sorprendente para algunos, porque la ansiedad se relaciona con hiperactividad o agitación. Hay situaciones donde la fatiga se da luego de un ataque de ansiedad y en otros puede ser crónica. No está claro si la fatiga es por otros síntomas comunes de ansiedad como insomnio o tensión muscular o si se relaciona con efectos hormonales.

Hay que tener presente que la fatiga también es señal de depresión y otros problemas médicos, por eso la fatiga no es suficiente para tratar el trastorno de ansiedad.

La fatiga acompañada de mucha preocupación es sin duda un síntoma. Sin embargo, también puede ser motivo de otras etiologías.

Problemas para concentrarse

Muchas personas ansiosas informan que les cuesta concentrarse. En un estudio hecho a 157 niños y adolescentes con ansiedad, se encontró que más de dos tercios tenían dificultares para poderse concentrar.

También se hizo un estudio, pero con adultos con el mismo trastorno. 175 personas, de las cuales el 90% informó tener problemas para poderse centrar. Entre más ansiedad se tenga, más dificultades hay.

Hay estudios que demuestran que la ansiedad interrumpe la memoria funcional. Es la memoria responsable de retener información a corto plazo. Esto ayuda a que se explique la reducción dramática en el desempeño que las personas tienen en los periodos de ansiedad.

La dificultad para poderse concentrar también tiene relación con otras afecciones médicas, como trastornos por déficit de atención o por tener depresión. No es evidencia suficiente esto para poder diagnosticar la ansiedad, pero igual se tiene que mirar esto para confirmar el origen.

Los problemas para concentrarse son señal de trastorno de ansiedad y es un síntoma que tiene casi todos los que la padecen.

Irritabilidad

Casi todas las personas ansiosas también se muestran muy irritadas. Según un estudio reciente donde se trabajó con más de seis mil adultos, más del 90% de ellos reportó irritación en los peores momentos de la ansiedad. Esto comparado con las personas que afirman preocuparse mucho, los jóvenes y adultos de mediana edad ansiosos afirman tener más del doble de irritabilidad en el día a día.

Como la ansiedad se relaciona con mucha agitación y preocupación, no es algo que sorprenda que se sienta irritabilidad.

Músculos tensos

Tener los músculos tensos casi todos los días de la semana es otro de los síntomas que muestran una posible ansiedad. Esto puede ser por tener los músculos tensos, no se entienden por qué se relaciona con la ansiedad. A lo mejor es que la tensión muscular aumenta la sensación de ansiedad, pero también puede ser que esta lleve a tensión muscular. También que la causa de ambas sea otro elemento.

Algo que es interesante aquí es que la tensión muscular con terapia de relajación ha demostrado que reduce la preocupación en personas ansiosas. Hay estudios que muestran que es eficaz como la terapia cognitiva conductual.

Problemas para poder dormir o despertarse constantemente

Los problemas de sueños tienen fuerte relación con los trastornos de ansiedad. El despertar a medianoche y tener problemas para conciliar el sueño es de los problemas más frecuentes.

Hay investigaciones que dicen que tener insomnio en la infancia tiene relación con que se pueda padecer ansiedad de adulto. En un estudio donde se hace seguimiento a casi mil niños por más de veinte años, se encuentra que tener insomnio en la infancia se relaciona con un trastorno de ansiedad cuando se tienen 26 años.

Aunque el insomnio y la ansiedad tienen vínculo cercano, no se tiene claro si la falta de sueño contribuye a tener ansiedad o al revés.

Lo que sí se sabe es que, al tratarse de un trastorno de ansiedad subyacente, el insomnio normalmente mejora con el tiempo.

Ataques de pánico

Un tipo de trastorno de ansiedad son los ataques de pánico, estos se relacionan con esos episodios horribles de los que se hablará más adelante. Los ataques se dan por una gran sensación de miedo que puede incluso hacer que la persona se sienta débil.

Es un miedo extremo que se acompaña de un ritmo cardiaco rápido, sudoración, temblores, falta de aliento, náuseas, miedo a morir o perder el control. Los ataques de pánico suceden de forma aislada, pero se dan con frecuencia, pueden ser señal de trastorno de pánico.

Por lo menos 22% de los adultos de Estados Unidos tienen ataques de pánico en algún momento de su vida. Pero solo cerca del 3% los experimenta con la frecuencia como para que se diagnostique como trastorno de pánico.

Los ataques de pánico se dan por un miedo intenso, que viene de la mano de síntomas físicos desagradables, los ataques de pánico recurrentes son señal de trastorno de pánico.

Evitar las situaciones sociales

A lo mejor puedes mostrar señales de trastornos de ansiedad si encuentras que:

- Tienes ansiedad o temor en situaciones sociales que se acercan.
- Te da miedo que te juzguen o examine.
- Te da temor ser avergonzado o humillado.
- Evitar eventos sociales por estos temores.

El trastorno de ansiedad es común y afecta a muchísimas personas hoy en día, más a aquellos que comienzan a emprender y andan buscando el éxito, paso que no es tan fácil cuando arrancan y lleva a muchos a caer en ansiedad y depresión.

Si quieres lograr el éxito tienes que afilar la mejor herramienta que tienes: tu cuerpo y mente.

Las personas que tienen ansiedad social pueden parecer muy tímidas cuando andan en grupo o cuando conocen personas nuevas. Si bien podrían no parecer angustiados, por dentro andan miedosos y con mucha ansiedad.

Esta es una actitud de distanciamiento que a veces puede hacer que las personas ansiosas parezcan presumidas o poco amigables, pero el trastorno se relaciona con la baja autoestima, la gran crítica y la depresión.

El evitar y tener miedo en situaciones de este tipo puede ser señal de trastorno de ansiedad social, uno de los trastornos más diagnosticados hoy en día.

Miedos irracionales

Los miedos exagerados sobre cosas específicas como arañas, espacios cerrados o alturas, pueden ser señal de fobia. La fobia se define como ansiedad extrema a un objeto o situación. La sensación es lo suficientemente intensa como para interferir en la capacidad para funcionar correctamente.

Las fobias incluyen:

- A animales: el miedo a insectos o animales en específico.
- Al entorno natural: miedo a eventos naturales como inundaciones o huracanes.
- Fobia a sangre, lesiones o inyecciones: este miedo es el que se tiene a la sangre, a las heridas, agujas o inyecciones.
- Fobias a situaciones: estas son por ejemplo conducir, ir en ascensor o subir a un avión.

También está la agorafobia, otra fobia que implica temor al menos a estos factores:

- Usar transporte público.
- Estar en sitios abiertos.
- Estar en sitios cerrados
- Hacer una cola o estar en sitios llenos.
- Salir solo de casa.

Son muchas las fobias y afectan a millones de personas en algún momento de su vida. Tienden a darse en la infancia o adolescencia y son más comunes en mujeres que hombres.

Entonces para cerrar, los síntomas se manifiestan así:

A nivel físico:

- Taquicardia, opresión de pecho, palpitaciones.
- Falta de aire.
- Sudoración.
- Molestias digestivas, náuseas y vómitos.
- Problemas en la alimentación.
- Inestabilidad.

A nivel psicológico:

- Agobio.
- Inquietud.
- Sensación de peligro o amenaza.
- Inseguridad.
- Temor a perder el control.
- Recelos.
- Temores excesivos, incluso a la muerte.
- Torpeza en los movimientos.

Cognitivos:

- Problemas de atención.
- Dificultad para concentrarse.
- Rumiación.
- Tendencia a recordar solo lo malo.

Y sociales:

- Irritabilidad.
- Problemas para comenzar o seguir una conversación.
- Temores excesivos.

Cada persona según la predisposición padece en mayor o menor grado la ansiedad, todo depende de las susceptibilidades de cada uno.

No luches contra ella

La ansiedad es un estado emocional desagradable, activa nuestro sistema de alerta como un mecanismo de defensa, cuando percibe una amenaza alrededor, se pone en marcha. Tener ansiedad es adaptarse, el problema es cuando aparece sin que sea necesaria y cuando aparece en un grado alto. Cómo controlar la ansiedad, es importante aprender a detectarla, es clave para poderla tratar. También es importante que se sepa la tipología de ansiedad que se tiene.

Lo normal que hacen las personas cuando tienen episodios de ansiedad es que luchan contra ella. Arman una guerra troyana todos los días. Quieren controlar cada uno de los pensamientos ansiosos y eso termina agotando. Ahí es cuando entra el consejo de oro: no luches contra ella.

Esto es difícil de comprender al inicio porque las personas se preguntan ¿Cómo dejo de luchar si lo que quiero es sacar de mi vida esa sensación tan mala?

Cansada de tanta lucha y de tanto control, viene la rendición, que es donde se deja la lucha y llega la resignación. Rendirse es no lucha, es solo verla, dejarla estar y observarla. Nada más.

¿Cómo se logra esto?

Imagina que deseas hoy que salga un sol radiante, porque tienes el plan de irte al club con piscina. Te levantas y para mala pata lo que te encuentras es unas nubes grises y odiosas con un día frío que te esconde hasta las montañas.

¿Qué te queda por hacer?

- Enojarte mucho porque el día amaneció así, decir que es un día feo, odiar vivir en un lugar donde llueve tanto, maldices la lluvia y dices que con ella no se puede hacer nada.
- Victimizarte y entrar en ese discurso que dice que siempre que planeas algo con ilusión viene el universo y te lo fastidia. Que eres un pobre desgraciado que no le sale bien nada.
- Aceptar que llueve y adaptarte al día, irte a ver unas películas enrollado con la persona que amas y dejar la salida para otro día.

Algo similar sucede con los pensamientos, cuando se siente ansiedad se sienten emociones y sensaciones desagradables, lo que se quiere es que se vayan ya mismo, que cambie y que nos sintamos mejor. Si en vez de enfadarnos nos victimizamos, nos hacemos responsables y nos rendimos a ellas, dejando que pasen como s fuera una tormenta, pues pasarán. No sentiremos frustración por haber luchado sin vencer sin la batalla.

Cuando sientas emociones que no agradan y pensamientos negativos, deja la lucha:

- Respira profundo, siente la respiración de manera consciente.
- Trata de ver la situación, las emociones y los pensamientos desde fuera, como si fueras un espectados, mira sin juzgar.
- Deja que pasen las sensaciones desagradables, siéntelas, vívelas, respíralas, que sean desagradables no quiere decir que vaya a pasar algo malo.
- Deja que sucedan los malos pensamientos, los ves, los dejar ir, los pensamientos pasan con el viento, no se quedan, a menos que les des posada.
- Deja que los pensamientos y las emociones se den, si te rinde a ellas no son tan molestas, no se pueden convertir en algo grave.

La aceptación es esencial

Cuando tenemos ansiedad, creemos que la padeceremos siempre, que se instalará permanentemente y eso no es así. La ansiedad es como un aguacero, necesaria para que todo funcione, para que la tierra florezca, el sol es bello, amamos el día soleado, pero sin las tormentas no podrías saborear la calma con aire fresco y renovado como el que nos deja un aguacero. Tampoco podremos ver las plantas y árboles crecer.

Las tormentas interiores son necesarias, para poder fortalecer y descubrir. Tienes que rendirte a la lluvia, llora porque luego ya vendrá la calma y saldrá el sol entre las nubes.

Debes aceptar que has estado pensando o haciendo algo que despierta esa ansiedad. El proceso para comenzar a aceptarla viene desde dentro. No olvides que la ansiedad vive en ti. No temas, el monstruo de la ansiedad se alimenta de la adrenalina que sucede con el miedo.

Tú conoces lo que sientes, por eso tienes dentro las herramientas para sacar ese monstruo temible. Siéntate conversen, siente, demuestra que no tienes miedo, que no serás un ser indefenso.

La ansiedad te trae mensajes, debes aprender a escucharlos.

A lo mejor debes dedicar tiempo para ti.

Seguramente tienes que desechar esa basura mental como los pensamientos que limitan y son negativos.

Considera delegar tareas.

Vivo el ahora y suelta el futuro.

Vive despacio

Tienes que hacer lo que te gusta.

¿Por qué aparece la ansiedad?

Vamos a verlo con un ejemplo.

Marcela está en su cama, tranquila, se prepara para cerrar los ojos y dormirse, pero, de repente, sin motivo aparente todo cambia. Siente molestias, palpitaciones, como que el aire le falta, le cuesta respirar, le entra el miedo, no es un ataque de pánico, pero se le acerca. Es una crisis de ansiedad. Ella la padece así, pero puede ser de cualquier forma, todo depende de la predisposición de la persona. Puede aparecer sin razón, mientras que otras veces algunas situaciones la desencadenan.

Marcela tiene todos los síntomas típicos. Tiene mareo que no es mareo como tal sino temor a marearse. Se siente inestable, aturdida, entumecimiento. Además de los síntomas psíquicos tratados anteriormente. Incluso tiene el síntoma de miedo a volverse loca.

Si se tiene dolor físico en alguna parte del cuerpo, esto quiere decir que algo no marcha correctamente, es un dolor que avisa que pasa una cosa que hay que arreglar, como un dolor de diente que anuncia que hay una caries por reparar. El dolor es la alarma de que pasa algo, que toca actuar ya. Si el dolor es intenso, prolongado, vamos al médico para que nos quite el dolor y claro, para ver qué lo produce. El tratar el problema hace que el médico vea que tenemos una inflamación, un menisco dañado o de donde sea el dolor.

Igual pasa con la ansiedad, ella como tal no es un problema, sino que la ansiedad es el aviso de que algo no está marcando como tiene que ser y se tiene que tratar. Entonces qué es esto de que algo no marcha bien en nosotros.

Pues son varias las cosas, la ansiedad puede ser:

- Ser sintomatología que tenga relación con otra psicopatologías como la depresión, estrés postraumático, obsesiones, adicciones, trastornos de personalidad, etc.
- Significa que se tiene algún problema emocional, como puede

ser un duelo, que se pasa por una época de crisis personal o cambios a nivel emocional. Que sufrimos una crisis de intensidad que tenemos problemas de adaptación al entorno o a situaciones nuevas.

- Los errores de pensamientos son pensamientos que hacen de forma automática pero que tienen la propiedad de activar la rama simpática.

Por todo esto cuando un paciente viene a consulta diciendo que padece de ansiedad, lo más normal es que a lo que se haga historia clínica, se ve que la ansiedad es un síntoma que viene derivado de otra psicopatología, o lo mejor de una situación vital difícil, patológica y traumática.

Cuando se hace el diagnóstico correctamente, es cuando se puede comenzar un tratamiento para que elimines la ansiedad, todos los síntomas y las causas subyacentes que la originan.

El trastorno de ansiedad generalizada

Es normal sentir ansiedad en algunos momentos, especialmente si la vida es estresante. Sin embargo, la ansiedad causa preocupación excesiva y constante que son difíciles de controlar e interfieren en las actividades diarias que pueden ser un signo de un trastorno de ansiedad general.

Es posible que se padezca un trastorno de ansiedad generalizada en la niñez o en la edad adulta. El trastorno de ansiedad general tiene síntomas parecidos a los del pánico, el trastorno obsesivo compulsivo y otros tipos de ansiedad, pero son enfermedades distintas.

El vivir con trastorno de ansiedad generalizada es un desafío de largo plazo. Muchas veces se da junto con otros trastornos o emociones. En muchos casos el trastorno de ansiedad general mejora con psicoterapia o medicamentos. Es útil que se hagan cambios en el estilo de vida, que se aprenda frente a desafíos o situaciones que lleven a técnicas para relajarse.

Hay momento donde las preocupaciones no se consumen por completo, pero de todos modos se siente la ansiedad, aunque no haya motivos para que la detone. Por ejemplo, se puede sentir preocupación sobre la seguridad propia o de otros, o a lo mejor sientes algo malo que pueda suceder.

LOS ATAQUES DE PÁNICO

os ataques de pánico son el siguiente nivel de la ansiedad. Vamos a desarrollar todo sobre ella, sus síntomas y cómo enfrentar esta afección.

¿Qué son los ataques de pánico?

Un ataque de pánico es un episodio que aparece de repente, con intensidad y provoca reacciones físicas graves cuando no hay peligros reales o causas aparentes. Los ataques de pánico provocan mucho miedo, cuando se dan se siente que se pierde el control, que se tiene un ataque cardiaco, o incluso que se va a morir.

Muchas personas solo tienen un par de ataques de pánico en la vida, el problema se va cuando se resuelve la situación de estrés. Sin embargo, si tiene ataques de pánico inesperados y recurrentes, si se pasa mucho tiempo con miedo constante de sufrir otro ataque, es probable que se tenga algo horrible llamado trastorno de pánico.

Aunque los ataques de pánico en sí mismos no ponen en riesgo la vida, puede que provoquen mucho miedo y afectan, de manera significativa la calidad de vida. Aunque un tratamiento es eficaz.

Los expertos no tienen la seguridad de qué es lo que provoca los ataques de pánico y el trastorno de pánico. Pero el cuerpo tiene una respuesta natural cuando se estresa o está en peligro. El corazón se acelera, respiras rápido y se consigue una descarga de energía. Esto se llama respuesta de lucha o huida. Lo que hace es que el cuerpo se alista para enfrentar esa situación que tienes enfrente.

Los ataques de pánico se dan cuando suceden por culpa de un desequilibrio de las sustancias químicas del cerebro o cuando hay antecedentes familiares de trastorno de pánico. Puede que en ocasiones se den causas claras. Los ataques de pánico suceden por:

- Problemas de salud, como la tiroides hiperactiva o problemas del corazón y respiración.
- Depresión o trastorno de ánimo.
- Problemas con el alcohol.
- Fumar mucho o tomar mucho café.
- Consumir mucha nicotina o demasiada cafeína.
- Tomar medicamentos como los usados para tratar el asma y problemas del corazón.
- Usar drogas ilegales, como marihuana o cocaína.
- Vivir con muchos niveles de estrés por mucho tiempo.

Usted tiene gran probabilidad de tener trastorno de pánico si alguno de sus padres tiene depresión o trastorno bipolar.

Hay personas que tienen miedo de estar en multitudes de hacer una fila o estar en centros comerciales, les da miedo tener ataques de pánico o de no poder escapar este problema es lo que se llama agorafobia. Puede ser grave para personas que nunca salen del hogar.

Síntomas

Un ataque de pánico consiste en la aparición de un episodio distinto al miedo o a la angustia que evoluciona menos de diez minutos donde aparece de manera brusca cuatro o más de los otros síntomas.

- Palpitaciones, sacudidas del corazón donde aumenta la frecuencia cardiaca.
- Sudoración excesiva.
- Temblores o sacudidas.
- Sensaciones de ahogo o aliento que falta.
- Sensación de que se atraganta.
- Opresión en el pecho.
- Nauseas o molestias abdominales.
- Mareo o desmayo.
- Sensación de irrealidad, despersonalización.
- Miedo a perder el control
- Temor a morir.
- Parestesias, sensación de entumecimiento o sentir hormigueo.
- Escalofríos o sofocos.

El pánico se manifiesta con frecuencia cuando hay acumulación de ansiedad o emociones negativas. La acumulación resulta de una situación determinada que provoca la ansiedad. Si padeces un ataque de pánico, se pueden sentir síntomas físicos y psicológicos.

Al tratarse de un ataque de pánico, se comienza por sudar, tiritar y tener músculos contraídos. También se suele tener la sensación de perder el control del cuerpo o a veces puede suceder que perdamos el contacto con el cuerpo. Es como si se tuviera una experiencia extracorpórea proyectados fuera del cuerpo. El corazón comienza a latir más y las pupilas se dilatan. Se comienza por respirar con menos profundidad lo que causa una sensación de mareo. Llegados a este punto puede suceder que hiperventilemos.

Cuando esto pasa se suele experimentar el mismo síntoma que cuando se sufre un ataque de pánico, esto porque se respira con menos profundidad, el cerebro recibe menos oxígeno y esto puede causar mareos. Frecuentemente los ataques de pánico provocan hiperventilación.

Los síntomas se pueden ir con el tiempo luego de una hora de evolución. Hay criterios para las crisis de angustia en función de las circunstancias que aparecen y el modo de inicio.

Las crisis espontaneas o inesperadas, aparecen sin que te asocies con ningún desencadenante inmediato. Son las que definen la existencia de un trastorno de angustia o de pánico.

Crisis desencadenadas por determinadas situaciones, que aparecen de forma invariable inmediatamente luego de la exposición o anticipación a un estímulo o desencadenante ambiental. Son características de los trastornos fóbicos. El inicio de estas crisis es progresivo en función de la aproximación o premonición de estímulo fóbico. Ceden rápido o no llegan a aparecer cuando las conductas tienen éxito.

Las crisis predispuestas por situaciones, aparecen en la exposición a un desencadenante ambiental, no se asocian con dicha situación, ni cuando lo hacen luego de un afrontamiento. Las crisis son evidencia de agorafobia.

Cómo diagnosticarlo

El diagnóstico de trastorno de angustia implica persistir al menos un mes con miedo sobre la posibilidad de que suceda un ataque de pánico o que se den cambios en el comportamiento, motivado por el acuerdo a los siguientes criterios:

Crisis de angustia que se dan de manera repetitiva. Al menos una de las crisis viene luego de un mes, de uno o más de estos síntomas:

- Inquietud constante ante la posibilidad de padecer más crisis.
- Preocupaciones por implicaciones de crisis o consecuencias, como el miedo a tener un infarto.
- Cambio significativo del comportamiento relacionado con las crisis.
- Las crisis de pánico no son efectos fisiológicos directos de alguna droga o medicamento, o también por enfermedades como el hipertiroidismo.

- Las crisis de pánico no se pueden explicar mejor por la presencia de otro trastorno mental, como por ejemplo una fobia social, fobias específicas, trastorno obsesivo compulsivo, estrés postraumático, trastorno por ansiedad de separación. Etc.

Los ataques de pánico o trastorno de angustia pueden suceder con o sin agorafobia. Esto se refiere a:

- Aparición de la ansiedad adquirida e irracional al encontrarse en lugares donde pueda resultar difícil. Escapar o en lo que puede no disponerse de ayuda en los casos de que aparezcan ataques inesperados o angustias. Estos temores se relacionan con un conjunto de situaciones entre las que incluye estar solo fuera de casa, mezclarse con gente o hacer colas, pasar por un puente o irse en bus, tren o coche. Es por considerar el diagnóstico de fobia específica si el comportamiento se limita a una o a pocas situaciones específicas, o de fobias sociales si tan solo se relaciona con acontecimientos de fobias sociales si tan solo se relaciona con acontecimientos de carácter social.
- Las situaciones sociales se evitan, por ejemplo, se limita el número de viajes a costa de un malestar o ansiedad significativos por temor a que suceda una crisis de angustia o síntoma similar a la angustia, o se hace indispensable la presencia de un conocido para soportarlas.
- La ansiedad o comportamiento de evitación no se puede explicar mejor por la presencia de otro trastorno mental como fobia social, específica, TOC, de todo lo que pueda ensuciar al individuo con ideas obsesivas, trastorno por estrés postraumático o trastorno de ansiedad por separación.

Cualquier diagnóstico de ansiedad se debe descartar previamente algunas enfermedades que pueden cursar con nerviosismo extremo en algunas situaciones.

¿Se hereda?

El trastorno de angustia es frecuente en familias cercanas. Entre 30 a 50% los hermanos gemelos de un paciente con trastorno de angustia tienen la enfermedad.

El pronóstico

El tratamiento controla los episodios. La mayoría de los pacientes tratados consiguen no tener ningún síntoma y muchos de ellos pueden retirar el tratamiento sin que aparezca la enfermedad.

Por desgracias, muchas personas con ataques de pánico no acuden al médico y pueden sufrir alteraciones importantes en la calidad de vida.

El tratamiento

El objetivo del tratamiento es reducir el número de ataques de angustia y la intensidad.

El tratamiento clave de estos pacientes son los antidepresivos, especialmente los inhibidores selectivos de la recaptación de serotonina. Generalmente se dan dosis más bajas que las usadas para tratar la depresión y se mantienen hasta dos años después de haberse ido. Las benzodiacepinas se usan cuando hay diagnóstico y se da de manera esporádica posterior.

Las intervenciones ayudan al paciente a controlar los síntomas durante los ataques, son estrategias usadas por profesionales para explicar y ayudar a enfrentar el problema.

Cómo enfrentar un ataque de pánico

Los ataques de pánico son esas oleadas repentinas de ansiedad. Abrumadoras y los síntomas que son físicos como emocionales. Muchas personas que tienen ataques pueden presentar dificultad para respirar, sudan tiemblan y sienten el latido de sus corazones.

Algunas personas llegan a sentir dolor en el pecho y una sensación de desapego de la realidad o de sí misma durante un ataque de pánico que les hace pensar que tiene un ataque al corazón. Otros han reportado sentirse como si sufrieran un accidente.

Los ataques de pánico pueden causar miedo, es posible que lleguen rápidamente. Te dejo unos consejos según el síntoma para que lo trates y calmes ese episodio terrible.

Esa horrible sensación de infarto

El dolor en el pecho es uno de los síntomas más comunes que se asocian con los ataques de pánico. Esto es por la ansiedad que puede ser cardiaco o no cardiaco en origen. Sin embargo, las diversas terapias y las medicaciones se han probado de manera beneficioso en reducir el dolor de pecho ansiedad inducido.

Los factores contribuyen al dolor de pecho que sucede por ataques de pánico, clasificados en causas cardiacas o no. El dolor de pecho es porque el camino de la sangre se reduce, un espasmo o una isquemia coronaria. Sin embargo, el dolor de pecho que es no cardiaco sucede por sistemas musculoesqueléticos, del esófago o de otros órganos relacionados con el corazón.

Algunas razones del dolor de pecho pueden ser:

Las razones no cardiacas

El dolor puede suceder en el sistema musculoesquelético o en el esófago. Puede ser por temas de hiperventilación que puede causar que los músculos de la pared del pecho intercostal entren en espasmo. La ansiedad lleva a que se tenga espasmo en el esófago. Por eso duele el pecho.

Razones cardiacas

El dolor cardiaco es por la acción directa de mecanismo ansiedad conectados en el corazón. El dolor puede ser por el estímulo autonómico junto con el impacto de episodios de la hiperventilación. La combinación de estos factores da pie a contracciones de la pared muscular de las arterias coronarias que tienen el músculo cardiaco.

El espasmo de la arteria coronaria lleva a que haya un abastecimiento reducido de sangre. De este modo sucede un déficit de oxígeno en el músculo cardiaco. Esto da paso a dolor de pecho cardiaco. Además de estos elementos, la ansiedad puede agravar dolor de pecho en personas con una última historia de la enfermedad del corazón, especialmente por la necesidad creciente del oxígeno del miocardio, por un batido de corazón más rápida y aumenta la presión arterial.

Isquemia pequeña del bucle

La ansiedad también da paso a contracción de los bucles del corazón. Esto por la sobreactividad comprensiva. Los ataques de pánico y los episodios asociados con la tensión o de la hiperventilación lleva a un pico en dolor microvascular del tono y el pecho. Es importante ver que hay un trastorno que sucede con isquemia real del músculo cardiaco por la manera en la que el corazón y el sistema respiratorio por esos ataques.

El dolor de pecho debido a la ansiedad en una condición tratable. Sin embargo, es importante que busques ayuda, profesional si se tiene dolor de pecho. Una diagnosis correcta es clave para determinar la causa del dolor de pecho. El médico determina la causa del dolor, basada en historia y diversos exámenes físicos.

Las terapias farmacológicas y sicoterapias se usan para tratar el dolor de pecho por la ansiedad.

Dentro de las opciones para controlar la ansiedad está:

Respirar profundamente

Ella puede tener un efecto que calma la carrocería y mente. La técnica puede normalizar el ritmo cardiaco, primero hay que inhalar por diez segundos, esperar y luego exhalar de nuevo por otros diez segundos, para calmar ese dolor.

Técnicas mentales

Estos son pasos para que desvíes la atención a cosas o lugares agradables para que releven la ansiedad. Puede llevar a una sensación lenta de relevo de los síntomas del trastorno de pánico. La persona tiene que reconocer que no es peligroso para la vida, ser optimista y relajado puede ayudar en relevar el dolor.

Salud general

Haciendo ejercicio regular, la tensión de manejo con técnicas apropiadas y las estrategias que hacen frente, consiguiendo suficiente sueño y comiendo una dieta equilibrada que puede prevenir la repetición de los síntomas de ataque de pánico como dolor de pecho. Debes bajarle el consumo a la cafeína, el tabaco y el alcohol, esto es importante y que puede agravar la ansiedad.

La respiración superficial

La hiperventilación es un fenómeno respiratorio que aparece en las personas que sufren ataques de pánico. Por lo general sucede una serie de consecuencias en el organismo que llegan a ser desagradables e incluso alarmantes si no se sabe a qué se deben. Como e va a ver ahora mismo, no es algo peligroso.

Vamos a ver cómo funciona la respiración, necesitamos respirar para poder dotar al cuerpo de energía. Los nutrientes que se toman al comer y beber se deben transformar en energía a través de complejos procesos bioquímicos para los que es necesaria la presencia de oxígeno. Cada que se inspira se introduce carga de oxígeno en los pulmones. Este es recogido por la sangre en los capilares que existen al final de los bronquiolos para ser llevados al corazón.

La hiperventilación se define como la respiración que está por encima de las necesidades del cuerpo. Es decir, es una respiración excesiva. Produce por respirar superficialmente, tomar grandes bocados de aire.

¿Qué hacer si se hiperventila?

Si es la primera vez que sucede, lo más recomendable es que vayas a un médico para que haga una exploración y busques detectar si es por una enfermedad o producto de la ansiedad.

Si te sucede que hiperventilas por motivos de ansiedad, puedes calmarla de esta manera:

- Intenta que la respiración se haga regular, no respires acelerado. En caso de que conozcas la técnica de respiración. En caso de que conozcas una técnica de respiración como las que ha podido enseñar la terapeuta. Es un buen momento para que la pongas en marcha.
- Respira lentamente y menos superficial, puedes intentar respirar con los labios fruncidos como si buscaras apagar una vela. Puedes taparte la boca y una fosa nasal respirando por la que queda destapada. Así aumentas la cantidad de CO_2 en los pulmones.
- Puedes respirar por unos minutos colocando una bolsa de papel en la boca y la nariz, así consigues inspirar parte del CO_2 que hayas expirado. De este modo aumentas la cantidad en el organismo. Actualmente profesionales de la salud no lo recomiendan, porque en opinión de ellos, el incremento de CO_2 es muy alto.
- Haz actividades que te relajen

La sensación de ahogo

No todas las sensaciones del cuerpo tienen la misma probabilidad de suceder, al menos no de inmediato, es más probable que acabe ocurriendo una crisis de ansiedad que otra cosa. El ahogo es otro de los síntomas y se tiene que tratar durante la crisis.

Mareos

El mareo sucede con la ansiedad, si se está experimentando ansiedad, se puede sufrir mareo, por otra parte, el mareo causa ansiedad, el sistema vestibular es quien tiene responsabilidad en la postura del cuerpo y el movimiento alrededor. Este consiste en el oído interno a cada lado, en áreas puntuales del cerebro y los nervios que lo conectan.

El sistema tiene la responsabilidad de la sensación de mareo cuando las cosas se ponen mal. Los científicos creen que el área se encarga de interactuar con el cerebro y es responsable de la ansiedad y causa los síntomas. El mareo viene acompañado con la ansiedad y se describe con frecuencia como una sensación de aturdimiento o atolondramiento.

Se puede sentir como que da vueltas la cabeza por dentro, más que por el medio ambiente, a veces se siente la sensación de balanceo, incluso estando en reposo y quieto. Lugares como centros comerciales, tiendas, espacios abiertos o similares pueden causar esta sensación.

Si se tiene tendencia a ser ansioso el mareo por el sistema vestibular y la ansiedad pueden interactuar empeorando los síntomas. Frecuentemente la ansiedad y el mareo se tienen que tratar juntos para lograr mejoría.

La ciencia ha ido entendiendo mejor esto del mareo y de la ansiedad, se relacionan y van desarrollando áreas para el tratamiento. Algunos especialistas tratan a pacientes que tienen ansiedad y mareo y logran sanarlos. La idea es que el sistema vestibular trabaje tan bien como sea posible. Las personas aprenden a controlar los síntomas en pequeñas dosis.

Seguir el ritmo es hacer actividades que llevan a los síntomas en dosis pequeñas de descanso por medio, para que los síntomas no se salgan de control. Cuando se entiende esto, se aprende a manejar la situación.

Desmayos

La sensación de mareo y el temor a desmayarte es otro de los síntomas que aparecen cuando hay ansiedad. No lo es el desmayo como tal, la verdad es que, si te desmayas, a lo mejor no será como consecuencia de la ansiedad, sino que se deriva de otros problemas, como de alimentación. Muchos pierden el apetito cuando tienen cuadros de pánico y ansiedad. Esto puede llegar a que pierdan el conocimiento y se desmayen.

Puede suceder también que aparezca un desmayo por culpa de una crisis de ansiedad, que se da por hiperventilación. El organismo al verse privado del oxígeno que necesita, se puede hacer y es entonces cuando la sensación de mareo pasa luego al desmayo. Pero insistimos en que el desmayo no es un síntoma frecuente de ansiedad.

Con el desmayo sucede lo mismo que con otros miedos de ansiedad. Es más, el miedo a desmayarte que el propio desmayo. Es igual que cuando crees y temes que vas a perder la cordura, cuando pasas la crisis de pánico ves que no fue así. Esa sensación de pánico porque tienes la certeza de que morirás, pero luego te das cuenta que superaste todo esto.

Es por eso que, si sufres desmayos frecuentes por ansiedad, lo mejor es que vayas al médico, porque se puede tratar de un problema, lo único que está en la mano es que busques aliviar la sensación y así sentirás que ese deseo de desmayo se irá. A los pocos minutos se irá.

Con el paso del tiempo tienes que aprender a racionalizar los síntomas de ansiedad, el temor a perder la cabeza, a marearte o desmayarte es solo una percepción errónea producto de la ansiedad. No te desmayarás, tampoco te volverás loco, así que cuando notes los síntomas de mareo o desmayo, deja lo que estés haciendo y céntrate en respirar.

Los ejercicios de respiración consciente no solo te ayudan a recobrar un poco de calma, a sentir menos nervios y agobio. Además, restablecer el oxígeno que faltaba a causa de la hiperventilación. Si sientes que te mareas, respira profundamente y verás que no te desmayas.

Controla las ganas de vomitar

Como normalmente sucede, la ansiedad tiene muchas caras, una de ellas es la punta de todo, los síntomas físicos y emocionales inmediatos que son los que más nos molestan y queremos eliminar. Pero estos no son el problema real, tampoco quitarlos es la solución, esta está en trabaja con el fondo de esto, en este caso la ansiedad.

No es que te causen náuseas y venga la ansiedad y después el pánico. Tiene alta ansiedad y el cuerpo lo manifiesta. Entonces una vez que los niveles bajen, las náuseas se reducen por su cuenta.

Hay que trabajar directamente con las náuseas para resolver de forma integral por así decirlo.

Ten presente estos consejos para que puedas trabajar en el sistema digestivo.

Sana el sistema digestivo

Para esto hay infinidad de terapias y tratamientos, desde un cambio en l dieta, limpieza de colon, tratamiento con infusiones, jugos, alimentación sana, dejar las gaseosas... lo importante es que te centres en el estómago y en sanarlo, no en medicarlo y sopar los síntomas y sanarlos.

Esto te puede servir para antes de comer, un té de manzanilla es ideal, también tomarte un Tums o agua con una cucharada de bicarbonato. Remedios para que eliminen estas sensaciones.

Deja el miedo a las nauseas

No porque sientas nauseas significa que vas a vomitar o que tienes peligro, solo significa que el estómago te pide atención y cuidado. Por eso, cuando tengas nauseas, siéntelas sin resistencia, sin quejar o sin preocuparte de más. Cuando sientas esto, cierra los ojos, le pones atención, mientras aflojas el estómago y respiras profundo. Lo haces unas cinco veces.

Cada que estés respirando, le mandas oxígeno al estómago y respiras profundo varias veces.

La idea es que dejes de activar más estrés cuando lo sientas porque de por sí ya tienes pánico o ansiedad, y luego cada vez que te dan nauseas te da más miedo, pues aumentas el problema. Tienes que perder el miedo a las náuseas y cuando lleguen te relajas, respira y piensa frases positivas.

Líbrate de la ansiedad

A la par necesitas trabajar los pensamientos y lo que sientes, todo eso que te genera ansiedad, con los comportamientos que te dañan o resuelven las situaciones de presión en la vida. Para eso la recomendación es que vayas a terapia, que escribas sobre lo que sientes, comienza a hacer lo que te gusta. Modificar conductas y comportamientos que dañan. Todo lo que necesites para que dejes atrás la ansiedad.

Conversa con tu cuerpo

Siempre ha funcionado hablar con el cuerpo, pues este se mantiene al servicio y si algo ha hecho es funcionar y aguantarnos con todo el estrés acumulado. Al hablar con él se puede pedir perdón por tantos corajes que se tienen dentro, decirle que se va a cuidar y darle instrucción de que comience a sanar.

Escribe lo que te moleste

Escribe eso que te moleste, lo que te dé coraje, lo que no puedes procesar, lo que no puedes tolerar, eso que genera rechazo o malestar y de este modo canalizas para afuera lo que te dé nauseas.

Para terminar de cualquier modo, la ansiedad es tan solo una forma en la que el cuerpo te pide atención y cuidado. Así como que canalices las emociones y pienses cosas de verdad. Todo esto no es más que un aviso para que te detengas y te cuides más.

Sudoración

El sudor puede aparecer en el momento que menos lo esperas, a veces hay situaciones donde traspiras en exceso. Por norma general las situaciones están ligadas de forma exagerada, normalmente las situaciones se relacionan con episodios de estrés o ansiedad que nos lleva a sentir incomodidad y lleva a una visa social y laboral.

Lo bueno es que se puede hacer frente a los momento de estrés controlando el cuerpo y haciendo distintos métodos. Veamos cómo lidiar con el sudor en exceso cuando este sucede por culpa de la ansiedad.

Las personas que sufren problemas de ansiedad, el sudor en exceso aparece como uno de los rasgos más patentes. Cuando se tiene estrés se bombea el corazón más rápido, y hay más oxigenación y consumo de energía. Todo esto causa aumento en la temperatura, lo que demanda sudor para favorecer la refrigeración y mantener la temperatura estable.

Con la ansiedad el sudor lleva a una consecuencia, al estresarnos provoca que las glándulas sudoríparas para que se pongan a trabajar. Nos damos cuenta de que estamos transpirando en exceso. Esto causa estrés lo cual hace que se sude más y así hasta el final.

Por esto es clave que se usen los medios al alcance para reducir la aparición del sudor, como los antitranspirantes, identifiquemos y ataquemos el núcleo del problema de ansiedad e intentar mejorarlo.

Deseos de ir al baño

Los investigadores tienen un par de buenas razones sobre este fenómeno. Uno sostiene que cuando se tiene ansiedad o nervios, el cuerpo entra en un modo de supervivencia o huida. La tensión produce adrenalina y estimula la sensación de liberación de orina, es un modo de supervivencia que aumenta la producción de orina.

Bajo estrés el sistema nervioso central se pone en marca para operar a un nivel más alto de sensibilidad, lo que lleva a necesitar menor para activar el reflejo.

La otra teoría es que cuando se tienen nervios, los músculos se ponen tensos y uno de los músculos puede ser la vejiga. Cuando sucede te hace querer que vayas a orinar. Por lo que los doctores recomiendan que te relajes y te distraigas para que te relajes la mente y los músculos si no se tiene fácil acceso a un baño. Ya ves, no es tan sencillo.

Tragar, ese gran desafío

Tragar es un tema cuando estás con ataques de pánico o ansiedad, o te da por comer mucho o no comer nada y que te cuesta tragar.

Puede que en algunos casos comas como loco, luego viene la culpa y te lamentas y la tristeza. Después pasas a un tiempo que se te olvida, sigues generando estrés dentro de ti y vuelve a venir la necesidad emocional de descargarte con comida.

Este es un ciclo donde el cuerpo y la mente se combinan y hacen sentir que no tienes fuerza de voluntad, con culpabilidad constantemente y con remordimientos por lo que comes.

Dolores de cabeza

Llegas tarde, no encuentras las llaves del coche. No tienes preparación para la reunión de la mañana, el perro llena de barro la sala de estar, no es de extrañar que te duele la cabeza.

Los dolores de cabeza se dan normalmente cuando tienes estrés. El estrés dispara las cefaleas y las migrañas de tipo tensional, puede que te lleve a tener cefaleas o empeorarlas. El estrés no tiene que irse de tu cabeza, e que tomes medidas para que controles el estrés te ayuda a mantener a raya los dolores de cabeza.

El estrés que genera un suceso de vida clave, como el nacimiento de un hijo, la muerte de un familiar, un cambio de carrera o una separación. No se niega, sin embargo, por lo general, ese no es el punto de estrés que provoca dolores de cabeza.

Por el contrario, son irritantes a diario. Como buscar papeles perdidos, estar en un embotellamiento o tolerar pequeñas molestias en el trabajo, lo que puede afectar la capacidad para afrontarlos. Para algunos, esto da dolor de cabeza.

Debes responder a estos detonadores de estrés, tensando los músculos, rechinando dientes o endurecimiento los hombros, para hacer que los dolores de cabeza empeoren.

Es imposible que evites el estrés de todos los días, lo puedes controlar, lo que sirve para prevenir dolores de cabeza. El que te hagas tiempo placenteras, como escuchar música, hacer deporte, bailar, leer, jugar con alguien o con la mascota, esto puede ayudar.

Te tienes que reservar espacio así sea diez minutos al día, para practicar, relajación, las técnicas comprenden lo siguiente:

- Meditación.
- Taichí.
- Respiración profunda.
- Yoga.

Hormigueos

La sensación de hormigueo en el cuerpo se da cuando surge una comprensión de un nervio debido por la falta de oxígeno por problemas en el nervio de la región o el sistema nervioso central.

Por lo general el síntoma es pasajero y mejora con el movimiento o la realización de masajes en el área que llevan a la circulación. Sin embargo, indica la presencia de problemas como mala circulación, hernias discales, diabetes y claro los ataques de pánico y ansiedad.

Ese hormigueo es por la ansiedad o estrés que puede afectar las manos, la lengua, los brazos, el trastorno de pánico que se viene acompañado de sudor frío, palpitación cardiaca y dolor de pecho o vientre.

En estos casos lo que tienes que hacer es buscar un sitio tranquilo, respirar profundamente concentrarte en hacer cosas como yoga, pilates para aliviar el estrés y la ansiedad.

Piernas débiles

La debilidad es que no tengas fuerza en los músculos y es la sensación de que se dé un esfuerzo adicional para que muevas los brazos, piernas y otros músculos. Si la debilidad muscular se da puede ser por dolores y también porque todo el cuerpo está alterado por el cuadro de ansiedad y pánico.

Preocupaciones anticipadas

La ansiedad sirve para que movilicemos el cuerpo frente a una amenaza o peligro real, por lo tanto, no es mala de por sí, al revés nos da información sobre los peligros inminentes.

Entonces, la ansiedad anticipatoria intenta predecir las consecuencias de acontecimientos del mañana, intenta prevenir un peligro que aún no ha sucedido, cosa que puede servir para que te protejas en ocasiones o en otras que te pueden bloquear el camino.

Si te imaginas que podrías tener un accidente en el coche, es probable que lo primero que pase es que al subir al coche sea que te pongas el cinturón. Este es un tipo de respuesta que te puede proteger de tener un accidente. Ahora, no todas las respuestas de este tipo te sirven. Siguiendo con la situación de esto, si por el miedo a tener un accidente, te quedas en casa y no tomas el auto, la ansiedad crece y no conseguirás la solución.

Algunos síntomas que pueden manifestarse en el cuerpo cuando se tiene ansiedad anticipatoria con mareos, taquicardia, sudoración, dolores de pecho, voz temblorosa, y otros más. Además, puede aparecer la sensación de que toso se sale de control, la sensación de pérdida de control de la situación, los síntomas se dan por falta de tolerancia ante lo que no se puede controlar, es decir, que muchas veces cuesta gestionar la incertidumbre y sentir que no se puede controlar lo que pasa alrededor.

Para que se puedan vencer la ansiedad muchas veces se necesita una intervención psicológica, que se complementa en ocasiones con un farmacológico. Algunas claves que pueden pasar es el pensamiento que se centre en la respiración, que se haga mindfulness, deporte, que entrenes y te den pánico.

Coloca el freno y aplaza los pensamientos negativos, imagina que puedes hablarte del pensamiento negativo y decirle que no quieres que te incordie más, dile que ya basta de molestar porque le harás caso después y que en este momento prefieres que te centres en temas importantes. Si aplazas los pensamientos es más fácil que nuestras emociones no se vean afectados y sientas que estás copado.

La costumbre de procrastinas las cosas como las reflexiones, son una determinada idea que se da cuando lo ponemos con día y fecha. Es decir, que no se trate de pararla de manera indefinida.

Si te expones poco a poco a eso que te da miedo, la ansiedad va a ir reduciéndose poco a poco, la solución no es que evites lo que te dé miedo, sino que afrontas los retos que te lleven a superar los miedos que tienes en el fondo. Si tienes miedo a volar el primer paso es que recojas a alguien en el aeropuertos y veas cómo los aviones despegan y aterrizan.

Tienes que aprender a vivir en el ahora. La ansiedad aparece porque se tiene demasiado pensamiento sobre el futuro. Tienes que vivir calmado. Hacer meditación te ayuda a centrar la atención en la respiración. Puede que los pensamientos negativos se vayan o por lo menos queden atenuados.

Haz ejercicios que te hagan sentir bien, el ejercicio ayuda a que dejes atrás la ansiedad para siempre, no solo te estás cuidando en la dimensión del cuerpo, sino que también ayudas a la salud mental, así transformas la práctica del ejercicio. Si te comer muchos alimentos, lo que puedes hacer es que consigas una buena cantidad de agujetas, lesionarte o hasta que no vuelvas a ver la agenda por mucho tiempo.

Si haces ejercicio liberas endorfinas y te sirve para que duermas mejor y vayas por ahí más relajado. Si usas la energía de la ansiedad anticipatoria como por un impulso para mejorar y que aprendas de ti mismo a sacar su parte positiva. Puedes aprender a enfrentarla y mostrar n sano grado de escepticismo frente a lo que pronostica. Para ello es útil que aprendas a eliminar el drama y ver que al termina puede pasar a ser solo una probabilidad. El resto de la vida está pasando ahora, delante de nosotros y tenemos la oportunidad de aprovechar para crecer como personas.

Cómo diferenciar un ataque de pánico de un infarto

Muchas personas llegan a la sala de urgencias, pensando que viven un infarto, cuando en realidad se habla de un ataque de pánico. Esto es porque hay síntomas similares, como dificultad para respirar, dolor en el pecho, vértigo, mareos, sensación de irrealidad. Sudoración, hormigueos, desmayos y temblores.

Un ataque de pánico se puede dar de manera espontánea, representa un peligro ahora. Al contrario, un ataque cardiaco es peligroso y exige atención médica ahora mismo. Estas son algunas diferencias que tienes que tener en cuenta para que los diferencies.

Los síntomas del ataque de pánico

El ataque de pánico es un episodio repentino que lleva a sentir mucho miedo y provoca reacciones físicas graves cuando no existe peligro real o una causa aparente.

Recordemos los síntomas:

- Dolores de cabeza.
- Sensación de que morirás o peligros.
- Sentimientos de irrealidad y hormigueo.
- Dolor de pecho
- Problemas para respirar
- Aturdimiento, mareos o desmayos.
- Latidos acelerados.
- Temblores
- Sudoración excesiva.

Ahora veamos los síntomas de un infarto

Un ataque cardiaco sucede si se obstruye el flujo sanguíneo que llega a una parte del corazón, este no puede obtener oxígeno, si el flujo de sangre no se restablece rápidamente, la parte del corazón comienza a morir, los signos más comunes son los siguientes:

- Dolor de pecho y una sensación de opresión.
- Nauseas
- Vómitos.
- Problemas para respirar.
- Mucho sudor.
- Confusión.
- Desvanecimiento.

Si estos síntomas duran unos tres minutos o si el dolor va y viene entonces podría ser un infarto.

Ten presente las diferencias clave:

En un ataque de pánico el dolor de pecho es agudo y punzante y se halla en la mitad del tórax. Cuando el dolor de pecho es un ataque cardiaco, puede que se extienda al pecho.

ACEPTA LA ANSIEDAD

A lo mejor esta es una propuesta que se sale de lo normal, tienes que aceptar la ansiedad que es como pensar que debes aceptar vivir con el peor enemigo y meterlo a la cama. Tienes que comprender que esto no se siente bonito, al contrario, la ansiedad se disfraza de león cuando en el fondo no es más que un corderito. Te cuento entonces la importancia de que aceptes la ansiedad y le quites la máscara y la superes.

El primer paso es que trabajes para superarla, que la aprendas a aceptar, que aceptes la ansiedad y hace que los esfuerzos para sanar sean un proceso más pacífico.

Aceptar la ansiedad es que dejes de luchar contra ella. lo contrario es la queja, que te resistas, el renegar, no querer aceptar que eso pasa en la vida. Aceptar la ansiedad implica que dejes de resistirte a ella, que no la veas como una enemiga que quieres destruir.

Es importante ver cómo nos referimos a la ansiedad y los pensamientos negativos. Cómo se quiere destruir, quitar, combatir, amarrarla, controlarla. Esto es algo realmente que no funciona, pues las actitudes internas son las que generan esa ansiedad.

El control, el resistirse, es lo que hace que tengamos más ansiedad. Cuando los síntomas de ellas atacan, si se aplica el resistirse, aumenta la tensión. Lo que teneos que buscar es el equilibrio para el cuerpo, dejar de controlar todo y comenzar a tratarla con amor.

Aceptar la ansiedad implica que:

- En los momentos donde la sientes, te permites sentirla, comienzas a fluir con ella, das espacio para que la vivas.
- No te victimizas por vivirla, diciendo que por qué a ti, por qué tú, no lo mereces, es injusto, eres víctima de esto, no lo puedes controlar.
- No te asustas por la existencia dentro de ti.
- No culpas a los otros o le reprimes por generar la situación.
- Aceptas los síntomas por más desagradables que te parezcan, permites que estén allí.
- Reconoces la realidad como se te presenta, no te das golpes contra las paredes para cambiar la realidad.
- Asumes la responsabilidad en el hecho de que algo se ha venido dando, sientes o piensas que te tiene de ese modo.
- Tienes la disposición para escuchar el mensaje que tiene para ti, haces los cambios necesarios para que se pueda ir.

Claro, tiene que estar convencido de que no es peligrosa, para que se pueda aceptar, pero esto solo se puede saber con certeza, si te dejas vivirla, por eso para poderla aceptar es necesaria la valentía, mucha, para sentarse y ver que no te va a hacer daño. Así podrás ver que al tiempo se va, sin haberte dañado como lo creíste.

Pero como antes de sentirla, la dopamos, la callamos y evitamos, en el fondo siempre nos queda la duda de que puede ser un peligro, entonces el miedo nos acompaña y ahí es donde entramos en círculos viciosos de ansiedad y recaídas.

El hecho de que te duela no implica que tienes que sufrir, cuando logras aceptar la ansiedad, vives el dolor como es, el auténtico y que te hace sentir ansioso, pero de ahí a que sufras es otra cosa.

Cuando aceptas la ansiedad vives el dolor como es, el dolor primero y autentico que se siente cuando estas en un estado ansioso. De ahí a que sufras es otra cosa, el sufrimiento viene desde que quieres quitar el dolor, entonces generas más tensión en ti, mucha resistencia que te hace sufrir.

La ansiedad tiene energía, vive dentro del cuerpo cuando no la aceptas la energía se hace más grande e intensa. Cuando te quieres deshacer de la ansiedad le das poder, pues la alimentas, cada que te quejas, resistes o rechazas y la engrandeces.

Cuando te das cuenta que por más que haces eso no se va, entonces crees que nunca te curarás, que tendrás ansiedad toda la vida. Pero no es así, aumenta y parece infinita porque te niegas a dejarla, te resistes a ella.

Cuando vienes y la aceptas, el cuerpo comienza a relajarse, la mente va aclarándose y te comienzas a sentir mejor. Al aceptarla dejas la lucha contra ti mismo. La guerra interna se va y vas recuperándote poco a poco.

Es como el dicho ese famoso de que la guerra necesita de dos partes para existir, si te sientes con la ansiedad atacando, entonces es la hora de que la dejes de atacar, de cierto modo te rindes a ella y te metes en sus síntomas.

Aceptarla es una actitud interna, esto quiere decir que no te llega de gratis, un día de repente la aceptación se trabaja en el interior como una actitud interna, que, aunque por ahora no se sienta, se va dando poco a poco en ti.

La ansiedad se vive en nosotros, es ahí donde se siente, por eso pocos la entienden. Solamente tú sabes lo terrible que se siente justificar la existencia. La ansiedad está en nosotros, es un hecho que se comienza a aceptar, es un hecho que entre más se luche contra ese hecho más tensión hay, por ende, la ansiedad crece.

¿Por qué es difícil aceptarla?

- Se cree que si se acepta se está dando paso a la rendición.
- Da miedo de que se comience a sentir más que se ponga intensa.
- Se cree que si se acepta entonces se queda por siempre.
- A lo mejor te sientes débil si consideras hacerlo.
- No quieres dejar la lucha, te quieres demostrar que puedes con ese animal inmenso.
- Se te enseñan los obstáculos que aparecen, los problemas que atacan, los enemigos que se derrumban.
- Es difícil que liberes el control, las ganas de controlar todo

Sea cual sea la razón por la que te es difícil aceptar esto, es que comienzas a cambiar la perspectiva al respecto, que aunque no estés convencido totalmente, tienes que intentar aceptarla.

Entonces, ¿Cómo aceptar esto en la vida?

Si ya andas pensando en aceptarla, entonces ten presente estos consejos:

Conversa con ella

Tienes que sacar una cita con ella, en privado, te vas y comienzas a hacer las paces. Le dices lo que sea necesario, lo que salga de tu corazón, si la quieres insultar pues está bien. A lo largo del día te vas calmando, tienes que llegar y decirle que estás dispuesto a aceptarte, aceptar que está en la vida, que llegaste por algo, que aceptas que estás aquí, que algo le quieres decir, que lo quieres escuchar. Puedes hacer frente al espejo o imaginar que está en una silla vacía ante ti.

Habla con los síntomas

Cada que comiences a sentir que la ansiedad llega con su inquietud, nerviosismo, preocupación, taquicardia o sudoración, sea cual sea el síntoma en cuanto ves que comienza a llegar, en vez de tomar la actitud de defensa y de alerta, haces un alto y le das la bienvenida, que puede pasar.

Que hable con los síntomas significa que dejas de creer que los síntomas te pueden hacer daño, o que estás en peligro de muerte, realmente dejas de creerlo, así es que tienes que atreverte y darte cuenta que si hasta ahora no te has muerto es porque no te morirás por estos síntomas.

El consejo es que cuando comiencen a llegar te sientes en la silla o la cama, con los brazos abiertos y le dices que hagas lo que tengas que hacer, con una actitud de que cooperas, el cuerpo ligero, los ojos cerrados, y que veas cómo van llegan y haciendo en el cuerpo. De este modo verás cómo se van los síntomas.

Responde al diálogo interno

Cada que te veas a ti mismo, por qué te pasa esto por qué es tu culpa esto, vas a responder la pregunta, te dirás que es porque necesitas aprender porque llevas mucho tiempo descuidado, porque es momento de que evoluciones, lo que sea que te hace mejor.

La recomendación es que hagas lo mismo con cualquier pregunta que llegue a la mente, busca la respuesta, evita dejarla al aire porque cada vez que lo haces te mandas un mensaje de que no hay soluciones, de que es difícil superar esto, de que es imposible.

Descubre el mensaje

La ansiedad no aparece de la nada en ti, es consecuencia de algo, es lo mismo que te trae el mensaje de que necesitas evolucionar en un punto de la vida. El mensaje que sale más o menos es así:

- Mira, te descuidas con algo tú.
- Oye, te crees las mentiras que salen de la mente.
- Pendiente, necesitas recuperar el equilibrio.
- Para, estás yendo muy rápido.
- Estás dejando de hacer lo que te gusta y haciendo lo que no.

Cuando descubras el mensaje y actúes en consecuencia vas a ver que la ansiedad se va a ir más pronto de lo que crees.

No te asustes más

Finalmente es importante que dejes el miedo, la ansiedad se alimenta de ellos, con temores, sin justificación real, son mentiras e inventos de la mente. Si te sigues asustando por vivir esto, si crees que algo te pasa, que puedes perder la razón. Entonces como se dijo antes, te alimentas de ansiedad, haces más grande al monstruo.

Ten en cuenta que al sentir que algo malo pasa o que te vuelves loco es parte de los síntomas de la ansiedad, ninguno de los dos es cierto, no te morirás ni te volverás loco, tienes que tener eso claro.

Disfruta nuevamente

La ansiedad te hace sentir que no puedes disfrutar de las actividades normales, la invitación es que, aunque hay ansiedad en ti, te des permiso para que disfrutes de las actividades y recuperes el deseo de vivir.

Para poderlo hacer la recomendación es que por una semana hagas en cada momento lo que quieras, que pidas semana libre si toca, pero que disfrutes de la compañía, no le rindas cuentas a nadie, conecta con la libertad.

La ansiedad como ya se dijo, no es mala, ni es el peor enemigo, es algo que nace dentro de ti y trae un mensaje que mejora la vida y le da un giro de 180 grados. Si crees conocerte que sabías lo que era ser feliz, prepárate pues si logras aceptar la ansiedad vas a descubrir más en la plenitud.

Además de todo esto dicho, a continuación, vas a ver cómo trabajar la ansiedad con otras condiciones emotivas que llevan a la ansiedad.

Trabaja los pensamientos negativos

Todas las personas tienen o han tenido pensamientos negativos. Cuando se tiene ansiedad es peor todavía. Las personas piensan constantemente en cómo las cosas podrían salir mal, lo mal que están ahora o se sienten en incapacidad para salir adelante.

Los pensamientos te hacen lo que eres, te repites constantemente que no eres bueno para nada, o que todo está mal ahora mismo en ti, si piensas así, todo se hace realidad.

Los pensamientos negativos tienen impacto en la vida, si te repites diariamente que no eres feliz, que no tienes dinero, eso es lo que atraes, junto con todas las emociones que conlleva. Para que vivas pleno tienes que cambiar la perspectiva de las cosas, reprogramar la mente y cambiar los pensamientos.

Cambia la forma en la que piensas, para comenzar a trabajar la mente y cambiar los pensamientos, hacerlos positivos, tienes que ser consciente de los pensamientos que hay que cambiar, entender de dónde viene ese pensamiento y por qué creen en eso.

Cambia los pensamientos negativos, seguramente te has visto pensando lo siguiente:

- No puedo hacer eso.
- No tengo el valor suficiente
- Qué fracasado soy.
- Nunca tendré felicidad.
- Soy viejo.

Si es sí esto, entonces aceptaste los pensamientos negativos y ahora ya es hora de que los cambies.

Identifica y acepta ese pensamiento

Cuando estés pensando en una de las frases mencionadas antes o alguna que sea negativa, acepta que piensas en eso. Te tienes que dar cuenta de que los pensamientos que estás teniendo. Date cuenta de que los pensamientos que tienes son malos y siente orgullo por haberlos visto. Una vez que eres consciente de lo que piensas, sabes que puedes controlarlos y los puedes identificar cuando sea.

Cambia el lenguaje

Ahora que tienes la manera de identificar los pensamientos, deja atrás ese vocabulario con palabras de que no puedes, que no sabes, esos no, no, no. Quita el rastro de las palabras o las oraciones que te hagan pensar en negativo. Las palabras hacen que lo malo influye en la mente, por lo tanto, en cómo reacciones a algunas situaciones. Ve cambiando la manera en la que hablas, usa frases como Sí puedo, sí quiero, acepta esto porque no va a ser fácil, pero que con el tiempo vas a acostumbrarte de manera positiva.

Cambia el pensamiento

Lo más difícil no es que aceptes el pensamiento negativo, que comiences a cambiarlo, cuando no tienes la costumbre a pensar de alguna forma, hacer un cambio te puede costar mucho trabajo. Qué puedes hacer para cambiar el pensamiento, primeramente, te tienes que dar cuenta de la situación que nace del pensamiento. Te preguntas qué hizo para que sucediera de esta manera. Por ejemplo ¿Sientes depresión o tristeza? Te tienes que enfocar en la razón por la que te sientes así que es porque andan pensando en que no puedes hacer bien el trabajo o que no vales lo suficiente. Si el pensamiento era que no puedes hacer eso es complicado. Lo tienes que cambiar de inmediato, decir que sí lo puedes lograr, que tienes los conocimientos para lograr cualquier cosa, pero mientras lo haces tienes que cambiar los pensamientos y verás cómo la mente comienza a funcionar más positiva.

Lo más importante es que confíes en ti mismo, que te des cuenta de que puedes lograr las cosas que te propones. Muchas veces el peor enemigo eres tú. La única manera de cambiar la forma de pensar y ver las cosas.

Repite afirmación positivas

El solo hecho de repetirte todo el día frases como no puedo o soy un fracaso, son suficientes para tener impacto. Te tienes que decir cosas positivas, pero también lo tienes que hacer en el cuerpo. Comienza a repetirte mantras positivos a diario. Hazlo cuando te despiertes, antes de dormir, en el tráfico, en el baño, en todos lados. Algunas de las afirmaciones pueden ser:

- Puedo lograr todo lo que me propongo.
- Esto lo puedo lograr.
- Me acepto como soy.
- Confío en mí y en el poder que tengo.

Da gracias por lo que tienes

Cuando estés en momentos estresantes o ansiosos, cuando sientas tristeza o depresión, lo último que piensas es en agradecer lo que tienes. En ese momento lo único que puedes pensar e en lo infeliz que eres o lo feliz que podrías llegar a ser si tuvieras otras cosas mejores.

Para arrancar y cambiar os pensamientos te tienes que sentir agradecido por eso que posees.

Si tienes un techo para dormir, comida en la nevera, seres queridos, mascotas, un empleo, pareja, etc. Pues debes dar gracias.

Debes hacer una lista de todo lo que tienes para dar gracias, puede ser desde la casa donde vivas, hasta la ropa que te pones, el coche que usas, la cobija para taparte del frío. Debes mencionar todo lo que tienes en mente y enfocarte en lo que sí tienes, olvida que no, recuerda que la felicidad no llegará en la forma de un coche nuevo. La felicidad viene de dentro, de cómo ves la vida con una mente sana, positiva.

Halla la felicidad en el presente

Vivir en el ahora es difícil, pero necesario. Cuando enfocas la felicidad en lo que puede ser el futuro, o lo que está por venir, entonces no disfrutas el presente y siempre piensas en tiempo que podrían ser mejores. Si te enfocas en el pasado, entonces llegan otros pensamientos, la nostalgia, la tristeza.

Pensar en lo que fue diferente y lo que es tu presente, no te trae nada bueno, comienza a enfocarte en el aquí y en el ahora, te darás cuenta que con el paso del tiempo serás más feliz, y también tendrás pensamientos más sanos.

No se dice que será fácil cambiar los pensamientos de negativos a positivos, es más, va a ser difícil lo que tienes que recordar y que valdrá la pena para pensar y ver la vida.

Sustituye lucha por aceptación

Cuando aprendes a aceptar lo que hay, algo en nosotros se deja de resistir y de luchar contra la vida. Esta es una de las vías para irse del sufrimiento en el que a menudo nos enredamos.

Que no sea nuevo el hecho de que la aceptación es condición para que encuentres paz ante aquellas circunstancias de la vida que no podemos controlar, que en realidad son la mayoría de cosas.

Esto parece no ser casual, en estos tiempos se menciona a menudo la palabra aceptación, se publican muchos textos de esto, imágenes, videos con frases que recuerden la actitud vital.

Es como si necesitáramos recordarnos lo que otros hemos despistado por el camino y que en este proceso dejamos relegados con actitudes y valores que van con la vida. La duda que cabe en el desarrollo de la razón nos ha llevado a tener una gestión más efectiva. No podemos controlar todo. Muchas cosas en la vida son misterio, como tal se escapan de la razón y del control.

La capacidad de aceptar lo que no se puede evitar, es de los valores elementales en la cultura japonesa. En la tradición zen se ha permeado en la sociedad nipona dejando un rastro de sabiduría y claves para poder vivir. En estos tiempos nos llegan ecos de sabidurías milenarias.

Las sociedades donde se percibe el fracaso, como lo que no se ha dado como lo planeábamos. No es malo que recordemos que hay muchas cosas más grandes que ese ego pequeño que tenemos. No es mal camino, tampoco el de aprender a aflojar un poco el control sobre los asuntos de la vida, abrirnos a la vez a la confianza. Al final conocemos que el río de la vida termina trazando el cauce que corresponde.

Es sencillo que se confunda aceptación con resignación, cuando la verdad nada tiene que ver una cosa con la otra. La aceptación nos recuerda que se puede aprender a fluir con la vida, a reconocer lo que hay en el ahora. No reconocerlo nos lleva de cabeza a sufrir, porque tras la resistencia a reconocer lo que es, late una exigencia de que las cosas sean diferentes a como son.

Aceptar no es que te vayas de cabeza a resignarse, tampoco es que renuncies a cambiar las cosas, nos podemos acoger a la vida tal como se presenta, a la vez que se emprende la acción que se considere necesaria.

La aceptación nos dice que podemos desaprender la conocida ruta neuronal de que se huya o se luche. Se puede aprender a permanecer en la vida, en vez de tratar de evadirnos, de frustrarnos porque las cosas no son como se deseaban que fueran.

Normalmente, la aceptación en este punto no es que suceda algo de golpe, es más un proceso que va gradualmente. La aceptación es que se afloje y abra a lo que tenemos, es abandonar la lucha, dejar de luchas con las cosas tal como son. Descubrir en nosotros una energía para sanar y transformar lo que se ha hecho consciente.

Desde la aceptación se abren caminos de comprensión profunda, cuando nos entrenamos en aceptar, estamos dando el sí a una vida que no está anclada en el miedo, el resentimiento o la ira.

Enfrenta los miedos

Aprende a enfrentar los miedos, los tienes que ver a la cara para que dejen de molestarte, esto es algo real, pero es solo en teoría. Te quiero contar cómo llevarlos a la práctica.

Todos tenemos algún miedo que evitamos, así como hay facetas en la vida, el que tiene temor de algo, lo que hace es centrarse en las otras, en las que no se siente el temor, así evade el problema y puede que todo esté bien. enfrenta los miedos, es la única forma de eliminar los miedos y dar la cara. Debes verlo a los ojos, es más, lo que te exigen en psicoterapia es esto. El miedo paulatinamente va desapareciendo. Es un hecho comprobado científicamente. El miedo es una emoción desagradable que se puede exacerbar por algunos pensamientos. Por eso, si eres capaz de dominar los pensamientos vas a quebrar los miedos. Un ejemplo, imaginemos que nos centramos en el miedo a hablar en público, tienes miedo a exponer lo que piensas, que lo harás mal, que no se sirve para eso, que se hará el ridículo y notarán el miedo que se siente.

Sin embargo, ¿los pensamientos se basan en la realidad? ¿Qué beneficios aportan? ¿Cuál es la utilidad? ¿Sirve para enfrentar lo que pasas, pensando de esta manera?

Enfrenta los miedos, una persona que ha pasado muchos años padeciendo pensamientos negativos no puede, de la noche a la mañana, el sustituirlos por otros más acordes a la realidad. Sin embargo, lo que sí se puede hacer para comenzar a mejorar, es que se equilibren los pensamientos.

Se tienen que poner los pensamientos positivos en el otro lado de la balanza. De este modo cambiar el No puedo, por cosas más equilibradas y frases positivas como Soy capaz.

Se necesita más práctica para hacerlo como se quiere, confiando en sí mismo pase lo que pase, es un buen momento para poner a prueba los límites. Antes de enfrentar a alguna situación que da miedo, es importante que se prepare la mente con frases relajantes, que den motivos y, sobre todo, hagan que se crea en sí mismo. Cuando se vaya de camino a esto que se temes, hay que modificarse y apoyarse en sí mismo. Puedes repetir los pensamientos positivos como si fueran un mantra.

La visualización es un ejercicio que puede ir bien, la idea es que imagines la situación temida, actuando como se desea. Exagera en positivo las cosas, que todo salga bien e incluso haya diversión.

Crea en la mente una imagen donde seas protagonista y las cosas salgan como quieras. Así la mente tendrá almacenada la experiencia como positiva. Por lo tanto, cuando enfrentes eso, sentirá que no es nuevo, que la experiencia se ha vivido y salió bien.

El mayor miedo es que se tenga miedo por algo desconocido. Algo lleno de incertidumbre y que no se puede controlar. En el momento en el que la imaginación sitúa un suceso como se ha vivido, con la conclusión de que todo sale bien, el miedo se reduce.

¿Qué es lo peor que podría pasar?

No olvides esta pregunta, si la respuesta es nada importante, lo puedes hacer sin problemas. Por ejemplo, si te gusta una persona y te atreves a decirlo, se trata de un miedo fácil de superar porque, aunque salga mal, te quedas tal como estas, no se perderá nada.

Todo el que consigue algo es porque se ha atrevido a tomar la iniciativa para lograrlo. Claro que puedes fallar en el intento, pero eso no resta que puedas hallas lo que quieres en muchas ocasiones. Si te abstienes, te inhibes, te cierras las puertas a ganar.

Otro miedo común es el de hablar en público, no tienes nada que perder, no tienes que hacer drama si te pones nervioso y la voz se quiebra un poco, si te sonrojas si no sabes explicar, no pasa nada, lo intentas hasta que lo logres.

Si crees que las situaciones se salen de las manos, puedes irte por el camino del nerviosismo. En estos casos tienes que decirte cuál es la razón por la que sientes nervios, dite a ti mismo que quieres hacer lo mejor posible.

Si dices esto, vas a notar cómo de inmediato te relajas mucho. Es así porque has expuesto la debilidad, por lo tanto, no tienes por qué esconderla. El mayor grado de nerviosismo se da al tratar de esconder los síntomas.

No importa lo que pase, sigues siendo la misma persona valiosa de siempre. Eres tú mismo el que hace drama de las situaciones, entre más practiques, antes vas a reducir el miedo, pero para ello es necesario que haya valentía y humildad, para que te expongas y aceptes que, aunque no te salga como quieres, a base de seguir practicando, vas a ir mejorando, pero tienes que saber que lo perfecto es enemigo de lo bueno. Enfrenta los miedos. No hay excusas para ello.

Ansiedad fisiológica

A nivel fisiológico, la ansiedad se manifiesta por medio de la activación de distintos sistemas, principalmente el sistema nervioso autónomo y el sistema nervioso motor, aunque también se activan otros, como el sistema nervioso central, el sistema endocrino y el sistema inmunológico.

Estos cambios o alteraciones solo perciben algunos de los cuales tienen etiologías como aumento en la frecuencia cardiaca, respiración agitada, sudoración constante, tensión muscular, temblores musculares, sequedad, problemas para tragar, sensaciones gástricas. A la vez estos cambios acarrean desordenes psicofisiológicos transitorios, dolores de cabeza, problemas para dormir, disfunción eréctil, contracturas musculares, llanto, tensión en la expresión facial, quedarse bloqueado, todo lo que hace que se puedan tener respuestas a la realidad.

Ansiedad patológica

Para poder decidir cuando la ansiedad es sana o patológica, se puede acudir a esto, es sana si sirve para poder solucionar el problema o para evitarlo de manera eficaz y permanente.

Es patológica cuando:

- No soluciona el problema y se hace crónico.
- No se acepta.
- Aparece una situación donde no es adecuado, como amigos, trabajo o pareja.
- Otros cuadros donde hay intensidad.

El problema se dará cuando las emociones no ocurren en situaciones en las que ni la lucha ni la huida son los comportamientos correctos. La falta de aceptación se convierte en un obstáculo para el comportamiento. Estamos dando respuestas de activación incorrectas. El pensamiento se acelera con los músculos tensos, la respiración agitada, la emoción negativa, pero no hay que huir a ella.

Hay que bajar la tensión muscular, regularizar la respiración, apagar el pensamiento y sentir una sensación positiva. Esto no es sencillo, porque para luchar por luchar se tendría que aumentar la tensión muscular, activar el pensamiento y acelerar la respiración.

El ejemplo más claro de cómo se entra en do segundos en el ataque de pánico, aparecen las palpitaciones, los dolores y todos los síntomas antes descritos.

Cuándo acudir al profesional

Cuando no nos podemos adaptar a las situación o presiones que tenemos en el día a día, el estrés se prolonga en el tiempo y comienzan a darse distintos signos físicos y emocionales que nos alertan del alcance del estrés en la salud y el estado de ánimo. Hay que reconocer los síntomas y no asumir que son parte del día a día.

Se te hace difícil respirar

Puedes experimentar una respiración agitada, entrecortada, especialmente cuando te expones a situaciones de estrés. Es importante que reconozcas cuándo cambia la frecuencia de respiración y ver qué lo detona.

Respirar es un acto mecánico del organismo, pero tiene influencia en el estilo de vida, así como una buena respiración tiene efectos en el estado emocional y del cuerpo, por ejemplo, tiene un efecto calmante y ayuda a controlar la ansiedad.

Problemas para dormir

Puede que andes en extremos aquí: te cuesta dormirte o mantenerte dormido; o puedes dormir más horas de las necesarias. La alteración del sueño es algo evidente en el estrés y la ansiedad y es porque el sistema nervioso está alterado.

Presión arterial elevada

El estrés frecuente es un elemento de riesgo para que la presión sanguínea se eleve. Al estar ante situaciones de estrés, el organismo libera sustancias que causan una serie de cambios en el sistema, lo que lleva a un aumento en la frecuencia cardiaca y de la presión arterial.

No se puede olvidar que la hipertensión desencadena situaciones como un ACV, ataques cardiacos o enfermedades renales.

Dolor de cabeza y cuello

Puede que un dolor de cabeza sea recurrente o que la intensidad o duración sea elevada, incluso si se padece migraña y esta empeora con el estrés. Otra de las situaciones es que los músculos se pongan tensos y sientas el cuello o la mandíbula rígidos.

Los problemas digestivos

Por lo general aparecen como una serie de molestias en el sistema digestivo como dolor de estómago, espasmos e incluso gastritis.

Fatiga

Es un cansancio crónico que no se va así descanses muchas horas. Es un tipo de cansancio que desgasta el cuerpo, sientes que no rindes cuando haces las actividades del día a día

La memoria y la concentración es más difícil

Sientes que no puedes concentrarte para atender los asuntos de trabajo, estudio o casa, así como que se hace difícil recordar datos o eventos. Otras situaciones tienen que ver con hacer actos fallidos o sentir que no ves una solución para los problemas.

Ansiedad e irritabilidad

La ansiedad e irritabilidad son cambios emociones característicos que se afrontan ante estrés crónico. La ansiedad ayuda a estar alertas para dar respuesta a las demandas del medio, ante la ansiedad esta n ose va y nos desorientamos para afrontar tareas del día a día.

Por otro lado, el estado de ánimo afecta y puede que se responda con mal carácter a distintos aspectos, especialmente a los que tienen que ver con los otros.

Aumentas el consumo de tabaco o alcohol

El dar respuesta, sea esta intensa, frecuente o duradera a las situaciones estresantes te puede arrastrar a conductas malas para la salud, como fumar o beber más frecuentemente. De este modo eso se constituye en una conducta riesgosa que sumado al estrés se relaciona con la hipertensión arterial.

El peso varía

Puedes notar que en corto tiempo bajas o subes de peso.

La ansiedad te puede llevar a hacer cambios en la dieta y preferir alimentos que sean ricos en grasas nocivas, sal y azúcar, que son comunes en la comida procesada y chatarra.

El consumo frecuente se expone al sobrepeso y por lo tanto al riesgo de desarrollar enfermedades como la diabetes o la hipertensión. El estar atento a los hábitos alimenticios te alertan de que la preferencia por los productos sirve para montar la lucha por manejar la ansiedad.

¿QUÉ HACER ANTE UN ATAQUE DE PÁNICO?

*L*os ataques de pánico son oleadas repentinas e intensas que llenan de miedo, ansiedad o pánico. Llenan de bruma y son síntomas que pueden ser tanto emocionales o físicas.

Muchas personas que tienen ataques de pánico, pueden presentar problemas para respirar, sudan mucho, tiemblan y sienten el latido de los corazones.

Hay personas que llegan a sentir dolores de pecho, desapego a la realidad o de sí misma durante ataques de pánico, lo que hace se piense que tienen un ataque al corazón. Otros dicen que sienten como si hubieran sufrido un ACV.

Los ataques de pánico dan miedo y puede que te golpeen rápidamente. En este capítulo te hablaré de cómo tratar estas afecciones y qué hacer cuando se avecina.

Usa la respiración consciente

Ya hablamos de la hiperventilación como síntoma de ataque de pánico que aumenta el miedo, respirar mucho puede reducir los síntomas de pánico en un ataque. Si controlas la respiración, es menos probable que sientas hiperventilación porque esto puede empeorar otros síntomas incluso el ataque de pánico.

Te tienes que concentrar en inhalar y exhalar por la boca, siente cómo el aire llena el pecho y abdomen, luego expulsa, inhala, cuenta hasta cuatro, mantén el aire un segundo, exhala y cuenta hasta cuatro.

Conoce estas técnicas de respiración consciente para que las apliques en situaciones de ansiedad:

Para centrar la mente y eliminar tensiones

Este es un ejercicio propuesto por Michael Sky es ideal para que comiences las operaciones, logra que la atención se centre en cómo se maneja el oxígeno en el cuerpo:

- Respira suavemente todo lo que te sea posible y con tranquilidad.
- Debes hacer inspiraciones largas, poco profundas por la nariz, para dentro, y fuera mientras visualizas a los pulmones debajo, en una bandeja con cenizas. Solo puedes respirar con cuidado, para que no levantes la más mínima corriente de aire ni que produzcas vibraciones sonoras que pueda esparcir esas cenizas.
- Deja que el cuerpo se relaje, imagina que la tensión más leve puede esparcir las cenizas.
- Hazlo hasta que la mente se vaya tranquilizando y se acallen los pensamientos, imagina que la más mínima agitación mental puede diseminar las cenizas.
- Sigue con las respiraciones largas, lentas, que no den agitación, que den paz, mientras los ojos se cierran suavemente.

Respiración para la memoria

Este es un ejercicio para que trabajes cuando olvides algo. Va a venir a la mente como por arte de magia:

- Te llenas de aire y lo retienes.
- Dejas el vientre relajado y que se infle.
- Los hombros pierden tensión y se aflojan.
- Mantienes el aire todo el tiempo posible.
- Lo sueltas lentamente y repites tres veces.
- Si en un momento es difícil, lo sueltas y arrancas de nuevo.

Para relajarse

Comienza así:

- Respira por la nariz y expulsa por la boca.
- Cuando termines la exhalación, haces una pausa y esperas con paciencia hasta que el cuerpo comience la inhalación.
- Cada respiración por medio de la nariz tiene que ser lenta y suave.
- Llega al punto máximo de inhalación, libera el aire por la boca abierta.
- Luego, sin que se cierre la boca y la mandíbula relajada, haz pausas y espera conscientemente hasta que el cuerpo necesite respirar de nuevo.
- Después de unas respiraciones, permite que el tiempo entre las respiraciones sea un espacio para relajarse, para el organismo.
- Respira para una zona concreta del cuerpo, para que te relajes especialmente.
- Respira varias veces.

La clave para esto es entre dos respiraciones es que te mantengas consciente y centrado, si la mente se distrae, se vuelve fácilmente al patrón contraído.

Para controlar el estrés

Este es propuesto por el doctor Andrew Weil, tienes que hacerlo dos veces al día:

- Coloca la punta de la lengua en el paladar, tras los dientes incisivos superiores.
- Inhala por la nariz por cuatro segundos, aguanta la respiración siete segundos.
- Exhala por la boca frunciendo los labios y haciendo ruido como de soplar por ocho segundos.
- Haz cuatro respiraciones

Para oxigenar las células

Es un ejercicio que propone Win Hof para limpiar el cuerpo de dióxido de carbono acumulado para oxigenarlo, especialmente el sistema nervioso. El único inconveniente cuando el organismo no se acostumbra a tanta cantidad de oxígeno es la posible hiperventilación. Si esto se da, basta con volver a respirar normalmente.

Este ejercicio lo puedes hacer al levantarte con el estómago vacío:

- Te sientas cómodo con la espalda recta.
- Inhalas por la nariz, espiras por la boca en ráfagas cortas pero poderosas, como si se inflara un globo.
- Repite 30 veces con los ojos cerrados. Hazlo con cuidado porque podrías sentir un poco de mareo.
- Luego inhala y llena los pulmones sin forzar.
- Deja salir el aire y aguanta lo que puedas sin que te sientas incómodo.
- Luego toma todo el aire de nuevo, siente la expansión del pecho, aguanta la respiración por 10 segundos.
- Con esto termina el ciclo entero por tres veces, comenzando por la tanda de 30 en la que inflas el globo y terminas con la inspiración con retención de 10 segundos.
- Luego para cerrar respiras tranquilamente y en silencio.

Reconoce que estás en un ataque de pánico

Reconoce que pasa que sufres un ataque de pánico, que lo padeces, en vez de un ataque cardiaco, puedes recordar que esto es temporal, que pasará y que estás bien.

Deja el miedo de que mueres o de que se avecina una muerte, ambos son síntomas de ataques de pánico. Esto puede permitir concentrarte en otras técnicas para reducir los síntomas.

Cierra los ojos

Hay algunos ataques de pánico que vienen de factores que se desencadenan y abruman. Si estás en un entorno acelerado con muchos estímulos, esto puede hacer que sufras uno.

Para poder reducir los estímulos tienes que cerrar los ojos mientras tienes el ataque, esto puede bloquear cualquier estímulo adicional y hacer que sea más fácil centrarse en la respiración.

El mindfulness es efectivo

La conciencia plena te puede ayudar a conectar con la realidad que tienes alrededor. Ya que los ataques de pánico pueden causar un sentimiento de desapego o separación de la realidad. El mindfulness sirve para que enfrentes el pánico mientras se acerca o cuando sucede.

Te tienes que concentrar en las sensaciones físicas con las que tienes relación, como el hundir los pies en el suelo o sentir la textura de los jeans en las manos. Las sensaciones específicas te ubican en la realidad y te dan un objetivo en el cual te concentras.

Con todo lo dicho anteriormente y a grandes rasgos, muchos de los tratamientos en los ataques de pánico se dan en exponernos a la sensación y en aprender a hacer frente sin escapar. Por eso es que el mindfulness es una herramienta clave.

Mindfulness es atención plena, es estar aquí y ahora, ayudarnos a practicar la capacidad, ver la experiencia interna, las emociones, los pensamientos, sin juzgar y sin dejar que atrapen mucho la atención. Además, tiene el objetivo de tomar el control de la vida y hacernos todo desagradable con las que nos ataca mentalmente.

Te dejo unas técnicas efectivas para que venzas los ataques de pánico con esa milenaria forma de meditación:

Respiración con conciencia plena

Te tienes que concentrar en la respiración, puede parecer sencillo, pero cuando se está en tensión es una tarea que exige mucho. Respirar es como lanzar el ancla cuando estamos en una tormenta en altamar. Ayuda a no naufragar a pesar de las olas, en los ataques de pánico sirve para que la emoción desatada vuelva al cauce.

Te sirve para concentrarte en la respiración, usa estos trucos:

- Cuenta respiraciones.
- Siente la temperatura del aire cuando entra y sale.
- Siente las cosquillas en la nariz y la garganta cuando el aire se mueve.
- Visualiza el aire de un color, el que quieras, imagina cómo llena el cuerpo.

Ponle forma a la sensación

Para perder el miedo es importante que veas a la cara este ataque de pánico y que lo dejes estar. Es algo que puede ser útil para lograr responder a las preguntas:

- En qué parte tienes la sensación.
- Si la sensación tiene una forma cuál sería.
- Si puedes ponerle color, cuál sería.
- Es una sensación que se mueve o que está quieta.
- Cuál es la temperatura.

Cuando contestas estas preguntas y las visualizas, solo observas, ves la forma, el color, el movimiento, lo dejas estas mientras respiras. Así vas aprendiendo a perder el miedo, consigues no ser esclavo de las sensaciones, dejas de huir de ellas para aceptarlas y pasar.

Imagina que los pensamientos son como nubes que pasan

Normalmente cuando se tiene respuesta a la ansiedad activa, hay un montón de pensamientos que amenazan, como el que me pasará algo, que se sentirá vergüenza, que tengo ansiedad, no podré con esto, es mucho para mí.

No podemos identificar los pensamientos y le damos un valor de realidad que no posee. Identificamos los pensamientos y le llenamos de realidad que no tenemos. La mente es conservadora y nos avisa de amenazas que no son en realidad. Las técnicas de mindfulness nos enseñan a visualizar los pensamientos fuera de nosotros y tratarlos como tal. Imagina esos pensamientos que te dan miedo y escritos en nubes ante ti, pero ellas avanzan en el cielo y se hacen más y más lejanas.

Estás aquí y las nubes allá, separadas, no son lo mismo, eres el que observa, no eres los pensamientos. Tienes que practicar esto a diario, cuando tengas tranquilidad, hará más fácil poder ponerlo en marcha en los momentos de ansiedad. Así permites no tomar en serio los pensamientos y encontrar la dirección a pesar de que estén en la mente.

Estas técnicas se pueden hacer por tu cuenta por si crees que necesitas ayuda o saber cómo explicarlo en un caso concreto, puede ser bueno que contactes a un experto en este tipo de terapias.

Concéntrate en un objeto

Enmarcado en el mindfulness puedes concentrarte en ver un objeto mientras respiras lentamente. Cuando estés en un ataque de pánico, observa el objeto y detalla cada cosa de este. Puede que notes que la manecilla del reloj se sacude cuando hace tic tac, y que tiene una inclinación a la derecha, descríbete a ti mismo los patrones, las formas, los tonos, el tamaño. Toda la energía centrada en esto para que puedas reducir los síntomas de pánico.

Utiliza técnicas de relajación muscular

Las técnicas de relajación son efectivas para que controles un ataque de pánico. No se trata solamente de tranquilidad o de disfrutar. Es un proceso que sirve para que calmes la mente y cuerpo. Ellas te pueden ayudar a lidiar con las tensiones del día a día.

Sea que tengas un ataque de pánico fuera de control o que lo tengas controlado, pero quieres saber más técnicas para relajarse. Pues con estas técnicas puedes sentir alivio donde sea.

El que practiques estas técnicas permite que:

- Reduzcas la frecuencia cardiaca.
- La presión arterial se reduzca.
- La frecuencia respiratoria se hace profunda.
- Mejora la digestión.
- Los niveles de azúcar son normales.
- La actividad de las hormonas del estrés es diferente
- Se reduce la tensión y dolor crónico.
- Mejora la calidad del sueño.
- Se reduce la fatiga.
- La ira y la frustración se calma
- La confianza aumenta.

Vamos a hacer un ejercicio:

Comienza tensionando y relajando distintos músculos, sostienes cada uno por unos 15 segundos, tanto la tensión como la relajación. Aquí te centrarás en cuatro grupos musculares, piernas, brazos, tronco y cabeza.

Comencemos por el rostro:

- Frunce el ceño fuertemente y después lo relajas lentamente.
- Cierra los ojos, aprieta y nota la tensión en los parpados, luego aflojas.

- La mandíbula y los labios los aprietas, las muelas las relajas, dejas la boca entreabierta, separas los dientes y dejas la lengua floja.

El cuello y los hombros:

- Con el cuello bajas la cabeza para el pecho, notas la tensión en la parte posterior, relajas volviendo la cabeza a la posición inicial, la alineas a la columna.
- Los hombros los inclinas ligeramente para adelante, llevando los codos para atrás, notas la tensión en la espalda, destensas retornando la espalda a la posición original y reposas los brazos en las piernas.
- Los brazos y las manos los tienes en reposo en las piernas, aprietas los puños y notas la tensión en los brazos, antebrazos y manos. Para destensar reposas los dedos en las piernas.

En el abdomen:

Tensas los músculos abdominales, metes la barriga y luego relajas.

Para las piernas:

Estiras la pierna y levantas el pie, lo llevas para arriba y los dedos para atrás, notas la tensión en la pierna, muslo, trasero, rodilla, pie y pantorrilla. Relajas lento, vuelves los dedos para adelante y bajas a pierna hasta reposar la planta del pie en el suelo. Haces lo mismo con la otra pierna.

Ahora vas a hacer esto con la mente, tienes que repasar mentalmente todos los grupos musculares y comprobar si están relajados y si es posible relajarlos más.

Te vas a centrar en la consciencia en el estado de calma, puede ser de ayuda que visualices una escena agradable que abarque distintas sensaciones, un buen ejemplo es que visualices tumbado en una playa, que evoques los colores, el sonido de las olas, tacto de la arena, olor al mar, calor, brisa…

Es ideal que hagas esto para que sientas cómo se te va calmando todo alrededor.

Piensa en un sitio hermoso

Imagina ese sitio hermoso donde quisieras estar, el lugar más relajante del mundo. puede ser una playa soleada frente al mar, con olas suaves, tranquilas o una cabaña en las montañas.

Imagina esto y trata de concentrarte en todos los detalles, imagina que metes el pie en la arena suave o que sientes la frescura del bosque o los detalles que sean con el lugar donde estés.

Tiene que ser un lugar tranquilo, relajante, calmado. Que no tenga calles concurridas como las de New York o Hong Kong, debe ser algo muy tranquilo, no tan movido como estas ciudades.

Haz ejercicios suaves

Hacer ejercicio regularmente alivia los cuadros de pánico, lo hace porque:

- Libera endorfinas que generan bienestar, sustancias químicas naturales del cerebro que tienen efecto similares a la marihuana y otras sustancias del cerebro que incrementan la sensación de bienestar.
- La mente se libera de preocupaciones para que puedas salir del ciclo de pensamientos negativos que alimentan la ansiedad.

Además, el hacer ejercicio en forma regular, brinda muchos beneficios psicológicos y emocionales, y te puede ayudar en:

- Que ganes confianza, cumplas metas o desafíos de ejercicio, incluso modestos, puede estimular la confianza en uno mismo. Te pone en forma también y puede hacerte sentir mejor en cuanto al aspecto físico.
- Aumenta la interacción social, el ejercicio y la actividad física que te pueden dar la posibilidad de conocer a otros y socializar. El solo intercambiar una sonrisa amable o saludar a las personas mejora el estado de ánimo.
- Sirve para que sobrelleves los problemas saludablemente, el que hagas cosas positivas para que controles la ansiedad, si intentas sentirte mejor bebiendo alcohol, te vas a obsesionar con cómo te sientes o esperas a que la depresión o la ansiedad se vayan. Los síntomas pueden ser peores.

La única opción es un programa de ejercicio estructurado. Hay investigaciones que demuestran que la actividad física como caminar, no solo los programas de ejercicio formales, pueden ayudar a mejorar el ánimo. Hacer actividad física y ejercicio no son lo mismo, pero ambos te ayudan con los cuadros de pánico.

La actividad física en cualquier actividad, sirve para que trabajes los músculos y exige energía, como el trabajo, las tareas del hogar o las actividades recreativas.

El ejercicio es un movimiento corporal planificado, estructurado, repetitivo que sirve para mejorar el estado físico.

Seguramente cuando escuchas la palabra ejercicio piensas en ir al gimnasio, pero el ejercicio tiene muchas actividades incluidas que sirven para que te sientas mejor.

Actividades como correr, hacer pesas, jugar básquet, y otros ejercicios hacen que el corazón bombee más y puede ser algo útil. Pero también que hagas tareas de jardinería, lavar el auto, dar una vuelta a la manzana, hacer actividades menos intensas. Todo esto que levante de la silla y haga que te muevas para mejorar el estado de ánimo.

No es necesario que hagas todo esto a la vez, piensa en el ejercicio de otro modo y busca maneras de agregar cantidades pequeñas de actividades en el día. Por ejemplo, usa escaleras en vez de ascensor, estaciona un poco más lejos del trabajo para que camines, si vives cerca del trabajo, puedes ir en bici.

Cuánto es suficiente en estos casos, pues que por lo menos hagas media hora al día entre tres y cinco veces a la semana, ayuda a que mejores los síntomas de depresión o de ansiedad. Sin embargo, las sesiones breves de actividad física, entre diez y quince minutos cada una, ya marcan una diferencia, si haces actividades intensas como correr o ir en bicicleta.

Los beneficios de hacer deporte perdurarán solo si os mantienes a largo plazo, este es otro de los motivos por el cual debes buscar tareas que disfrutes.

Ten a la mano lavanda

La lavanda es famosa por calmar y aliviar el estrés, entonces puede ayudar a que el cuerpo se relaje. Si sabes que eres propenso a los ataques de pánico, ten a mano aceite esencial de lavanda para que atiendas los ataques de pánico. Te puedes poner un poco en os antebrazos e inhala el olor.

Puedes intentar tomar té de lavanda o manzanilla, porque ambos relajan y calman.

La lavanda no la combines con benzodiacepinas porque te puede causar somnolencia intensa y puede ser peligroso

Repite un mantra dentro de tu mente

Debes repetir un mantra internamente que puede ser relajante y tranquilizador, puede brindarte algo a lo cual aferrarte durante un ataque de pánico. Di que esto también va a pasar, o puedes tener un mantra personal y solo tuyo. Repítelo en bucle mental hasta que sientas que el ataque de pánico comience a disminuir.

Toma benzodiacepinas

Los medicamentos que tienen benzodiacepinas pueden ayudarte a tatar los ataques de pánico si tomas uno apenas sientas que se acerca un cuadro de pánico.

Si bien suele dar preferencia a otros enfoques en el tratamiento, el campo de la psiquiatría ha reconocido que hay un puñado de personas que no responden totalmente los otros enfoques enumerados anteriormente y como tal, depende de los enfoques farmacológicos de terapia.

En este abordaje se incluyen benzodiacepinas, alguna de las cuales tienen aprobación de la FDA para el tratamiento de la afección, como el Alprazolam.

Dado que las benzodiacepinas son un medicamento recetado, seguramente necesitas diagnóstico de trastorno de pánico para que tengas el medicamento a la mano.

Aunque cuidado, este medicamento puede ser adictivo y el cuerpo se puede adaptar a este con el tiempo y te lo pedirá para calmarse, si no, estará peor. Te harás adicto.

¿Cómo ayudar a alguien en una crisis de pánico?

Si ves que una persona está pasando con una presunta crisis de pánico, lo primero que debes hacer es mantener la calma. Tienes que entender que la persona que lo está sufriendo siente un miedo inmenso, por lo que es importante que le transmitas tranquilidad y le hagas entender que no está solo en esto.

Es recomendable que sigas estos pasos:

- Respiración: cuando la persona sufre una crisis tiende a respirar más profundo o rápido de los normal, esto hace que se sienta una hiperventilación que aumenta la sensación de pánico. En estos casos se le tiene que pedir que se concentre en hacer que la respiración sea menos superficial, y que se concentre en ella para que la haga más consciente.
- Le debes preguntar sobre lo que pasa: es clave que sepas si la persona que lo sufre ha tenido antes un estado similar, debido a que los síntomas coinciden con los de otras enfermedades, como del corazón o metabólicas que son las más frecuentes. Si la persona te indica que es la primera vez que se siente así, evalúa acudir a un servicio de urgencia para que un especialista descarte otros problemas de salud.
- Ve a un lugar seguro, ante cuadros ansiosos lo mejor es que busques lugares que no tengan ruidos estridentes, con mucho público y te quedes allí hasta que pase la crisis. No uses frases como que no pasa nada, o tranquilízate, porque la persona en este estado se encuentra vulnerable y presionarla para que se calme puede ser negativo.
- No seas invasivo, si bien es importante que la persona se sienta acompañada, no busques sostenerla o abrazarla. Tienes que evitar movimientos bruscos o repentinos, porque puede llevar a reacciones adversas. Pregunta a la persona si la puedes tocar o tomar del brazo para alentarla.
- Cambia el foco, en algunos casos una alternativa es que dirijas la atención de la persona a algún elemento que esté alrededor, que le ayude a concentrarse en otra cosa y no en los síntomas, ni el miedo que pueda sentir.
- Deja la frustración, los que sufren de estos episodios pocas veces alcanzan a ver claramente qué es lo que sienten o qué es lo que pasa, la sensación de miedo es tan repentina e irracional que el que la experimenta se sorprende tanto como tú.
- Pregunta si se tomó los medicamentos, en caso de que lo haga,

hay pacientes que tienen tratamientos psiquiátricos, estos cuadros pueden aparecer cuando olvidan los medicamentos, por eso es clave que preguntes su la persona afectada ha vivido esto antes, si toma medicamentos si tiene algún remedio que tenga que tomar.

- No obligues a que coma, muchas veces la sensación de nauseas hace que no se quiera ver ni un bocado. Puedes darle un poco de agua, un sorbo pequeño, o pregunta cómo le puedes ayudar a calmar la crisis.

LOS MIEDOS Y FOBIAS QUE LLEVAN A LA ANSIEDAD Y LOS ATAQUES DE PÁNICO

Cuando se sufre de ataques de pánico, estos pueden detonar por varias partes, tenemos que identificar cuál y ver cómo podemos trabajar cada una de ellas.

En este capítulo se abordarán los distintos miedos y fobias y ver cómo se pueden aliviar y hasta sanar definitivamente.

El miedo al coche

Tener ansiedad a conducir puede afectar a uno de cada cuatro conductores, se puede ver más en mujeres que en hombres. Según un estudio hecho por la Fundación CEA lo padecen un 55% de mujeres y un 45% de los hombres.

Puede ser normal sentir nervios al ponerse tras el volante, tanto al inicio como cuando se está entrenando. Sin embargo, cuando el miedo es intenso, irracional y persistente, llegando incluso a causa pánico, estamos hablando de algo que se llama amaxofobia.

Esta se produce cuando los niveles de ansiedad que detonan por diversas razones personales y externas, hacen que, como conductor de un coche, se sienta que se supera la respuesta normal y nos bloquea-mos, teniendo incapacidad para iniciar o mantener la conducción.

El miedo es una de las emociones básicas que nos ayuda a detectar y afrontar situaciones luego de haberlas reconocido como peligrosas. Nos lleva a actuar, huir o luchar porque son peligros inminentes, reales o imaginarios. En cambio, con la amaxofobia se tiene un miedo intenso, irracional y persistente que sufren algunas personas cuando conducen o piensan en hacerlo y normalmente no guardan proporción con el peligro detectado.

La persona que sufre miedo al conducir, sobrestima el peligro y subes-tima sus capacidades para hacerle frente. La fobia lo limita, condiciona y anula, porque provoca una sensación de pánico y descontrol intensa, más intensa que el objetivo como tal.

Síntomas

En los síntomas que pueden sufrir las personas que tienen miedo a conducir, pueden mostrarse los mareos, las taquicardias, las ganas de llorar, gritar, el agarrotamiento muscular, la ansiedad, el pánico y la depresión.

Están los:

- Síntomas cognitivos: que es preocupación, inseguridad, temor, aprensión, anticipación a un posible peligro, pensamientos negativos, problemas para concentrarse y tomar decisiones.
- Síntomas observables, como nervios, movimientos torpes, desorganizados y evitar conducir.
- Síntomas fisiológicos, como pulso acelerado, sensación de ahogo, sofocos, molestias estomacales, opresión en el pecho, tensión muscular, cansancio, sudoración, mareos.

Las causas de esto son variadas, todo depende del tipo de conductor:

- Los que no tienen aprendizaje suficiente en una autoescuela, no solo es que se pase el examen, el alumno tiene que haber ensayado gran variedad de situaciones, tiene que ser un conductor seguro que sepa afrontar las circunstancias que se encuentre, puede que no tenga experiencia al volante, pero que tenga carné. Eso genera ansiedad, el no saber mucho.
- Que son inseguros, con poca autoestima, una persona así se infravalora en comparación con los otros o es más sensible a críticas de personas cercanas. A veces es el propio miedo a conducir el que merma la autoestima de un conductor que siente que no puede hacer frente al miedo.
- Cuando es una personalidad perfeccionista hay personas que quieren conducir tan perfecto y correcto que no se dan permiso para un error.
- Personas que por la edad sienten que merman las facultades psicofísicas para conducir, sea por la edad o el consumo de sustancias como alcohol, medicamentos o drogas.
- Que tienen propensión a padecer ansiedad o estrés, esto puede afectar a personas cuando suben al auto, tienen niveles de estrés arriba de lo normal en el día a día y hace que sufran ataques de pánico cuando conducen.
- Pensamientos negativos sobre la circulación, los demás conductores o sobre sí mismos, cuando creen que no sabrán reaccionar.
- Que han sufrido accidentes de tráfico, presencian o conocen de cerca el accidente y puede llevar a sufrir amaxofobia, aunque no es vinculante, dependiendo de las consecuencias del siniestro y la interpretación que haga la persona, logrará volver a conducir normalmente.

Hay más causas a esta lista, como el de circular por puntos negros, ciudades con itinerarios que no se conocen, quedarse aislado en escenarios determinados, como el de accidentarse sin tener ayuda de nadie.

El miedo a estar embarazada y de que la madre o padre futuro sufran un accidente y mueran y a ver cuál será la suerte de ese pequeño.

Esto es algo que lo sufren más las mujeres, se tiene a manifestar en un 65 por ciento en mujeres entre los 40 y 59 años. los hombres lo padecen más tarde, casi la mitad cuando tienen más de sesenta años. la razón de esto puede ser que el hombre tiene más reparo en reconocer estos peligros.

El porcentaje de personas que han dejado de conducir representa un 21% según encuesta de la Fundación CEA, pero la diferencia a nivel de género es amplia, las personas que han dejado de hacerlo son mujeres, un 18%.

El hecho de que no se sea capaz de conducir por miedo es algo que condiciona, pero tiene maneras de tratarlo, ve a continuación cómo enfrentar el miedo al coche:

Mente sana y cuerpo sano

El cuerpo y la mente tienen que tener sintonía y paz, si dominas el cuerpo, relajas la mente. Tienes que aprender a relajarte, vas a decir que, para decirse aquí, pues es fácil, pues sí, puedes aprender a controlar las emociones por medio de técnicas de relajación como vamos viendo hasta ahora y cómo veremos más adelante. Tienes que emplear el tiempo, cada uno tiene su duración, pero lo lograrás si eres persistente.

Cambia el punto de vista que tienes sobre la conducción

Tienes que saber qué es lo que te hace pensar que conducir es una amenaza. Cuando lo detectas para empezar a disfrutar del coche y la conducción tienes que asociar los desplazamientos a sensaciones positivas. Por ejemplo, la autonomía, los viajes, paisajes relajantes, independencia…

Trabaja la confianza en ti mismo

Comienza a pensar en que lograrás conducir sin miedo. Hacer ejercicios de autoconfianza que te sirvan para que mejores la percepción que tienes de ti mismo, el desarrollo personal te sirve para la conducción en todas las áreas de tu vida. Tienes que dar el paso, recuperar la autonomía y retarte a ti mismo, comienza a conducir o apúntate a una autoescuela que te brinde cursos especializado para perder el miedo al volante.

Conduce poco a poco

Cuando veas que vas sintiéndote mejor, tanto mental como físicamente, anímate a tomar el coche en espacios cerrados, por poco tiempo, mientras vas viendo que va mejor, aumentas el tiempo. Ve con alguien en quien confíes y te dé tranquilidad.

El consejo es que hagas el ejercicio con un profesional de autoescuela, porque la relación es más profesional y te va a inspirar más confianza. Puedes leer comentarios de alumnos en distintas escuelas para que tomes confianza.

Ahora, si decides confiar en una persona cercana, aléjate de las personas nerviosas, porque solo harán que te sientas peor cuando te gritan porque te equivocaste aprendiendo. Recuerda que tienes que superar el trauma, no que tengas más.

Ejercicios que necesitas

En algunos casos de miedo a conducir, no es suficiente que comiences en polígonos, porque ante la posibilidad de ver otros coches aparece el pánico. La idea es que trabajes con calma hasta recuperar la confianza.

Conduce solo

Llega el momento en el que tienes independencia total, tienes que tener la seguridad de que tienes los recursos para controlar los sudores fríos, en caso de que vuelvan y para reaccionar ante distintas situaciones que supongan un peligro mientras manejar. Tienes una gran cantidad de conocimientos para saber cómo actuar según el escenario. Cada día ensaya un poco más.

Lo ideal es que practiques, la experiencia es un grado

Cuando practicas te vas volviendo mejor y ganas seguridad en ti mismo, puedes hacerlo con clases a medida en una autoescuela, si aún no te ves conduciendo solo

Miedo a esas situaciones ineludibles

Nos pasamos la vida ansiosos por lo que pueda pasar y cuando tenemos compromisos que no podemos evitar, nos ponemos peor. Esto es porque tenemos mucho estrés por el futuro. Nos da miedo que nos pueda dejar la pareja, que vamos al dentista, que se aproxima un parto propio o de la parea. Es horrible y perdemos la estabilidad. Hay que aprender a sortear lo inevitable.

El 95% de los pensamientos lo dedicamos a cosas que no pasan, vivimos en el "y sí" constante que nos da miedo, angustia, tristeza y ansiedad.

Esos:

- ¿Y si me equivoco?
- ¿Y si al ir me dicen algo malo?
- ¿Y si el cliente se enoja y me echa sin pagarme?
- ¿Y si no nace?
- ¿Y si no me dan el trabajo?

Es una lista infinita, de acuerdo a cada persona.

Es curioso que sufrimos mucho más por lo que pensamos que nos pasará que por lo que pasa de verdad.

Pocas veces hemos estamos presentes en el momento, consciente de lo que pasa, pocas, es algo que tenemos que tener presente, dejar de pensar en que ya pasó, en lo que pasará o en lo que pasa. Deja de dar vueltas a las cosas, cuando vives en el futuro planificas lo que va supuestamente a pasar. Eso es vivir atado, la vida no se planifica, se vive y ya.

El futuro duele, todos nos vamos en algún momento al futuro, a imaginar, a planificar, predecir, es verdad que muchas veces para ser positivo y necesario, se permite un rumbo, trazar un camino para saber a dónde ir.

El problema es cuando nos ponemos a rumiar e imaginar lo peor, cuando nos adelantamos a lo malo, cuando no tengamos la más mínima prueba de ello o cuando vivimos asustados a perder lo que tenemos.

Es cuando nos preocupamos por lo que no pasará. Sí hay situaciones que no se pueden evitar, pero si le sumamos pensamientos negativos, todo será peor

Pensamos en que esa conversación que nos pidió la pareja es para dejarnos y no para que hablemos y comencemos a trabajar juntos en solucionar. Cualquier cosa es posible cuando nos vamos del ahora y dejamos que la imaginación vuele.

Hay quienes por la creencia errónea de que es mejor adelantarse a lo que sucederá para que después te atrapen desprevenido. Te montas esa mente de que pasará algo malo, que eres capaz de imaginarlo así, pase lo que pase, y no te llevas el golpe.

Esta es una manera absurda de afrontar lo inevitable, vives angustiado, pensando en el futuro, lo atraes, otros imaginan en negativo, predicen lo peor porque una vez les pasó algo parecido. Muchos lo hacen por la necesidad de controlar las vidas y el futuro, basados en las inseguridades, sin comprender que el control es aburrido y que el futuro es de las pocas cosas que pueden controlarse.

A otros no les gusta la incertidumbre, ni las sorpresas ni el no saber lo que pasará. Prefieren anclarse en un trabajo seguro, en una pareja estable. Así no sean felices, no se arriesgan a lo que pueda darles una garantía.

A la larga todo se resume en que nos gusta lo incómodo, para muchos la incertidumbre es una zona de confort.

¿Tú querías una vida hecha de antemano?, donde cualquiera te diera un escrito, que te dijera que eso es todo lo que te pasará de aquí hasta que te mueres. Seguramente no lo quieres.

De elegir quisieras algo que te dé garantías de que todo marchará bien, que no sufrirás, que te pasarán cosas buenas, pero es que eso no es posible. Nadie te lo garantiza.

No puedes controlar nada, ni adivinar lo que te va a pasar porque la vida no es predecible. No es que en la vida vaya a haber momentos de incertidumbre, la vida completa lo es, para todos, no solo para ti. Ni siquiera los multimillonarios escapan a ello. No se pueden comprar bolas de cristal para ver el futuro. Nadie sabe qué pasará al otro día, nadie lo asegura.

Estamos preparados para vivir con incertidumbre, es algo que tenemos que aceptar. Es más, la incertidumbre es una de las mejores cosas que podemos tener. Porque es que desde que te paras hasta irte a la cama puede pasar de todo, es maravilloso, un lienzo blanco que tienes para colorear en el día

Dado que no sabes lo que pasará, tienes la libertad de que pase lo que quieras, de que trabajes en colaborar con el futuro y abrirte a nuevas experiencias. Como no sabes lo que pasará, tienes la libertad de que pase lo que quieras, encontrar un empleo, una pareja que te haga feliz.

Cuando aceptas la incertidumbre puedes crecer, solo desde allí desde no saber lo que viene, avanzas, por eso es necesario que aceptes las dudas y las inseguridades, porque son parte del camino.

Además de que te adelantas al futuro, luego, caso nunca pasa eso que tanto temías, si pasa no tiene nada que ver con lo imaginado. Por más que quieras tenerlo todo atado, igual caminas y te cae un ladrillo en la cabeza. No puedes controlar algunas cosas, así que deja de insistir en ello.

Entonces, como puedes ver, uno de los mejores regalos que te puedes entregar es que aceptes la incertidumbre, no te imaginas lo liberador que es esto, el quitar esa carga que ha llegado para ponerte en un presente que de otro modo estarías perdiendo.

Ten en cuenta estas claves para que lo logres:

Detente

Cuando comiences a pensar en el futuro para y mira lo que sucede, sé consciente de la película que te montas. Reflexiona sobre cuáles son los hechos que hay eso de lo que tienes pruebas, cuáles son las interpretaciones y el producto de la imaginación. Qué pruebas tienes de eso que piensas puedes garantizar que vaya a pasar eso. Ve si tienes probabilidad de que no suceda, es decir, diferencia los pensamientos de la realidad, obviamente la realidad es solo o que ha pasado hasta ahora, lo demás no es real.

No pienses que está en tu mano evitar que las cosas marchen mal

No, no siempre tienes en las manos esto, hay fracasos que no se pueden prever y desgracias que no se evitan, así que relájate.

Suelta esa necesidad de controlar, te prometo que cuando no fuerces y dejes las cosas que sucedan así, vas a sentir una liberación y un bienestar que alucinarás. No hagas como esas personas que viven a prisa y ansiedad queriendo que las cosas pasen y ya. Lo único que logran es que marquen un rumbo supuesto y un cambio. Mucho de lo que sucede ni lo habías previsto, así que relajado.

Tienes que ser optimista

Espera las cosas buenas de la vida, porque eso hará que te muevas y actúes esforzado. En cambio, cuando las esperas malas no haces nada, porque piensas que no tienes nada por hacer.

Confía en que sabrás que superarás los obstáculos

Esfuérzate en mejorar cómo persona y en desarrollar las fortalezas y la inteligencia emocional. Asume que todo tiene un riesgo y que sí, que a lo mejor sale mal. Asume que todo tiene riesgos y que sí, que a lo mejor es terrible, pero qué es lo peor que puede pasar.

Confía en la capacidad para superarte y la resiliencia y que vas a poder responder a lo que suceda, porque la vida no va de que no te pase lo que temes, sino que te prepares y tengas recursos que permitan salir adelante si eso pasa.

Disfruta del camino y ajusta en la marcha.

Toma decisiones basadas en lo que sabes y sientes ahora

No puedes hacerlo pensando en lo que pueda pasar mañana, porque eso no lo sabes. Además, incluso aunque alguien pueda decirte cuál es la mejor opción, nadie te puede garantizar que no haya imprevistos y que esa opción deje de serlo, así que, de nuevo relaja y confía.

Ten flexibilidad y adáptate a los imprevistos

Tienes que aceptarlos como vienen, acepta que las cosas pueden salir mal o de otro modo, céntrate en saber responder lo mejor posible.

Esto es algo que ayuda a que avances mucho. A veces cuando no sale como se espera aparece la frustración, la rabia. Pero hay que aprender a dejarlo estar, aceptarlo y adaptarse para responder de la mejor manera.

Cree en ti

Solo te sale bien lo que hagas creyendo en ti y en lo que conseguirás, es algo que te servirá mucho más que tener una bola de cristal, eso te lo prometo.

Permite que aparezca la intuición

Todos tenemos la sabiduría dentro, ese sexto sentido que llamamos intuición, el problema es que en muchas ocasiones la tenemos enterrada en los temores y las inseguridades que no le damos un espacio.

Si ves que eso es lo que te pasa, prueba a abrirte a la vida en vez de agarrarte a ella, verás cómo surge la magia.

Olvida lo que pasó

Deja de mirar atrás y de pensar en eso que ocurrió te puede pasar de nuevo. Porque tienes las misma posibilidades de que si no hubiera pasado nunca.

Igual que con los miedos que se basan en las experiencias ajenas, cada uno tiene que aprender lo suyo y dejar a los otros que aprendan sus experiencias.

Conecta con el ahora

La mejor forma de dejar de estar en el futuro y en el pasado es que vivas el ahora. Así que disfruta el hoy, haz cosas que te hagan sentir bien que te gusten y cultiva la calma interior.

Te debes ocupar de lo que depende de ti

Si estás esperando un resultado médico, no hay nada que puedas hacer. El resultado no va a depender de ti, así que lo dejas estar. Si es algo que tienes capacidad de acción, como el reconquistar a la pareja, hacer las paces con la pareja o encontrar un empleo mejor, actúa, así de sencillo.

Las prioridades deben estar claras

Tienes que saber cuáles son las prioridades, qué es eso importante para ti.

Sea lo que sea comienza a prestarle atención en el ahora. No permita que, angustiado por el mañana, dejes de darle valor a lo que hay hoy.

Conecta con el ahora

Debes darte cuenta de que ahora mismo estás a salvo, de que ahora no pasa eso que temes. Que no pasa nada, comprende que lo que tienes hoy es el único que es 100% seguro. Lo demás lo dejas hasta que llegue.

Controla el futuro desde el presente

Desde la calma de lo que sabes hoy. Traza el camino para que llegues al futuro que quieres. Por ejemplo, si tienes miedo de que la pareja te deje porque no paran de pelear últimamente. Entonces es momento de que mejoren la relación.

Es verdad que el futuro es para que traces metas y te vayas para ellas motivado, pero siempre recordando que toda posibilidad de actuación está en el ahora. Que las opciones para la felicidad es ser quién eres y las tienes ahora mismo en las manos.

¿Cuál es el mayor miedo? Analiza y trabaja en él.

Miedo a quedar atrapado

Comencemos por algo que se llama cleitrofobia, es el temor a quedarte atrapado, encerrado o ser incapaz de salir de un lugar. Es una fobia relacionada con la claustrofobia, incluso se pueden sufrir en conjunto.

La diferencia entre las dos es que claustrofobia es miedo a espacio reducidos, a estar confinado en espacios donde no puedes escapar.

Una persona cleitrofóbica podría entrar en una habitación pequeña sin ventanas y sentirse normal. Solo sabiendo que no está cerrada con llave y puede salir cuando lo desee.

Causas

Igual como es con la mayoría de las fobias, la causa principal de esta es que sufre una experiencia traumática a lo largo de la infancia, relacionada con quedarse atrapado en espacios cerrados, como en un armario, un maletero de un coche, un túnel o ascensor.

Síntomas

El síntoma principal es que se experimenten sentimientos de temor al encierro, simplemente pensar en estar atrapado como en la mayoría de las fobias, la cleitrofobia puede causar respuesta de pánico. Los síntomas físicos incluyen nauseas, respiración entrecortada, aumento en la frecuencia cardiaca, mareos y sudor. Puede causar llanto, ira, agresividad e incluso deseos de escapar.

Dentro de los síntomas destaca el evitar esas situaciones donde podrían estar atrapados, incluso esto es tan fuerte que les afecta en el día a día.

Las personas con esta conducta activan el miedo cuando están cerca del posible encierro, o buscan de inmediato salidas.

El tratamiento

El tratamiento para la cleitrofobia es similar a las demás fobias. Si es intenso se trabaja con la terapia cognitivo conductual que se puede usar para ajustar patrones de pensamiento asociados con el miedo y con quedarse encerrado.

El objetivo es que se modifiquen los pensamientos que hacen que sientas esa sensación en lugares cerrados como peligrosos y cambiar las conductas de este tipo.

Normalmente el tratamiento tiene exposición gradual progresiva. El paciente se expone al miedo mientras usa las técnicas de reducción de ansiedad como ejercicios de respiración o relajación muscular progresiva.

Uno de los ejemplos puede ser:

- Imagina que vas acercándote a un lugar cerrado por unos segundos.
- Una vez que lo dominas, imagina que vas acercándote a un lugar cerrado.
- Al sentir seguridad, imagina que estás al lado de la puerta, justo antes de quedarte encerrado.
- Imagina que te quedas atrapado en la habitación.

Cuando te sientes seguro ante las situaciones anteriores es el momento de hacer los pasos similares reales o de comenzar a tratar la fobia en el entorno social.

Ahora veamos la claustrofobia:

Este es el miedo intenso e irracional a los lugares cerrados, un trastorno de ansiedad que puede causar ataques de pánico. La palabra claustrofobia proviene de claustrum, que en latín se traduce como cerrado, y de fobos que en griego significa miedo, temor irracional.

Datos rápidos sobre la claustrofobia:

- Las situaciones que ponen en marcha la fobia es estar en sitios cerrados como un ascensor, una habitación sin ventanas y pequeña, túneles, incluso aviones.
- En los síntomas está el miedo, la evitación y la ansiedad.
- Las causas pueden ser factores de la genética o aprendidos.
- El tratamiento psicológico e incluso algunos consejos pueden ayudar a las personas a superar el miedo.

En los tipos de claustrofobia tenemos que a pesar de la definición ella tiene más que el simple miedo a los sitios cerrados.

Están:

- El miedo a los sitios cerrados o reducidos.
- El temor a no poder escapar.
- Miedo a ahogarse.

Una persona claustrofóbica puede experimentar varios tipos o uno de estos tres puede dominar sobre los otros.

Por ejemplo, se puede acentuar el miedo a asfixiarse o el miedo a estar limitado de moverse.

Causas

Aunque hay predisposición genética a padecer claustrofobia, en gran parte de los casos, las causas implican uno o varios eventos traumáticos de la infancia, por eso las personas asocian lugares reducidos a pánico y ansiedad.

Entre los factores genéticos, psicológicos y externos que pueden causarla, están:

- Traumas
- Conductas aprendidas.
- Percepción del espacio cercano.
- Herencia genética.
- El tamaño de la amígdala.

La claustrofobia puede ser causada por diversos motivos, pero más que buscarle causas, es bueno identificar los procesos mentales que se implican y las reacciones automáticas de la mente ante los espacios cerrados.

Síntomas

Cuando una persona entra en un espacio cerrado ya anticipa lo que sentirá, le da ansiedad, pánico, se le acelera el ritmo cardiaco o sensación de que le falta aire, lo que le lleva a que evite estos lugares.

- Mucho miedo y ansiedad en sitios limitados o cerrados.
- El corazón se acelera
- Náuseas y mareos.
- Hiperventila.
- Sensación de que falta el aire.
- Temblores.
- Escalofríos y sudoración.
- Sequedad bucal.
- Mariposas en el estómago.
- Miedo a desvanecerse.
- Opresión en el pecho.
- Dolores de cabeza y aturdimiento
- Ataques de pánico o ansiedad.
- Temor a hacer el ridículo.

Hay que destacar que para que se pueda hacer diagnóstico, se tienen que padecer la mayoría de los síntomas en un espacio cerrado.

Comportamientos de las personas claustrofóbicas

- Comprueban los espacios, las salidas al entrar en una habitación y tratar de mantenerse siempre junto a ellas.
- Ansiedad cuando las puertas las cierran.
- Evitar conducir o usar transportes cundo es probable que haya tráfico.
- Usar escaleras en vez del ascensor, incluso en casos donde duele el cuerpo.
- Evitan estar en lugares donde se restrinja el movimiento, como hacer colas o subir a un avión.
- Cuando viajan procuran que les den planta baja o sitios poco elevados.

El solo hecho de pensar en un espacio cerrado o verlo así sea en la TV les causa ansiedad.

Un ejemplo de esto se puede ver en el film "Enterrado" donde Ryan Reynolds pasa 90 minutos de película metido en un ataúd.

Se cree que por lo menos el 5% de la población sufre de esta fobia. A pesar de que los síntomas pueden ser graves, la mayoría de las personas no buscan tratamiento para ella, pero lo deben hacer si quieren superar la ansiedad.

Tratamiento

La claustrofobia se puede tratar y curar si hay exposición gradual al miedo, es lo que se conoce como terapia de exposición.

La terapia se puede hacer con realidad virtual o incluir aprendizaje de técnicas de relajación, modificación de patrones de pensamiento y en casos graves puede tener tratamiento farmacológico.

Luego de diagnosticar la claustrofobia, un psicólogo le puede recomendar algunos de estos tratamientos:

- Exposición progresiva.
- Realidad virtual que tenga entornos cerrados.
- Técnicas de relajación.
- Tratamiento psicológico de claustrofobia.
- Medicamentos.

Ten presente estas estrategias:

- Te mantienes en el lugar si se da un ataque, si conduces puedes detenerte a un lado de la carretera y esperar a que te calmes.
- Recuérdate que los pensamientos y sentimientos de terror se van. Déjalos pasar e irse.
- Busca centrarte en otra cosa, como una baldosa del suelo o sigue hablando con otra persona.
- Respira lentamente, contando hasta tres en cada respiración.
- Reta al miedo recordando que la amenaza no es real.
- Visualiza los buenos resultados.

Miedo a hablar en público

El miedo a hablar en público es una forma de ansiedad frecuente. Puede variar desde algo leve hasta un pánico que paralice. Muchas personas evitan situaciones con las que tienen que hablar ante muchos, o si lo hacen sufren antes y durante. Se les ve con las manos temblorosas, la voz quebrada. Pero ten presente que si te preparas y eres persistente puedes superar este miedo.

Estos son algunos pasos para que pongas en marcha:

Conoce bien el tema

Entre más entiendas del tema que vas a hablar mejor, porque vas a tener menos posibilidades de que cometas errores o pierdas el hilo, si lo pierdes, podrás recuperarte ahí mismo. Tómate tiempo para que consideres preguntas que te puedan hacer y prepara las respuestas.

Ten organización

Sé anticipado, planifica todo con la información que quieres mostrar. Incluso cualquier aparato o audio que vayas a usar, entre más organizado estés menos nervios tendrás. Ten un resumen en una tarjeta pequeña para que lleves el hilo. Si es posible, ve antes al sitio y revisa que todo esté bien. Así vas seguro.

Practica todo lo que puedas

Debes practicar la presentación varias veces, incluso lo puedes hacer ante el espejo. Haz presentación ante personas en las que confíes, le pides comentarios. Puede ser útil que lo hagas con pocos para que puedas verlo y mejorar antes del día D.

Enfrenta las preocupaciones

Esas preocupaciones puntuales que tengas, cuando tienes miedo de algo, puedes sobreestimar la probabilidad de que sucedan cosas malas. Haz una lista de las preocupaciones que tengas. Luego las puedes cuestionar para identificar los resultados probables y alternativos. Verifica si hay evidencia que respalde esto o la posibilidad de que los resultados que tanto miedo te dan, se den.

Visualiza el éxito

Imagina que la presentación sale bien, los pensamientos positivos ayudan a reducir parte de la negatividad sobre el desempeño social y alivian la ansiedad.

Respira

Esto hazlo profundamente. Te va a relajar mucho, inhala lento, dos o más veces antes de subir a hablar y durante el discurso.

Te debes concentrar en el material, no en el público

Las personas tienen que prestar atención a la información nueva no a la forma en la que se presenta, a lo mejor ni cuenta de darán del nerviosismo. Si las personas del público te ven así, puede que te alienten y deseen que todo salga lo mejor posible.

No temas los momentos de silencio

Si pierdes la línea de lo que dices o comienzas a sentir nervios y la mente se pone en blanco, a lo mejor sientes que estuviste mucho en silencio o que fue una eternidad. La verdad seguramente fue segundos, si fue más tiempo, a lo mejor no le importa al público esa pausa para considerar lo que dijiste. Solo respira lenta y profundamente dos veces.

Reconoce el éxito

Luego del discurso o presentación te puedes sentir complacido, a lo mejor no han salido las cosas bien. pero seguramente es que seas más crítico tú que el público. Verifica si alguna de las preocupaciones específicas sucedió de verdad. Todos erramos, considera esto como una oportunidad para mejorar las habilidades.

Busca apoyo

Únete a un grupo de personas que apoyen, a los que tienen problemas para hablar en público. Un recurso eficaz que te sirva para que puedas tener capacitación y desarrolles habilidades de liderazgo.

En caso de que no puedas superar el miedo así, entonces puedes considerar el buscar ayuda profesional. La terapia cognitiva conductual es un enfoque que se basa en las habilidades que puede ser un tratamiento eficaz para que reduzcas el miedo a hablar en público.

Otra de las opciones es que tomes medicamentos relajantes antes de hacerlo, aunque esto puede llevarte a ser codependiente de estos fármacos.

Es normal que se sientan nervios o un poco de ansiedad previo a estas situaciones. Hablar en público no es fácil para mucho. Se le conoce como ansiedad por desempeño y otros ejemplos son el miedo escénico, la ansiedad ante los exámenes y el bloqueo mental del escritor.

Las personas que tienen ansiedad grave, que es ansiedad intensa en otros espacios sociales, pueden tener un trastorno de ansiedad social, que se llama fobia social. El trastorno de ansiedad puede requerir terapia cognitiva conductual, medicamentos o una combinación de ambas alternativas.

Miedo a los médicos o a tomarse la tensión

Muchas personas le tienen miedo a ir a consulta porque creen que esto puede terminar en muchos chequeos o que digan cosas que jamás se quieren oír. El querer evitar escuchar una patología hace que se huya por años el doctor.

Las personas no van al médico en su vida, salvo cuando caen muy enfermas, porque les temen a los especialistas. Pero muchos encubren este miedo diciendo que el médico no sabe más que ellos o que ir al médico es como ir al mecánico, alguna cosa le encuentra al coche o al cuerpo.

Algunos nos temen ir al médico, pero otros necesitan ser valientes para ir, aunque requiera médicos especializados.

Esto tiene un nombre, Iatrofobia, que es un miedo que no se puede controlar, persistente, injustificado a los médicos, consecuencia de no ir a las consultas y revisiones diarias. Por lo que pueden aparecer problemas más graves.

El temor se asocia con experiencias de consultas anteriores, situaciones traumáticas de la infancia, contagio de enfermedades o resultado de exámenes.

La medicina de hoy que es tan rápida, que está dividida por especialidades, lleva a que se cometan errores y dar más argumentos a los que le temen. Sucede que el cuerpo humano es una unidad, por lo tanto, no se puede actuar aislado, tratando por un lado el riñón, por otro el estómago, el cerebro, el corazón, los pulmones, etc. Ya que es una unidad y la falta de un verdadero clínico que pueda dirigir la orquesta genera errores que justifican el miedo que sienten algunos a los médicos.

El miedo a los médicos es consecuencia de la despersonalización de la medicina, ahora es más robotizada, con carencia que lleva a muchos pacientes a alejarse de ella y a quedarse solo, muchas veces buscando solución que no encuentran.

Ir al médico de cabecera, al que nos da esa confianza y efectividad que es necesaria, colabora inmensamente con el tratamiento elegido, para que el 50% de la cura esté en la confianza que deposita la persona en su salud y el doctor.

El médico amigo de la familia es la persona que media entre las ciencias duras y el paciente, trata de manera paternal, con confianza, que hace que el paciente se entregue y deje de lado los miedos.

¿Tengo miedo a los médicos?

Es común sentir un poco de nervios, algo de ansiedad antes de entrar el médico, les pasa a muchos, sin embargo, una fobia es más que eso, esto son los signos que puedes sentir:

- Cancelas las citas médicas o las reprogramas infinidad de veces, no recibes cuidados preventivos ni vacunas que puedes necesitas para estar saludable.
- En vez de ir al médico, te automedicas cuando estás enfermo.
- Antes de las citas médicas no puedes pensar en otra cosa, te es difícil dormir. A lo mejor no comes o lloras la pensar en esa cita que se viene.
- Le temes a los odontólogos, hospitales e incluso enfermedades. Algunos o todos los miedos se combinan con el miedo a los médicos.

Si te pasa algo de lo que te he contado, deberías hablar con el terapeuta sobre el miedo. El terapeuta te puede indicar si los nervios y la ansiedad a las citas médicas son de verdad una fobia.

Formas de superarla

Si te da miedo ir al médico te puedes preguntar si tienes preocupación por alguna intervención o diagnóstico. Si te dan miedo las salas de hospitales o consulta y si te podrías sentir mejor yendo a otro médico.

Encuentra apoyo, puedes ir con un terapeuta que te ayude a entender si el miedo es racional, te puede ayudar a encontrar la fuente de la ansiedad y cómo manejar el miedo de una mejor manera.

Trae un amigo para que te apoye en las citas médicas, a lo mejor un amigo cercano o familiar que te apoye moralmente a superar el miedo a la cita médica.

Encuentra otro médico o intenta con otro proveedor de cuidado primario, a lo mejor te llevas mejor con otro o con un enfermero o asistente. Considera conseguir un proveedor con personalidad o puntos de vista distintos

Antes de ir a la cita le preguntas al médico cuántas pruebas se harán para que sepas lo que te espera.

Para controlar estos miedos tienes que comprender lo que los causa, si no tienes la seguridad, busca ayuda profesional.

Miedo a morir

La ansiedad puede llevar a que se sientan muchos miedos. Uno de ellos es la tanatofobia o miedo a morir. Algunos problemas de ansiedad en realidad crean el miedo a la muerte por sí mismos.

En muchos casos el miedo es independiente, el miedo a la muerte es una fobia en sí y no el resultado o síntoma de trastorno de ansiedad.

Hay que tener presente que hay diferencias en aquellos cuya vida se ve alterada por el propio temor a morir y los que temen a la muerte como síntoma de trastorno.

Síntoma de miedo a la muerte

Los latidos del corazón se aceleran, se siente dolor en el pecho, la habitación parece que se sale de control. No sabes lo que pasa, pero sientes que no es nada bueno, como si el mundo fuera a terminar. Sientes miedo de morir ahora.

Entonces sucede de pronto, el miedo comienza a irse, te sientes agotado, te quedas con la pregunta de si pasa algo con la salud.

A lo mejor tuviste un ataque de pánico, entonces ese miedo a morir no es más que el síntoma.

La causa

El nombre oficial del miedo a la muerte es tanatofobia, pero este miedo no siempre es una fobia. Casi todos temen a la muerte de alguna manera.

Mientras que algunas personas temen más que otras, hay un grado de temor que es saludable. Si no temes a la muerte, puede que te expongas a muchos peligros que no necesitas.

Cuando el miedo altera drásticamente tu vida, es que se convierte en un problema grave. Si comienzas a evitar las situaciones sociales o manifestar miedo intenso a algo que ni siquiera se parece al peligro, el miedo entonces es algo serio que toca tratar.

Este es un miedo que afecta a un 2% de la población y lo sienten más las mujeres. El ser humano se enfrenta en la vida a una serie de preguntas existenciales. Tenemos conciencia de existir, pero no sabemos el sentido ni cuándo dejaremos de existir o al menos de existir como ahora. El miedo a la muerte es común, natural, incluso necesario.

Hay que ser consciente de que todo se acaba que puede ser una fuente inagotable de emociones que incluyen temor, incertidumbre, angustia y fobia.

El problema no es que temas, sino que el temor te impida llevar una vida plena. El temor no es raro, es más, en parte funciona como mecanismo de defensa, evita que pongamos en riesgo la existencia ante situaciones determinadas.

Sin embargo, cuando el miedo a morir se sale de control o es una fuente para que se ande ansioso todo el tiempo, es algo irracional que saca de equilibrio a las personas.

Síntomas

- Ansiedad cuando se piensa en la muerte o ante situaciones o actividades relacionadas.
- Querer controlar cualquier dolor
- Preocupación constante sobre el tema muerte, además de ser difícil pensar en otras cosas.
- Palpitaciones, náuseas y síntomas típicos de la ansiedad. Incluso se pueden padecer ataques de pánico.
- Ser conscientes de lo irracional del miedo

Tratamientos

Muchos consideran que evadirse es una solución, pero se hablar de una fobia que puede terminar siendo muy grave. Hay terapias de exposición, psicológica, grupos de apoyo y hábitos de relajación que pueden ser útiles para enfrentar este miedo.

Sin embargo, la mejor opción es que acudamos a profesionales de la salud mental que van a tener respuesta para el problema.

Este es un tema que puede ser complicado de tratar, porque es un temor saludable hasta cierto punto, y que la verdad tiene su racionalidad.

Nadie quiere que ese miedo desaparezca. Solo que lo controles y que esté en una medida que no afecte tu vida.

Es importante determinar primero si el miedo es síntoma o causa, si es una fobia tienes que hacerle frente a ella como a cualquier otra, analiza cómo el miedo afecta la vida y trata de usar técnicas de exposición y desensibilización para que el miedo no sea tan intenso.

Si es un síntoma entonces tienes que orientar el esfuerzo y tratar la ansiedad que la causa, solo luego podrás convivir con el miedo sin que impacte tan fuerte en tu vida.

Miedo a volar

Atravesar el océano para llegar a otros destinos lejanos es un reto para algunas personas. Es fobia a trepar a aviones, a las alturas, pensamientos negativos sobre accidentes, claustrofobia... todo esto se resume en un problema, la aerofobia, el miedo a volar, lo que lleva a ansiedad o cuadros de pánico.

Este es un problema que afecta al 25% de las personas y aunque el avión es el medio de transporte más seguro para moverse, sigue habiendo personas que les aterra subir a uno.

Ten en cuenta estos consejos para que superes el miedo:

Lee todo lo que encuentres

Hay muchos libros sobre el tema que puedes leer para que te convenzas de que no hay peligro a volar. Muchos de los libros han sido escritos por pilotos que dejan los consejos definitivos para aprender a volar sin miedo.

Son técnicas y métodos psicológicos que sirven para que venzas la ansiedad, verás controles, explicaciones, mantenimientos. Es una gran guía para subir con tranquilidad y superar esta fobia.

Escucha canciones relajantes

Te puedes distraer escuchando música para que no pienses en el recorrido aéreo. Escucha listas de Spotify exclusivas para enfrentar le miedo a volar. Puedes escuchar por ejemplo Someone Like you de Adele, o el concierto número 21 en C Major de Mozart, Piano on the Beach de Livorio Conti y tantas otras.

Toma una siesta

Otra de las soluciones para que no sufras es que duermas. El descanso te hace desconectar de todo lo que tienes alrededor y recargar las pilas antes de aterrizar. A pesar de que se recomienda llegar al aeropuerto descansado para que estés activo a la hora de hacer las prácticas. El que tengas sueño sirve para que te duermas nomás subas al avión. Si cierras los ojos te distraes del panorama que hay más allá de la ventanilla y sirve para que imagines lo que te espera más allá de la ventanilla. Entonces ponte a soñar, pero dormido.

Toma cursos

Hay cursos sobre el miedo a volar, estos son buenos para enfrentar la fobia que hay al avión. En estos cursos tienes personas expertas que desmienten las creencias falsas relacionadas con los peligro a volar.

Una en 45 millones

Las probabilidades de que mueras a bordo son una en 45 millones. El miedo a volar genera muchas fobias, entre las que destaca la de la desinformación. No conocer bien el funcionamiento del avión puede provocar miedo cuando se sube a bordo. Lo mismo sucede si ignoras conocimientos relacionados con la aeronáutica. Cada día vuelan más de ocho millones de personas, algo que es bueno conocer, porque son muchas las personas que viven esto en el aire. ¿Cada cuánto se cae un avión? ¿Cada cuánto choca un auto? Por eso es que la probabilidad de que mueras en un avión es de una en 45 millones.

Escoge los asientos delanteros

Otro consejo que tienes que considerar es que elijas puestos correctos a la hora de registrarte. Solo los que tienen miedo a volar prefieren no mirar por la ventana y sentarse en areas centrales. Toma un asiento de pasillo para que superes el miedo y te distraigas con otra cosa y no con lo que sucede en el avion. En lo que tiene que ver con las turbulencias, los expertos recomiendan sentarte en los puestos de adelante. Así los pasajeros notarán menos las corrientes de aire, tanto las ligeras como las severas.

Las películas y series

Disfruta de la película que quieras, no importa si es acción, romántica, ciencia ficción, cómica o de terror. La idea es que disfrutes y no que pienses que vas en un avión. Presta atención a la proyección para que te distraigas y el recorrido sea más rápido y entretenido. Además, con el servicio de internet a bordo puedes ver la cartelera o puedes descargar algo antes que inicie el viaje. Si tienes un viaje largo entonces baja una serie y te lanzas un maratón de temporadas y así el viaje será otra cosa.

Descarga aplicaciones antiestrés

Hay inventos en el mundo de las aplicaciones que ayudan a que sientas tranquilidad cuando vuelas. Hay una llamada Sky Guru, que es una opción para que veas en tiempo real lo que pasa en el vuelo, tanto dentro como fuera. Apenas pones el número de vuelo puedes conocer los movimientos, el estado del tiempo y tener explicación para los ruidos que se escuchan en el trayecto.

Hay otra Takeoff Mode, es un juego de concentración para no enterarse de la fase de despegue de avión. Si lo que necesitas es tranquilizarte puedes usar Calm App que invita a relajarse y a tener autocontrol. Con esto, el pasajero se beneficia de programas gratis de 10 minutos ideales para que medites y desconectes la menta. También con Soar y Valk el viajero, puedes decirle basta a estas fobias. Soar es gratis y demuestra que volar es una práctica segura y Soar enseña a respirar para calmar la ansiedad en el aire.

Evita la cafeína

El café, bebidas con cafeína o alcohol son enemigos de la ansiedad a la hora de volar. Porque estimulan y fomenta los nervios del pasajero afectado. Intenta tomar cosas relajantes, tilas, manzanillas, para que te sientas mejor. Evita almorzar o cenar mucho porque el exceso de comida puede causar pesadillas.

Yoga y meditación

Otro de los modos de tratar el miedo es que uses una buena técnica de respiración, intentar invocar la calma en la mente y el cuerpo. Suelta el cinturón en la fase del vuelo cuando te lo permitan para que no tengas el abdomen apretado e intenta respirar hondo y profundo. Con el yoga aprendes técnicas para relajar el cuerpo, aunque después tienes que hacerlas como un hábito diario.

TÉCNICAS MÉDICAS PARA TRATAR LA ANSIEDAD Y LO ATAQUES DE PÁNICO

*Y*a hemos visto las fobias y las formas de tratarla, también lo síntomas y cómo manejar la ansiedad y los ataques de pánico. Ahora veamos cómo la medicina en sus distintas ramas puede ayudar a tratar los desagradables síntomas de la ansiedad y los ataques de pánico.

Homeopatía

Para esas personas que no quieren acudir a medicina que manda un psiquiatra, siempre tiene la homeopatía como opción. En el caso de medicamentos de este tipo hay algunos que debes conocer y saber la utilidad que te brindan.

La homeopatía tiene muchos remedios que sirven para tratar la ansiedad, tanto en los síntomas como la causa del trastorno. La homeopatía actúa aliviando los síntomas de la ansiedad, pero también restaura el equilibrio psicológico.

- *Arsencum álbum:* este es un remedio que sirve para la ansiedad. Para el estado donde nos ponemos irritables, donde se busca la perfección y que todo esté en su sitio.

- *Silice:* es eficaz contra la fobia social, pero también contra los estados menos graves de timidez, inseguridad y miedos sociales.

- *Nux vómica:* para los adictos al trabajo, si la ansiedad viene por un exceso de trabajo que no se está dispuesto a dejar, si todo tiene que estar ordenado y si no se puede desconectar, este es un remedio efectivo para la ansiedad.

- *Ignatia amara:* es un remedio que actúa contra las reacciones contradictorias de la ansiedad. Si notas cambios de humor grandes, si pasas de la ira al sosiego en segundos, o si el nerviosismo no te permite parar.

- *Argentum nitricum:* la homeopatía propone este remedio para la ansiedad, es para esos casos donde se conocen las razones de la ansiedad, como hablar en público, hacer exámenes o subirse a un edificio alto.

- *Rhus toxicodendron:* este es para los trastornos obsesivo compulsivos, acciones repetitivas como lavarse las manos o pisar la junta de las baldosas en la calle.

- *Aconitum napelus:* se usa para tratar uno de los peores tipos de ansiedad, el miedo a morir. Es más eficaz para los episodios que se dan especialmente en las noches, que impide ir a la cama y provoca episodios terroríficos.

Medicina antroposófica para la ansiedad

El proceso de terapia de este tipo de medicina se basa en cuatro principio organizativos, el nivel físico, el nivel de fuerzas vitales o vitalidad, el nivel mental o la esfera psicológica emocional y el nivel individual o ego.

La salud va a depender del equilibrio de estos cuatro principios, por eso cuando uno de ellos pierde el control, toca restablecerlo.

La medicina antroposófica se basa en conceptos de salud, enfermedad y curación, y se ven en el equilibrio o no de los cuatro principios.

Sin embargo, la interacción en ellos da pie a tres sistemas funcionales, el neurosensorial, el rítmico y el metabólico, que corresponde con cualidades del ser humano:

- *Sistema neurosensorial:* pensamiento
- *Sistema rítmico:* sentimiento
- *Sistema metabólico:* voluntad

Es un sistema que impregna todo el cuerpo y se sujeta a cambios en la vida. Cada que sucede esto, el sistema rítmico que está entre el sistema nervioso y el sistema metabólico, crea otro equilibrio que permite la interacción en armonía. Cualquier desviación de este estado lleva a que sucedan distintos síntomas de la enfermedad.

Las terapias

Con ayuda de medicamentos antroposóficos se puede activar el proceso de autocuración del cuerpo y recuperar el equilibrio que se interrumpe hasta llevarlo al equilibrio correcto. La medicina emplea medicamentos convencionales como propios de la medicina antroposófica. El enfoque del tratamiento y la elección de medicamentos y terapias médicas que deben usarse se adaptan a cada persona con la finalidad de generar procesos de desarrollo dentro de la persona y fortalece la autocuración natural y recupera el equilibrio de la salud.

Además, se utilizan aplicaciones externas y tratamientos, desde compresas húmedas, baños medicinales, hidroterapia, hasta cuidados como fisioterapia antroposófica y terapia de masajes rítmicos. Se pasa por la dietética, ejercicios eurítmico, terapia artística antroposófica o psicoterapia antroposófica. Todos con combinación entre sí.

La eficacia de este tipo de medicina se mide en tanto si reduce o alivia los problemas del cuerpo o la mente. Sin embargo, la eficacia de un tratamiento demuestra si se logran los efectos deseados en la persona. La evaluación que concluye es la eficacia en el organismo, que es única para cada uno.

Muchos estudios demuestran que el valor agregado de un tratamiento antroposófico radica en una reducción de gastos, si se compara con otros tratamientos. Esto es clave para enfermedades crónicas, donde el tratamiento puede durar largo tiempo.

Las sales bioquímicas de Schüssler

Las sales minerales son pequeños componentes de las células que tienen una gran importancia para nuestro cuerpo. Una deficiencia o desequilibrio en estos minerales puede causar trastornos en las células y los órganos.

Las sales minerales están presentes en lo que comemos, aunque no llegan donde realmente tienen que llegar que es al organismo.

Las sales minerales del Dr. Schüssler tienen la capacidad de dar armonía y regular los procesos químicos que suceden en nuestras células. Están preparadas para hacer llegar los minerales a todas las células del cuerpo. Este doctor basa su terapia en un total de doce sales minerales que llama agentes funcionales, así remedian muchos trastornos funcionales.

Luego descubren sus sucesores doce sales más que también son importantes para el metabolismo mineral en las células. Las sales completan el tratamiento y actúan como coadyuvante de la terapia con las sales básicas por eso reciben el nombre de sales complementarias y se numeran desde el 13 al 24.

Son muchos los efectos que tienen para mejorar. Estimulan la capacidad de autocuración en el organismo de manera segura y delicada, sin tener efectos secundarios.

Para beber estas sales, se disuelven lentamente en la boca, espaciados por medios hora antes o después de las comidas. Para consumirlos tienes que eliminar estimulantes como la nicotina, picantes o alcohol.

Esta terapia es una variante de la homeopatía, en la que hay algunas relaciones y diferencias. Las sales son minerales a diluciones decimales en las que se usa para seguir las pautas.

Comienza el médico separando a las personas por distintas constituciones, porque determina que hay personas con disposición, propensión, predisposición o sensibilidad ante determinadas enfermedades o afecciones.

Es como si las personas tuvieran tendencia adquirida o congénita para sufrir enfermedades. La diferencia de disposición se determina por la edad, la constitución física y enfermedades previas, dependiendo de cómo se viva, se puede influir de forma positiva o negativa.

También en os aspectos físicos se habla de predisposiciones hereditarias. Desde la antigua Grecia o la India se habla de las predisposiciones. Los remedios son minerales en el cuerpo con efecto que balancea para disfunciones en el organismo y efecto estimulante o regulador de algunos procesos funcionales del organismo.

Los remedios cumplen principios de homeopatía, de tal modo que la dilución sea suficiente para que las sales no alteren las células sanas.

Flores de Bach

Los tratamientos con flores de Bach se centran en que se controlen los estados emocionales en vez de eliminar los síntomas por un tiempo, es por esto que son efectivos en los tratamientos para la ansiedad. Además, la terapia no tiene efectos secundarios, por lo que sirve para cualquier situación o edad.

Ten presente este listado con los tipos de ansiedad que se presentan frecuentemente en la sociedad, hay ciertas esencias florales que se relacionan con síntomas asociados a cada uno, peor siempre se recomienda conocer las 38 flores antes de iniciar el tratamiento.

Ataques o crisis de pánico

Son periodos repentinos de miedo extremo, seguidos como sudoración, ahogamiento, palpitaciones. Los ataques a menudo vienen seguidos de miedo a perder el conocimiento o morir y las personas que han sufrido temen experimentar algo similar.

Para tratar estos ataques de pánico, el remedio clave es Rescue Remedy, pero si quieres comenzar un tratamiento es bueno que hagas una mezcla personalizada. Algunas flores a tener en cuenta pueden ser Rock Rose para el pánico. Aspen para miedos que no se conocen o White Chestnut para pensamientos obsesivos.

Fobias

Es un miedo irracional a situaciones o cosas. Generalmente las fobias se aprenden y fortalecen y agudizan con el tiempo. Algunas de las más comunes son fobia social y agorafobia.

Se puede usar esencia de Mimulus para fobias si el origen es el miedo. Si viene de la mano de pánico, también puede considerarse Rock Rose. En caso de problemas por autoestima Larch es ideal.

Preocupación crónica

Para cuando se tiene angustia constante por algo, la familia, dinero, todo esto puede traer problemas como problemas para dormir y falta de concentración. White Chestnut es la esencia para trabajar estos pensamientos. Si la preocupación excesiva es por los otros Red Chestnut ayuda.

Trastorno por estrés postraumático

Son emociones sin control que tienen origen en la vivencia de experiencias terribles. A veces las víctimas de estos traumas pueden regresar y revivir constantemente lo sucedido. También puede tener explosiones de ira, pesadillas o depresión.

Si tienes traumas Star of Bethlehem es la mejor opción.

Hay otras flores para la ansiedad, que incluye flores de Bach relacionadas con algunos aspectos relacionados con ansiedad. Si quieres hacer una mezcla personal, no olvides profundizar en otras.

Pero para cerrar este punto se recomienda Rescue Remedy, que es una mezcla creada por el doctor Bach, que se usa puntualmente para ataques de pánico. Se puede usar para situaciones de ansiedad como pueden ser visitas médicas, exámenes, dentistas.

La alquimia espagiria para la ansiedad

La alquimia se utiliza para la ansiedad, maneja las ciencias sagradas y consiste en despertar, potenciar y sacar los dominios más sutiles de la materia. La rama de la alquimia que corresponde a la salud se llama Espagiria y se usa en consultorios. Trabaja la dimensión orgánica y mental de la persona, también la dimensión espiritual profunda, dada por medio de los chakras o vórtices energéticos. Se ubica en el ventrículo izquierdo del corazón.

Aromaterapia

La aromaterapia se usa para mejorar el estado de ánimo y la salud en general. Hay culturas antiguas que usaban aceites esenciales para rituales y prácticas religiosas, reconocen la capacidad para impactar en los sentimientos.

A lo largo del tiempo, científicos y profesionales de la salud mental se dedican a estudiar las emociones en los seres humanos, logrando comprende mejor cómo los sensores químicos en el cuerpo responden a los efectos de aroma. Las investigaciones concluyeron que la aroma-terapia puede tener un efecto notable en las emociones, bienestar y estado de ánimo de los seres humanos.

La forma en la que afecta el cerebro

El cerebro es complejo, estimula respuestas emocionales. El concepto se conoce como el Fenómeno de Proust y se propone que todos tenemos distintos recuerdos y experiencias, tenemos la capacidad de experimentar una respuesta diferente al inhalar aromas. La respuesta interna conecta el aroma con otras partes del cerebro, lo que lleva a una respuesta emocional. Al inhalar un aroma se activa el sistema límbico, área del cerebro donde se almacenan recuerdos y emociones. Cuando se recibe el aroma del aceite el sistema produce respuestas basadas en recuerdos que se asocian con ese olor como tal. Esto crea una avalancha de sentimientos y emociones, las reacciones a los aromas se basan en indicadores ambientales, experiencias pasadas, preferencias personas y composición genética única. Los factores individuales, no todas las personas tienen la misma reacción psicológica al mismo aceite, cada aceite esencial tiene propiedades distintas que apelan a emociones diferentes de acuerdo a la composición química.

Aceites esenciales que tienen características calmantes:

- Ylang ylang
- Bergamota
- Jazmín
- Lavanda
- Manzanilla.

Aceites esenciales para la estabilidad emocional:

- Cedro
- Rosa
- Incienso.

Aceites para levantar el ánimo:

- Lima
- Limón.
- Naranja.
- Toronja.

Otros aceites para la salud emocional:

- Geranio.
- Pacholí.
- Vetiver.
- Albahaca
- Nerolí.

- Lemongrass.

Hay combinaciones de aceites esenciales para apoyar emociones. Usa esos que tienen combinaciones, como lavanda, alcanfor, cedro, ylang ylang, mejorana, vetiver, manzanilla, sándalo hawaiano, entre otros.

Cómo se aplica:

Se administra principalmente de dos formas, por la inhalación o por medio de absorción en la piel. El uso de aceites es que se inhale el aroma y puede ser con la inhalación del olor, o se aplica en un paño, servilleta o cualquier cosa que absorba. La otra forma es que se llegue el aroma de los aceites por medio de la difusión. En este caso se diluyen gotas del aceite en agua y se usa para diseminar el aroma deseado.

Cuando el aceite esencial para absorber por medio de la piel, toca ser precavido porque algunos aceites pueden tener efectos que irriten la piel, por esto lo mejor es que se diluya el aceite esencial en un aceite portador. Si lo aplicas en la piel, también se sugiere que pruebes aceite en un área pequeña para que veas si genera algún tipo de reaccionantes de usarlo en espacios más amplios.

Otra precaución que se tiene que tomar es evitar usar aceites esenciales con base cítrica en la piel si vas a salir al sol, porque pueden irritarte o mancharte.

Dependiendo de la calidad y la concentración del aceite esencial, se pueden usar entre dos y cinco gotas de aceite.

Si es para manejar el estrés:

- Aplica dos gotas de lavanda, cedro o lima en la planta de los pies.
- En dos onzas de aceite de almendra agrega diez gotas de salvia, diez gotas de limón y 5 de lavanda, usa el aceite para un masaje corporal.

Para manejar la ansiedad:

- Aplica tres gotas de lavanda y cedro en la cabeza y el cuello
- Prepara un baño de agua con sal de mar y agrega aceite de lavanda, bergamota, incienso, ylang ylang o geranio
- Prepara un baño de agua con sal de mar y agrega aceite de sándalo, romero, menta, lavanda, incienso y manzanilla.

Los aceites esenciales no son un tratamiento médico, se usan como apoyo para reducir los síntomas relacionados con la ansiedad, pero no son un tratamiento médico. Igual ayudan mucho. Es importante seguir los consejos médico y si desea agregar otras estrategias naturales como aceites esenciales, que se haga con profesionales de la salud, conocedores del tema y con productos de calidad y pureza. Finalmente se sugiere que no se haga aromaterapia en infantes, mujeres embarazadas o amamantando.

Gemoterapia

Seguramente pensarás que cómo es que llevas una piedra contigo y así se te alivia la ansiedad. Qué fácil eso. Se supone que te puede calmar. Pues sí.

Aunque te suene extraño los cristales se usan desde la antigüedad y es porque tiene aportes importantes que ayudan a curar. Tienen energía que ayuda y eleva el estado de ánimo al instante.

No es que se sugiera que tengas una roca de cuarzo blanco en el bolsillo, para que alivies el estrés por el resto de tu vida. Pero con el uso de otros mecanismos de adaptación como la respiración simple y la meditación, los cristales son un gran agregado en el madejo de los pensamientos ansiosos que se roban todas las energías.

Ten presente estas gemas para que las uses en el día a día.

Ágata de encaje azul para tener una mejor comunicación

Si en algún momento has estado en una situación con alguien donde la comunicación no es mala y la tensión está en un punto alto, usted sabe el estrés que puede ser esa mierda. ninguno es capaz de que expreses los sentimientos correctamente y finalmente, el desacuerdo se sale de control y lleva a sentimientos heridos en cualquier extremo.

Si usas el ágata de encaje azul, es clave para que superes las dificultades de comunicación y los malentendidos, con toda la tensión ansiosa que traen las situaciones. Lleva contigo esto para que trabajes las emociones difíciles sin que arruines la vida.

Amatista para un escudo de energía que te proteja

Si conoces esos días donde sientes que se alargan para siempre, de la peor forma nada parece ir bien, y sientes que el estrés te consume desde todos los ángulos.

La amatista está para rescatarte de los días horribles. El encantados cristal de lavanda disipa la negatividad del cuerpo mientras simultáneamente atrae las vibraciones positivas. Los cristales de amatista tienen mucho poder y pueden crear un escudo de energía alrededor para aliviar la ansiedad.

Cuarzo para el cuidado personal

El estrés y la ansiedad son sentimientos que consumen y cuando atacan es difícil pensar en otra cosa. Sin embargo, el cuidado personal y la compasión es importante en los momentos donde te sientes mal, los cristales de cuarzo rosa sirven como recordatorio.

Se dice que el cuarzo rosa es un cristal del amor y adoración. Eso puede ser amor propio o amor a otros o ambos. Si lleva uno de estos que sea rosa pálido, coloca uno al lado de la cama o en un escritorio en el trabajo, con esto recuerdas respirar profundamente y por completo, para que te ayude con el cuidado personal.

Cuarzo blanco para todas las formas de curación

Ya sea que el estrés sea más profundo como la acumulación de múltiples problemas en la vida. Una sensación superficial a causa de una lista larga de tareas o un día que frustre porque nada sale bien. el cuarzo transparente sirve para que llegues a la paz.

El cristal hace todo, normalmente se le conoce como un maestro sanador. Ten ese cuarzo cerca y úsalo para cualquier cosa que moleste, porque sin importar lo que te digan, te escuchará.

Turmalina negra para el estrés

Este es un gran cristal para que incluyas en las sesiones de meditación debido a la naturaleza de equilibrio y equilibrio. Tienes que sostener uno en la mano mientras meditas sentado, así ayudas a liberar la tensión que puedes sostener en el cuerpo.

Te sirve para el trabajo, para que la mente no se empañe y si quieres agregar un sentido de concentración en las tareas del día a día.

La piedra versátil y poderosa puede que no tenga color o ser brillante como otras, peor ya sabes lo que dicen, no la juzgues por la pinta que tenga.

Acupuntura

Se sabe actualmente que la acupuntura actúa en el sistema nervioso autónomo, tiene efectos en la tensión arterial, tamaño de pupilas, temperatura de piel, ritmo cardiaco...

Se conoce que activa distintas partes del cerebro en diferentes enfermedades que se dan entre actividades simpáticas y parasimpáticas, pudiendo modular una respuesta neurotransmisora lo que ayuda a mejorar a la persona que padece la enfermedad.

En un estudio de 2002, haciendo la diferenciación de síndromes que hacen medicina tradicional china, se ve que la acupuntura es útil para calmar la ansiedad.

Algo diferente es que un paciente puede padecer de ansiedad como se le conoce en Occidente, pero no es tratado igual que el segundo paciente que viene por ansiedad.

La ansiedad puede tener diferentes orígenes o desarreglos, y lo que hace en la consulta es tratar a la persona, no a los síntomas. En un meta análisis publicado en 2014 se llega a la conclusión de que la acupuntura reduce la ansiedad preoperatoria comparado con placero o ninguna intervención.

Se ha analizado el efecto de la acupuntura en estudiantes universitarios sometidos a exámenes de la carrera y se valora que los que se habían sometido a acupuntura habían tenido mejores puntos en el examen y habían tenido menos síntomas de ansiedad.

En un ensayo clínico publicado en 2016 en la cual se compara la respuesta ansiosa ante una competencia de jugadores de futbol adolescentes, se ve que los que habían recibido acupuntura de verdad ante los que habían recibido acupuntura falsa o no habían recibido nada, los del primer grupo presentaban menos ansiedad ante los otros dos grupos.

Como se puede ver, la ansiedad da en varios contextos y es importante que se valore si esta es una ansiedad normal o si es tan fuerte que se impide vivir y tener felicidad.

La acupuntura es una técnica muy efectiva para tratar la ansiedad y ayuda en otras terapias que estés usando para resolverla, desde fármacos a terapia psicológica.

Acupresión

Esta es una técnica de sanación ancestral que se basa en acupuntura, con la acupresión se aplica presión en lugares específicos del cuerpo. A esos lugares se les llama acupuntos. Se ejerce presión en esos sirve para calmar la tensión muscular y aumenta la circulación de la sangre. También sirve para aliviar muchos efectos secundarios más comunes en tratamientos contra el cáncer.

Puntos de presión Extra 1

El punto de presión Extra 1 también se conoce como Yin Tang, se encuentra en el punto medio entre las cejas. Cuando se hace acupresión en ese punto de puede aliviar el estrés y la ansiedad.

Ponte en una posición cómoda.

Coloca el índice o pulgar derecho entre las cejas.

Ejerce presión sobre el punto con movimientos circulares por unos diez minutos. La presión tiene que ser leve y no causar molestias. Puedes hacer acupresión en este punto varias veces al día o con frecuencia como sea necesario para que se vayan los síntomas.

Electroacupuntura

Esta es una forma de aplicar la acupuntura en la que se hace pasar una corriente eléctrica entre las agujas siendo complementarias en el tratamiento para el dolor o parálisis, siendo los campos de aplicación amplios.

Los aparatos usados en electroacupuntura, que han avanzado lógicamente con los años, no solo permiten que se ubiquen de forma más precisa los puntos de acupuntura sino también cuantificar el estado energético de vacío o plenitud y la estimulación de los mismos.

La técnica, aunque lo parezca, no duele, la sensación se relaciona con la de un hormigueo, además, la intensidad del estímulo se gradúa de un modo más preciso, por eso el tratamiento a la tolerancia específica del paciente.

Los beneficios que ofrece se aprovechan como complemento para algunas rehabilitaciones, antes de ir a una sesión el consejo es que lo consultes con un médico. Estas son las dolencias donde te puedes aplicar:

- Tensión muscular y contracturas.
- Rehabilitación funcional, tendinomuscular y nerviosa

- Atrofia muscular
- Lesiones postraumáticas.
- Dolor general
- Lesiones por deporte.
- Parálisis
- Cuadros de ansiedad

Como en toda terapia la electroestimulación presenta contraindicaciones. Por eso los terapeutas recomiendan no usarla en casos de personas que lleven marcapasos o padezcan epilepsia. No se puede tampoco aplicar en prótesis metálicas o lesiones de piel. No se aconseja que se use en embarazadas.

TÉCNICAS BIOQUÍMICAS PARA TRATAR LA ANSIEDAD

⚜

*H*ay muchas formas de tratar la ansiedad. Estas técnicas bioquímicas son bastante efectivas. Seguramente has hecho alguna por placer, pues ahora las aplicarás para el tratamiento de tu ansiedad.

Yoga

El yoga es una práctica que combina tanto cuerpo como mente. Se considera que ayuda en muchos aspectos de la salud y que complementa e integra. El yoga combina disciplinas físicas y mentales que ayudan a lograr la tranquilidad del cuerpo y la mente. Esto te ayuda a relajar y controlar el estrés.

El yoga cuenta con muchos estilos, formas e intensidades. En las opciones está el hatha yoga, puede ser una buena opción para manejar el estrés. El hatha es uno de los estilos de yoga más comunes y es posible que a los principiantes les guste el ritmo más lento y los movimientos sencillos. Sin embargo, muchas personas pueden beneficiarse con cualquier estilo de yoga, solo es una cuestión de preferencias personales.

Los componentes principales del hatha yoga y las clases de yoga comprenden esto:

- Posturas: las poses de yoga, también se llaman posturas, son una serie de movimientos destinados a aumentar la fuerza y la flexibilidad. Las posturas varían desde acostarse en el suelo mientras te vas relajando hasta posturas complicadas que requieren esfuerzo para superar los límites físicos.
- Respiración: controlar la respiración es algo clave en el yoga, el yoga te enseña que controlar la respiración sirve para que controles el cuerpo y calmes la mente.
- Meditación o relajación: el yoga agrega la meditación o relajación. La meditación puede ayudar a tener consciencia y estar concentrado en el presente, sin juzgar.

Beneficios del yoga

Estos son los beneficios del yoga que pueden servir para que reduzcas la ansiedad:

- Reduce el estrés: una serie de estudios ha mostrado que el yoga ayuda a reducir la ansiedad y el estrés. También puede mejorar el estado de ánimo y la sensación de bienestar general.
- Mejor estado físico: e hacer yoga puede generar más equilibrio, flexibilidad, fuerza y amplitud de movimiento.
- Trata afecciones crónicas: el yoga ayuda a reducir factores de riesgo de sufrir enfermedades crónicas, como enfermedades del corazón, presión arterial, también ayuda a aliviar afecciones como depresión, ansiedad, dolores e insomnio

Cuidados al hacer yoga

El yoga se considera una actividad segura para la mayoría de las personas sanas, cuando se hace bajo la supervisión de un instructor con capacidad. Sin embargo, hay situaciones donde el yoga puede representar un riesgo.

Consultar a los proveedores de atención médica antes de comenzar a hacer yoga si tienes una de estas condiciones de salud:

- Una hernia en algún disco.
- Riesgo de coágulos de sangre.
- Glaucoma.
- Embarazo, el yoga puede ser seguro para las mujeres embarazadas, pero se deben evitar algunas posturas.
- Problemas de equilibrio.
- Osteoporosis grave.
- Presión arterial no tratada

Se puede hacer yoga en situaciones si tomas los cuidados como evitar algunas posturas y estiramientos. Si tienes inquietudes o síntomas como dolor, ve al médico para que te asegures de que el yoga te beneficie y no perjudique.

Los beneficios en el yoga se ven desde el primer momento, tienes que llevar ropa cómoda, con colores neutros, y comenzar a preparar la mente para afrontar lo que hagas.

Estas son algunas de las posturas que puedes hacer:

Uttanasana

Esta es una postura de manos para abajo, ayuda a que el cuerpo se relaje y estire los músculos, de tal forma que sea más ligero y permita afrontar la ansiedad con la mente fresca.

La haces así:

- De pie, con los pies separados al ancho de las caderas, inhala de otro modo, levanta los brazos por arriba de la cabeza
- Mientras vas exhalando, dobla el tronco para abajo con los

brazos estirados hasta que toque los pies, apoya la frente en las piernas.

- Trata de mantenerte en la postura 30 o 60 segundos. O lo que aguantes.

Mariposa

Cuando la haces se relajan los músculos en la espalda. Allí se acumula mucha tensión por culpa de la ansiedad. Con esta postura te puedes relajar.

- Te sientas en el suelo, piernas cruzadas como indio, las acercas lo más que puedas a la pelvis.
- Junta las plantas de los pies con ayuda de las mano y deja caer las rodillas a los lados.
- Permanece en la postura por diez segundos.

Camello

Esta postura ayuda a que relajes los músculos, la respiración mejora y la mente se despeja, lo que también deja como resultado un aporte de energía.

- Te pones de rodillas con los muslos paralelos al suelo y las manos en caderas.
- Inhala y levanta muslos hasta que estén perpendicularmente al suelo, arquea la espalda para atrás.
- Estira brazos para atrás, procurando que toques los talones.
- El cuello lo relajas y la cabeza le permites inclinarse para abajo.

Cachorro

Esta postura permite que la columna vertebral se estire y relaje, lo que sirve para calmar la mente.

- Te pones en cuatro patas, alineas hombros y muñecas, con caderas y rodillas.
- Inhala, cuando sueltes el aire adelanta las manos mientras desplazas las nalgas para atrás.
- Deja las manos en el suelo, los brazos estirados y la frente apoyada en el suelo con el cuello relajado.
- Curva ligeramente la parte baja de la espalda, estira los brazos mientras vas moviendo la cadera hacia los talones y sientes cómo la columna se estira.
- Trata de mantenerte así por un minuto.

Media luna

Esta postura es exigente, pero te deja muchos beneficios, como el que mejoras la concentración, despeja la mente y alivia las tensiones de los músculos.

- La haces de pie, te pones en la postura de la montaña, con los pies firmemente apoyados, el abdomen contraído, los brazos a los lados con las palmas para afuera.
- Separa las piernas, gira el pie derecho a la derecha, dobla la rodilla hasta que adelante el tobillo, te inclinas a ese lado.
- Ahora inspiras, giras el pie derecho para la derecha, doblas la rodilla hasta que adelante el tobillo, te inclinas.
- Inspiras y apoyas la mano derecha en el suelo por delante del pie derecho, colocas la mano izquierda en el músculo izquierdo
- Levanta la pierna izquierda, apoyas el peso en la mano derecha.
- Permanece en esta postura por diez segundos y repite lo mismo con la otra pierna.

Puente

Para hacer esta postura tienes que acostarte, pones las rodillas levantadas y los pies firmes en el suelo, los brazos los pones a los lados y la espalda la apoyas en el suelo. empuja las caderas para arriba y quédate así diez segundos. Los subes e inhalas y la bajas y exhalas. Hazlo diez veces.

Con esta postura relajas la espalda y el cuello, alivias las tensiones presentes por el área del abdomen y relajas el cuerpo mientras se activa por completo. **Cromoterapia**

Usar el color tanto en la comida como en diferentes espacio, te brinda muchas reacciones y estímulos en la mente.

Cada tono aporta distintas propiedades y ayuda con el equilibrio, dependiendo de cómo se use, siendo ideal para trabajar la ansiedad.

La cromoterapia se divide en niveles, está la fototerapia clínica, que se usa en centros de investigación celular y genética, el otro es el de la parte psicológica y la energía del paciente. Los colores son captados por el cerebro por medio del sistema límbico que es el área que se encarga del desarrollo de las emociones.

Por medio de esta se reconocen aromas y tonos que se asocian con diversas emociones y recuerdos y llevan a tener una respuesta. Los colores son muy importantes para lograr equilibrios dentro del espacio. Esto determina la manera en la que se perciben las emociones. El problema actualmente es que hace uso indiscriminado del color, lo que produce consecuencias en la salud y el estado de ánimo. La ansiedad es de las reacciones más comunes, además es causa de problemas alimenticios relacionados con la obesidad y sobrepeso.

Por esta razón la dieta y el ejercicio, el uso del color es una forma de reforzar actitudes. Por ejemplo, el rojo, este es un color que llama la atención, activa mecanismos emocionales del cerebro, porque asemeja el color de la sangre, igual que el naranja, estos se usan para tratar la depresión, porque ayudan en la secreción de la hormona serotonina, pero en exceso puede causar ira, aumento de presión y temperatura.

Para quienes quieran bajar de peso, lo recomendable es que se use en los ambientes colores ansiolíticos como azul, para producir melatonina.

Por otra parte, ese tono se relaciona con el elemento agua, por lo que se recomienda el uso en vajillas para que se controlen las ganas de comer en los momentos de ansiedad. El color hace sentir saciedad. Sucede igual con el negro.

El blanco, al contrario, tiene que estar presente en platos y artículos como la nevera. Se puede usar en el comedor, porque brinda estabilidad igual que los tonos metálicos como cobre o plateado. No se debe usar en exceso. Eso puede causar estrés y ansiedad.

La cromoterapia se aplica como alternativa para trabajar los siete puntos de energía, los chakras. Cada punto llena de armonía el color que corresponde y produce un efecto en el área emocional y energética. Las tonalidades tienen incidencia en los órganos y en el estado de ánimo de cada uno. Por ejemplo, para mantener la energía cuando comienza la semana, las personas se pueden vestir de rojo, el color es clave en alimentos, porque esto le atribuye propiedades medicinales, especialmente a frutas y vegetales. Las de color naranja y amarillo son precursoras de vitamina A, que tiene beneficios para la visión y ayuda a cicatrizar heridas.

En la carne, el tono indica que tiene hierro, cuando se cocinen los productos, no se le debe hacer hasta que pierdan el color, porque esto puede hacer que se pierdan muchas vitaminas y minerales que tienen en el estado natural. El desconocimiento ha hecho que las personas no tomen en cuenta el valor ancestral que tiene el color en la vida. La cromoterapia ayuda a las personas en distinto aspectos de la vida.

Afecta el estado de ánimo, evoca sentimientos poderosos a nivel consciente e inconsciente.

Desde los colores de la ropa que se eligen para vestir hasta las sombras que decoran el hogar, los colores tienen impacto poderoso en lo que sentimos y las decisiones que tomamos.

La terapia de color ayuda a que cambiemos los pensamientos y el entorno. Ayuda a los chakras y los colores asociados, los colores más idóneos para que enfrentes el estrés y la ansiedad y para tener relajación, son:

- Azul, por la capacidad que tiene para relajar el sistema nervioso.
- Amarillo por el efecto estimulante de sensaciones placenteras
- Verde por el efecto sedante y calmante. El verde como antiestrés que combate ansiedad y depresión.
- Rosa que llena de armonía las emociones y potencia la circulación de la sangre.
- Marrón para poderse centrar y ayuda a luchar contra los problemas.

Cuando se tiene claro el efecto curativo de cada color, es necesario que se emplee el instrumento para trabajar los colores.

Se suelen usar cristales, sedas y telas, lámparas y hasta extensiones en las duchas que combinan el placer de un baño con el poder de los colores.

Puedes usar la cromoterapia ambiental en casa, cuando usas el color en casa todos tienen los gustos, sin embargo, una elección de color particular ayuda a proporcionar una sensación específica para un espacio.

Estos son algunos de los usos que le puedes dar al color en casa, en el trabajo y en otros ambientes que tengas. Los efectos que pueden producir se centran en los colores antiestrés que tienen efecto relajante en las personas.

Paredes pintadas de violeta pálido

Este color en algunos chakras aparece asociado al blanco, el séptimo chakra. Si se pintas las paredes de casa con el tono, se logrará un efecto calmante. Es bueno para meditar y orar.

Ayuda la conciencia y ayuda a dar lo mejor de cada uno. Tiene un efecto purificante.

Se recomienda para usar en:

- Sitios de culto.
- Entrada en una clínica u hospital.
- En la habitación.

Paredes color índigo (añil)

Tiene efecto sedante, ayuda a abrir la intuición. Se recomienda el uso en habitaciones, salas de tratamiento y clínicas u hospitales. También se puede usar en una biblioteca o estudio, pues es ideal para concentrarse.

Azul pálido en las paredes

Tiene un efecto relajante, es ideal. Este color se usa en decoraciones del hogar, principalmente en las paredes y techos. Tiene efecto calmante, curativo y relajante. No es tan sedante como el añil.

Se recomienda en cualquier habitación, salvo para salas de juego.

Paredes pintadas de verde

Este es el ideal para el estrés. Como se dijo antes, el verde es el color con propiedades relajantes. Tiene propiedades llenas de armonía y fomenta la tolerancia y el equilibrio.

Aunque, a la hora de decorar las paredes de casa de este color, se recomienda que se combine con otros colores para evitar que la sensación de equilibrio y armonía te lleve a parálisis e indecisión.

Espacios amarillos

Estos estimulan la fuerza mental. Es un color que promueve la sensación de alerta, dispara los estímulos y activa el cerebro. Por esto es apropiado para despachos o salas de trabajo.

No se recomienda para habitaciones, porque puede interferir el sueño y activar el cerebro.

El amarillo es un color prohibido a la hora de decorar la casa para esas personas que sufren de estrés o ansiedad.

Naranja para divertirse

El color naranja llena de energía, que estimula la creatividad, la sociabilidad y las ganas de divertirse.

Por eso al igual que el amarillo, si padeces de estrés no se recomienda que las paredes del dormitorio sean naranjas.

El rosa para calmar

Es un color que calma, ayuda a disolver la ira y fomenta el amor. Por esto es un color para paredes donde tenemos bebés y niños.

Paredes blancas

Es el comodín para los hogares. El blanco tiene todos los colores, la pureza de los pensamientos se evoca y nos da claridad.

Se puede usar en cualquier habitación, pero puede intimidad a algunos. Lo puedes romper con otro color o complementos como plantas, jarrones, cuadros, etc.

Training autógeno

Este entrenamiento es una técnica que fue desarrollada por el neurólogo y especialista en hipnosis Johannes H. Schultz en los treinta del siglo pasado.

La técnica tiene base en la concentración de sensaciones del cuerpo de la persona que la hace, logrando que tenga el poder de la imaginación.

Se usa actualmente en terapia, especialmente para tratar temas de ansiedad y psicosomáticos, permite aumentar los niveles de calma de la persona por medio de una tranquilidad y relajación duradera.

Este entrenamiento consiste en varios ejercicios que se tienen que ir aprendiendo progresivamente. Consisten en la concentración pasiva de las sensaciones del cuerpo. Por medio de sencillas instrucciones la persona va consiguiendo que las extremidades al inicio y el resto del cuerpo después, se relajen por las sensaciones de calor y peso.

En el momento en el que las extremidades se relajan, se tiene una sensación agradable de pesadez, de este modo el entrenamiento autógeno sugiere que para conseguir la sensación lo que debe hacer la personas es convencerse a sí misma por medio de la concentración, de que las extremidades pesan. De este modo, es el convencimiento interno de la propia persona la que logra la relajación en el cuerpo.

Así como lo indica el nombre, la técnica parte de la base del entrenamiento y por lo tanto se tiene que hacer progresivamente y constantemente para alcanzar los estados de bienestar que se quieren.

A pesar de que es una técnica sencilla se puede aprender en casa, se recomienda tener al inicio ayuda profesional que oriente el entrenamiento para que la persona sea capaz de llevarlo a cabo por sí mismo.

Consejos para hacerlo

En los ejercicios se tiene que ir repitiendo que estás en calma, o que estás tranquilo, además de las propias que uses. No tienes que entender esto como algo obligado, sino como algo que salga de tu corazón. Especialmente al inicio del entrenamiento, es complicado encontrar sensaciones enseguida, las frases con una meta a llegar, pero lo logras siendo paciente.

La posición inicial que se sugería es estando sentado en una silla cómoda como la posición de cochero. Tienes que tener relajación, ayudarte con los antebrazos sobre las piernas ligeramente separadas y dejando que las manos caigan entre ellas.

A pesar de esta indicación, si te sientes más cómodo puede hacerse estirado, intenta que no caigas en el sueño mientras te ejercitas.

El espacio sugerido es una habitación tranquila, sin ruidos del exterior que puedan distraer, con una luz tenue y temperatura a gusto. En el proceso se recomienda que las sesiones de aprendizaje se den por cinco minutos y se repitan tres veces al día, a medida que avances y con la suma de ejercicios el tiempo se amplía.

Algo que a menudo suele quedar olvidado es el fin de los ejercicios, cuando has logrado relajarte el ejercicio es que hagas una inspiración y estires las extremidades, como si acabaras de pararte. Abre lentamente los ojos para que evites mareos o sensaciones desagradables y te vas incorporando poco a poco, con pausa.

Primer ejercicio: pesadez

Es básico, es importante que lo hagas dominándolo a la perfección para ir al otro nivel.

- Te sientas o tumbas de una forma que te sea cómoda, intenta relajarte y sentirte cómodo.
- Cierra los ojos y te concentras en el brazo derecho.
- Repite mentalmente que el brazo derecho pesa, el brazo derecho pesa cada vez más.
- Repite las frases lentamente, unas seis veces.
- Cuando sientas que el brazo derecho de verdad pesa, repites mentalmente que te sientes totalmente tranquilo.
- Repite la frase varias veces.
- Finaliza el ejercicio inspirando profundamente, estira las extremidades, abre lentamente los ojos y te incorporas.
- Respira con normalidad en todo el ejercicio.

Este primer ejercicio se tiene que hacer unas tres veces al día, que no quite más de 5 minutos en total.

Al sentir que dominas por completo este ejercicio lo alargas hasta veinte minutos o más por sesión, añadiendo las otras extremidades.

Segundo ejercicio: Calor

- Ahora repite mentalmente unas seis veces que el brazo derecho está caliente, el brazo derecho cada vez está más caliente.
- Cuando sientes realmente que está más caliente, repite mentalmente que estás completamente tranquilo.
- Hacer ahora lo mismo con las demás extremidades.
- Termina el ejercicio inspirando profundamente, estira las extremidades, abre lentamente los ojos y te paras lentamente.
- Respira con normalidad en todo el ejercicio.

Mientras vas avanzando en este proceso, podrás sentir el calor que pasa por todo el cuerpo de manera que sientes la relajación.

Es importante que en caso de que tengas la tensión baja no hagas este ejercicio, porque puedes sentir maros desagradables.

Tercer ejercicio: pulsaciones

Cuando integres el ejercicio de calor en las extremidades vas a poder sacar el otro, este ejercicio es el más complicado de todos, porque requiere de un alto grado de atención para el cuerpo.

El ejercicio se hace a continuación del anterior de esta manera:

- Mientras te concentras en las pulsaciones del brazo derecho, repite mentalmente de dos a tres veces que el corazón late tranquilo.
- Repite los pasos 3 a 9 con el brazo izquierdo, la pierna derecha e izquierda.
- Termina el ejercicio, inspira, estira, abre lentamente los ojos y te incorporas lentamente.

A lo mejor a algunos les moleste la sensación de sentir su propio latido, si es ese tu caso, termina el ejercicio y vuelve poco a poco a él.

Cuarto ejercicio: la respiración

Cuando ya puedes detectar tus latidos, pasar al control de la respiración de esta forma:

- Focaliza la atención en la respiración y repite mentalmente dos o tres veces que tu respiración está tranquila y calmada.
- Ahora repite esto unas cuantas veces con el brazo izquierdo y las demás extremidades.
- Termina el ejercicio, inspira profundamente, estira las extremidades, abre los ojos lentamente.
- Respira normalmente en todo el ejercicio.

La idea aquí es que no intentes modificar la respiración, es decir, simplemente vas a repetir lentamente la frase de que tu respiración es tranquila y calmado y que poco a poco se irá calmando por sí misma. No busques respirar distinto a cómo lo haces siempre, porque podrías tener sensaciones desagradables de mareos o ahogos ligeros.

Si te pasa entonces para y repite más tarde.

Quinto ejercicio: el abdomen

Cuando consigues respirar controladamente, pasas al abdomen o plexo solar. Que es la red nerviosa que va por detrás del estómago. Lo haces así:

- Te fijas en el abdomen y repites mentalmente dos o tres veces que tu abdomen irradia calor.
- Repites los pasos con el brazo izquierdo, pierda derecha e izquierda.
- Terminas el ejercicio inspirando profundamente, estiras las extremidades y abres los ojos lentamente.
- Respira normalmente en todo el proceso.

En este ejercicio es importante que te imagines que el abdomen es una fuente de calor que irradia al resto del cuerpo. Las personas que logran dominar el ejercicio sienten una sensación de relajación profunda cuando llegan a él.

Sexto ejercicio: la mente

Este ejercicio es el de la mente, cando logras dominarlo la sensación de relación mental y física es total en la persona. Se hace focalizándose en una sensación de frescor en la mente y lo haces así:

- En este momento lo que haces es relajarte, te concentras en la mente, localizas en la frente y repites que tu mente está fresca.
- Finaliza el ejercicio inspirando profundamente y estirando las extremidades. abres los ojos lentamente.
- Recuerda que tienes que respirar normalmente.

A lo largo del ejercicio imagina que una brisa fresca sopla en tu frente, la sensación de fresco va a permitir que llegues a la relajación.

Como puedes ver este es un entrenamiento de relajación, s largo y no lo logras de un día para otro. Expertos dicen que puedes tardar hasta dos años en lograr estar en el ejercicio seis.

Así que la paciencia prima aquí, no quieras correr, a lo mejor con los dos primeros ejercicios ya te sientes relajado, si es así, y no quieres seguir, entonces te quedas en ese punto y disfrutas las sensaciones de la relajación.

A pesar de que puedes hacer esto solo, lo recomendable es que desde el tercer ejercicio lo hagas en presencia de un profesional que pueda guiarte hasta que lo domines.

Si quieres puedes contactar a algún profesional para que te oriente.

Kinesiología aplicada

La kinesiología es el lenguaje muscular con la que el kinesiólogo mantiene una conversación. Es un lenguaje que está directamente conectado con la inteligencia innata de los seres vivos. La kinesiología y el estrés y la ansiedad son una buena combinación, porque en la kinesiología se transmiten por medio del sistema nervioso y neurológico, creando un diálogo eficaz entre la persona y el kinesiólogo.

El dialogo se establece y nos marca el camino para seguir. Para apoyar el proceso, como es el caso de sufrir estrés. Es la brújula que nos lleva en la dirección adecuada para optimizar los recursos de energía y poder ayudar en los procesos.

La kinesiología trabaja distintos test musculares que hablan del hipotálamo, hipófisis, tiroides, pineal, sistema nervioso autónomo, estómago, timo, sistema emocional, etc. Con esto busca la mejor forma de apoyar en los cuadros de ansiedad, a nivel estructural, emocional o según como se vea la necesidad de la persona.

Veamos un ejemplo estructural: la técnica de subluxación y fijación

Por medio de la técnica se liberan vertebras que a la vez liberan presión en el sistema nervioso autónomo. Con esto se apoya y nutren nervios simpáticos y parasimpáticos, al a vez ayudan a los órganos y las vísceras que se conectan al sistema nervioso. Los chinos le dicen árbol de la vida a la columna vertebral. Ya puedes imaginar su importancia.

Ejemplo nutricional: técnica para las suprarrenales

Las suprarrenales que se agotan por la sobreproducción. La parte exterior de la glándula, que se llama corteza suprarrenal, produce hormonas de cortisol y aldosterona. La parte interior de la glándula, que se llama médula suprarrenal, produce hormonas de adrenalina y noradrenalina. El músculo sartorio es un músculo reflejo de la glándula y por medio de ella se puede saber qué nutrición le viene bien para mejorar el funcionamiento y la nutrición.

Ejemplo emocional

Muchos de los pasos que se tienen en la vida tienen componente emocional, como separaciones, el trabajo, relaciones toxicas, entorno, ser competitivo y mucho más.

En la kinesiología una de las técnicas más usadas son las flores de Bach que ya tocamos antes. Sin embargo, también hay puntos en el cuerpo que se llaman receptores del estrés. Cuando se piensa en un proceso que nos altera el cuerpo, lo refleja en una debilidad de los músculos, situación que el kinesiólogo aprovecha para hacer el dialogo y saber la mejor forma de apoyar el proceso.

Quiropráctica

La quiropráctica ayuda a las personas a corregir la interferencia que pueda haber en el sistema nervioso central del cuerpo.

El sistema nervioso central, el cerebro y la medula espinal, son responsables de controlar y coordinar la función del cuerpo y usa una vasta red de nervios, como unos cableados que se usan para comunicarse con las células y todos los órganos.

La medula espinal es el cable principal que lleva los mensajes desde el cerebro por los huesos móviles de la columna. Estas vertebras tienen como fin proteger los nervios que pasan por ellos, sin embargo, si uno de estos huesos está desalineado, puede tener efecto contrario. En vez de proteger el sistema, una vértebra desalineada puede ser un insulto a la médula espinal y los nervios que pasan por ella. en la quiropráctica de esta circunstancia es subluxación vertebral, la interferencia nerviosa que resulta podría alterar la función de una manera predecible e impredecible. Pero de cualquier manera una subluxación vertebral es perjudicial para el rendimiento del cuerpo. Para resumir, la subluxación en la columna interfiere con la función del cuerpo y evita que trabaje correctamente.

Debido a que la comunicación entre cuerpo y otras partes es esencial para regular la química del cuerpo, los efectos deletéreos son inevitables y difíciles de predecir.

Cuando el quiropráctico identifica una vértebra subluxada, este intentará corregir, en vez de tratar cualquier condición o enfermedad en particular. Esto es porque la función del sistema es elemental para la función optima del cuerpo. Si la función del cuerpo está bien, la condición o los síntomas de resuelven.

Para poder tratar esto, el quiropráctico no ofrece ajustes de quiropráctica para tratar la ansiedad, ataques de pánico o cualquier otra afección. Sin embargo, es clave que se cuestione algo, ¿Quién necesita que el sistema nervioso funcione bien más que una persona que sufre ansiedad y ataques de pánico? Los ajustes de quiropráctica precisos y específicos permiten un mejor rendimiento. Las personas que lo hacen notan cambios positivos en muchas condiciones que eran predecibles. Con la corrección de la subluxación vertebral, se ven mejoras aleatorias en muchas facetas de la salud.

La respuesta entonces es que la quiropráctica no es el tratamiento de las condiciones específicas, sino la de eliminar la interferencia en el sistema nervioso. Esto permite una comunicación adecuada entre cerebro y cuerpo. Mejora la función general adecuada entre cerebro y cuerpo, mejora la función general.

Más allá de la condición o los síntomas, lo recomendable es que se encuentre un quiropráctico que proporcione análisis espinal precisos y ajustes para las subluxaciones vertebrales.

Osteopatía

Las respuestas naturales del cuerpo ante los peligros son de luchar o huir. Son un mecanismo desarrollado evolutivamente para cuando enfrentamos situaciones que son malas. El sistema nervioso simpático responde en modo supervivencia liberando hormonas como el cortisol, que aceleran el corazón y la circulación.

Esto ayuda a que la sangre se desvíe de las funciones del cuerpo innecesarias como la digestión y las lleva a los músculos que la usan como combustible para llegar a mayor velocidad y flexibilidad. La osteopatía puede ser una solución para ayudar al cuerpo a redistribuir el corriente sanguíneo.

Que sucede en el cuerpo cuando se tiene ansiedad.

Los episodios agudos de ansiedad pueden ser cortos y por lo general resultado de una situación de estrés. Si no se tratan con cuidado, pueden durar meses o años. sin ser motivo de amenaza real. La gran mayoría de investigadores creen que sucede por plasticidad del cerebro y la incapacidad para responder con eficiencia.

El cerebro bloquea la multiplicidad de respuesta ante eventos potencialmente no deseados, relegando, la mayoría de veces el cuerpo se somete a cuadros de ansiedad, a emitir la misma respuesta porque sirve la memoria bloqueada. La ansiedad constante y no tratada puede llevar a aislamiento social y problemas serios de salud.

El bienestar psicológico y físico tienen una amplia conexión. Para poder tratar la afección, la gente acude a químicos como Valium, pero lo que la mayoría no sabe es que tiene efecto calmante en el cerebro, así como que caminan a la adicción del fármaco. Lo es tanto como la heroína. Además de los efectos secundarios comunes que pueden llevarla ingesta de estas medicinas, como complicaciones para pensar, mareos, perder la memoria, entre otros. normalmente se experimentan síntomas que se derivan de la abstinencia, aún peores que los mismos síntomas originales experimentados por los que se comenzó a tomar el Valium.

La osteopatía tiene un buen futuro, es bueno para tratar a los ansiosos. La disfunción psicológica puede tener un efecto devastador en la capacidad de funcionar correctamente en los tejidos del cuerpo.

Es una herramienta útil para tratar la ansiedad u otros trastornos que derivan del estado de ánimo. Esto es porque interfiere directo en la interconexión entre mente y cuerpo. Cuando hay restricciones dentro del cuerpo, sean sutiles o no, la tensión que se ejerce en el sistema nervioso aumenta la liberación de neurotransmisores que excitan y esto potencia el nivel de ansiedad.

El tratamiento se sirve de técnicas diversas para restablecer el movimiento funcional de los tejidos y el suministro de la sangre que a la vez facilita la óptima transmisión nerviosa. Cuando un osteópata trata la ansiedad tiene en cuenta factores como dieta, ejercicio, síntoma físicos que se manifiestan y las restricciones fisiológicas en la función neurológica.

Ente enfoque integral hace de la osteopatía al menos una opción a tener en cuenta. Competente como algunos tratamientos occidentales. Mejor que el químico.

Reflexoterapia podal

En las terapias alternativas para la ansiedad, tenemos la reflexología podal. Ella es capaz de regular muchos de los síntomas. Es capaz de relajar todo el sistema entérico o digestivo a un nivel más profundo. Reduce muchos de los síntomas.

El chakra del plexo solar es el que se ve más afecta en las crisis de ansiedad, porque cuando hay hiperventilación la persona retrae el diafragma para quedarse con respiración superficial alta y rápida, que lleva un aporte excesivo de oxígeno hacia el cerebro y puede llevar hasta a desmayos.

Es un chakra que se relaciona con el elemento fuego, y se halla en la columna, entre la última vertebra dorsal y las primeras lumbares. La proyección adelante se ubica a la altura del ombligo o un poco más arriba.

El generador de prana, la energía vital que ayuda a mantener la vida. Se relaciona con el fuego digestivo, el plexo solar y las cápsulas suprarrenales. Esto da una idea de porqué desatan la ansiedad y cuadros de pánico.

Cuando una persona vive una situación constante de estrés, entre el chakra manipura y los pies están también con una relación, porque este se sitúa en la columna de la que salen cadenas de ganglios simpáticos, neurovegetativos que inervan los pies.

Durante la respiración se hace control del sistema nervioso autónomo gracias a una estructura que se halla en la zona interna de las fosas nasales y que regula los iones del aire que entran, positivo o negativos y alimentan la energía de los dos nadis Ida y Pingala, canales que a la vez nutren el canal central Sushuma, que sube desde el primer chakra e la base del coxis hasta la cabeza.

La persona que hace yoga sabe la importancia que tienen estos canales y cómo la respiración los mantiene equilibrados. Esta es una disciplina milenaria, el sol y la luna son la dualidad de fuerzas que actúan en nosotros. Pingala se representa por el sol y conduce la fuerza vital, Ida está representado por la luna y lleva la fuerza de la mente.

Ambo actúan en intervalos de dos horas a lo largo del día, se marcan por la respiración Ida se liga a la fosa nasal izquierda, al sistema nervioso parasimpático y controla el hemisferio derecho del cerebro. Pingala se liga a la derecha, al sistema nervioso simpático y controla el hemisferio cerebral izquierdo. Es importante el equilibrio entre los dos.

Uno de los puntos reflejos del pie que más influye en el tratamiento de la crisis de ansiedad es donde se ubica el chakra del plexo solar. Se bica en la planta, donde está el duodeno y el páncreas en reflexoterapia. El presionarlo con fuerza y permitir que el pie se mueva suavemente, liberando la fascia, ayuda a que se siente cómo todo el sistema digestivo se libera a un nivel profundo.

Al hacer esta técnica en tratamientos, se sienten agradables sensaciones, cede la tensión en el estómago, la energía asciende como ola hasta la cabeza. Es trabajar el tercer chakra y ascender en energía a los centros superiores.

Ejercicio

Para poder masajear los cuatro puntos ubicados en el pie que van a hacer que te sientas mejor. Vamos a hacer una sesión de automasaje en un entorno tranquilo. Usamos crema hidratante en la planta de ambos pies con movimientos como se amasado por la zona.

El primer punto que vamos a amasar es el que está en el plexo solar, lo encontrarás fácil si deslizas fácilmente el dedo pulgar de la mano por la parte gordita del dedo gordo, siguiendo el hueso hasta que termina en la planta del pie. Esta zona se ubica justo donde acaba la planta del pie. Donde acaba el hueso del pulgar de casa pie, es el centro de relajación del cuerpo. Para poderlo tratar tienes que presionar con el dedo pulgar haciendo presión y círculos. En situaciones normales con un minuto de masaje en esta zona es suficiente. Pero si hay ansiedad se puede alargar la estimulación por unos cinco minutos.

Puedes hacer un buen masaje de pies presionando los puntos adecuados, es todo lo que necesitas para relajarte un poco. Luego trazas la línea recta mental desde el punto en el que nos encontramos hacia abajo, donde comienza el talón. Haces la presión en línea recta descendente y ascendente y logras rebajar la activación del sistema nervioso.

El otro punto de atención es en el dedo gordo. Trabaja desde la base de ldedo gordo trazando líneas rectas hasta la zona superior de este, donde termina la uña para luego masajear el lateral del dedo del pie de abajo para arriba. En la parte de arriba del dedo nos encontramos en el punto reflejo del cerebro y manejarlo es eficaz si andas rumiando pensamientos.

Para terminar, deja la planta del pie para irte a masajear la cara interna, desde el tobillo hasta el dedo gordo. En esa línea a línea imaginaria la parte más cercana al dedo gordo se corresponde con las cervicales, las que más sufren en momentos de tensión. Ir sobre la línea del hueso del dedo gordo al tobillo y el tobillo al dedo, esto ayuda a relajar las cervicales y el sistema nervioso central.

LA MEDITACIÓN COMO HERRAMIENTA PARA SUPERAR LA ANSIEDAD

*L*a meditación se ha practicado por miles de años. inicialmente se usaba para ayudar a profundizar la comprensión de lo sagrado y las fuerzas místicas de la vida. Hoy en día se usa para relajarnos y calmar la ansiedad y derivados.

Se considera un tipo de medicina complementaria para mente y cuerpo. La meditación puede producir un estado de relajación profundo y una mente en tranquilidad.

Mientras meditas, te concentras en eliminar el flujo de pensamientos confusos que pueden llenar la mente y causarte estrés. El proceso es un realce del bienestar físico y emocional. La meditación te puede dar la sensación de paz, calma, equilibrio que puede beneficiar en el bienestar del cuerpo y la salud.

Dentro de los beneficios encuentras:

- Otra visión sobre situaciones que te estresan.
- Maneras de ver el estrés.
- Aumento de la autoconciencia.
- Concentrarse en el ahora.

- Reducir las emociones negativas.
- Aumenta la imaginación y creatividad.
- Tienes más tolerancia a las cosas.

Veamos en este capítulo cómo la meditación te ayuda con la ansiedad, así como a saber usar la respiración de manera consciente, trabajar el sexto chakra y relajar los músculos, así como saber aprovechar el poder de la visualización.

Mantras para serenar la mente

Los mantras pueden ser un remedio ideal para serenar la mente. Desde su origen en la remota India del os brahmanes y los yoguis, los mantras son instrumentos mentales de liberación. Para algunos ese es el significado etimológico, tanto en el budismo como el hinduismo, tienen funciones litúrgicas, similar al que se emplea en ceremonias católicas, pero con el tiempo se han usado para otros fines, como este, que es en la ansiedad.

Te sugiero este tipo de mantra, ideal para que lo uses solo y que te serenes, lo puedes aplicar cuando estés en el proceso de meditación, mientras inhalas y exhalas, manteniéndote desconectado, puedes emitir este mantra y conseguir doble efecto en la búsqueda de aliviar la ansiedad. También lo puedes poner en marcha cuando estés en un episodio.

ra ma da sa say so hung

Este es un mantra que se compone de palabras en sánscrito para la energía del sol, energía de la luna, energía terrenal y la energía del universo. Además, tiene las partículas say y hung, aluden al hecho de que la energía infinita tomar cuerpo en nosotros, con lo cual vibra y nos hace formar parte de ese flujo del universo. Es un mantra de curación integral.

ajai alai

Este es un mantra que se traduce como indestructible o invencible y se le asocia con frecuencia no con el poder tal como lo entendemos, sino el que emana desde dentro de nosotros como parte de la divinidad. Se le considera un mantra de sanación mental.

pavan guru

La respiración es la que manda, eso es lo que nos dice este mantra. Pavan es la respiración divina que todos ponemos en marcha a diario y guru se refiere al conocimiento que transforma la mente, las emociones y la esencia. En la respiración está la sanación buscada. Este es un mantra que se usa para conseguir revitalizar la energía.

ang sung wahe guru

Este es un mantra lleno de mucho poder, tiene un significado que alude a la energía del Todo y danza en las células y miembros. En la conciencia individual que emerge con la conciencia universal. De ahí que se le considere un mantra con efectos curativos en las células.

Otras frases que puedes usar cuando tengas ansiedad

El dolor es inevitable, el sufrimiento es opcional

Uno de los fundamentos del budismo y de la vida es que no se puede eludir el dolor, vivir sin experimentarlo, pero la diferencia está en cómo nos situamos con este, la actitud que se usa.

Esto también pasará

En la vida todo es pasajero, transitorio, aunque ahora mismo parezca que no.

El dolor no lo es todo

Rumi, el poeta místico persa escribe "No eres una gota contenida en el océano. Eres todo el océano contenido en una gota". La idea es que cuando las emociones como dolor, ansiedad o tristeza nos agobie, cuando aparece, hay que cubrir todo nosotros somos más que eso. Somos alegría y felicidad, enojo, somo los 20, 30 o 40 años de edad que tenemos. Somos las relaciones que hemos hecho y somos conciencia del universo.

Esto es solo un momento

En el sentido de lo transitorio que más que el tiempo, que nada lo detiene, aun cuando parezca que no puedes hacer nada contra la ansiedad, pero solo parece. El tiempo hace lo suyo, transcurre, hace pasar ese momento.

No estoy solo/a en esto

La sensación de compañía también es una defensa contra la ansiedad. Aunque la etapa te haga sentir en aislamiento, lo cierto es que, junto a ti, siempre hay una persona, toda la vida la has recorrido tejiendo relaciones a las que puedes acudir en momento difíciles.

Cómo trabajar el sexto chakra

Ajna es el sexto chakra, se conoce como tercer ojo, se ubica en la zona del entrecejo y se relaciona con la capacidad que tenemos para liberarnos gradualmente de las limitaciones que nos ponemos nosotros mismos y ver el contexto amplio y verdadero que tenemos.

Si la energía se equilibra y fluye, se está más abierto a la percepción psíquica y el sentido de la intuición se habrá desarrollado. Haciendo meditación o yoga se comienza con el trabajo de este chakra. Se dice que es más fácil armonizar los chakras inferiores si este ya se ha equilibrado. La energía del sexto chakra se puede desequilibrar y causar mareos, inestabilidad endocrina, migrañas, mala visión o sinusitis. Es posible también que dé paso a la confusión mental, arrogancia intelectual, falta de sueño o desconexión de la realidad o alucinaciones.

Se pueden hacer asanas de yoga, como la postura perfecta o Siddhasana, la postura fácil o Sukhasana, la postura del niño o Balasana. Por lo general la meditación sentado y otras que llevan la frente al suelo, ayudan con este chakra.

Nasagra Drishti

Significa mirada o visión. Tiene que ver con el punto de atención o foco en el que descansamos la mirada durante la meditación o las asanas. Los dristhis buscan cultivar la mirada interna que nos facilite estar presentes en la práctica. Siéntate en postura de meditación que nos facilite estar presentes en la práctica. Te debes sentar en postura de meditación y dirigir la mirada a la punta de la nariz, mantén los parpados medio abiertos por diez segundos, luego los cierras y relajas los ojos. Puedes hace varias vueltas llegando hasta un minuto, siempre que no sientas tensión en los ojos.

Meditación Bhuchari

Si andas con gafas o lentillas de contacto, el consejo es que te las quites previo a comenzar. Te sientas en postura de meditación, frente a una pared blanca, lleva el pulgar de la mano derecha al centro del labio superior y relaja los dedos índice, corazón y anular a la vez que estiras el meñique para afuera. Enfoca la mirada en la punta del dedo meñique intentando no parpadear. Haz esto por cinco minutos y luego relajas la mano, pero sigues mirando donde estaba la punta del dedo meñique. Hazlo por unos veinte minutos y repite varas veces por días seguidos. Esta es una técnica que limpia los ojos, conductos lagrimales y senos.

Afirmaciones

Te debes sentar en postura de meditación, repite internamente, mi mente se siente fuerte, bien enfocada y alerta. O que confías en los mensajes que recibes de tu ser superior por medio de la intuición.

También puedes aprender a analizar los sueños, es una buena forma de conectar con el chakra y equilibrar la energía.

Aprende a relajar los músculos

Seguramente has tenido dolores de espalda y cuello cuando andas con estrés o ansiedad. Esto es porque cuando padeces de este problema, una de las formas que tiene el cuerpo para responder es con la tensión muscular. La relajación progresiva de los músculos es ideal para que comiences a aliviar esta tensión.

Los puntos clave a tener en cuenta:

- En la relajación progresiva de los músculos vas tensando los músculo, cuando inhala, y los relajas cuando exhalas trabaja los grupos de músculos en un orden determinado.
- Cuando el cuerpo está físicamente relajado, no puedes sentirte ansioso, el que hagas relajación progresiva de los músculos por unas semanas, te va a servir para que mejores esto y con el tiempo podrás usar el método para aliviar el estrés.
- Cuando comienzas por primera vez, puedes poner un audio para que aprendas todos los grupos de músculos en orden. Puedes acudir a la biblioteca local o a una librería para que obtengas grabaciones sobre relajaciones progresivas de los músculos.
- En caso de que tengas problemas para dormir, este método puede servir para que lidies con los problemas de sueño.

El método para hacerlo

Puedes como se dijo, usar un audio o poner algún video de YouTube que tiene sonidos para todo. Así podrás concentrarte en cada grupo de los músculos o puedes aprender el orden de los grupos de músculos y hacer los ejercicios de memoria. Elige un lugar donde no te interrumpan y te pones boca arriba y donde te puedas estirar fácilmente, puede ser en el piso o en la alfombra.

- Comienza inhalando y tense el primer grupo de músculos, fuertemente, pero sin que llegues al punto donde te duele o le dé calambre. Lo sostienes por unos diez segundos.
- Exhala y relaja el grupo de músculos de esa zona, lo haces de manera repentina y completa, no relajes gradualmente, es algo como tensar y soltar.
- Vas a relajar por unos veinte segundos antes de irte a trabajar con el siguiente grupo de músculos. Nota la diferencia entre cómo se sienten los músculos cuando los tienes tensos y cómo se sienten relajados.

- Cuando termines con todos los grupos de músculos, cuenta de 5 a 1 para volver a traer la concentración al ahora.

Cuando has aprendido cómo tensar y cómo relajar cada grupo de músculos, puedes probar más cosas, cuando tengas los músculos tensos, puedes tensar y relajar esa área del músculo sin pasar por todo el proceso.

Ten una lista de los grupos de músculos en orden y cómo tensarlos. No olvides hacer esto acostado.

- Para las manos lo que tienes que hacer es apretarlas, es decir, cerrar los puños y aplicar un poco de fuerza. Luego sueltas relajando la mano, no dejándola abierta y templada.
- Muñecas y antebrazos los tienes que extender, vas a doblas las manos desde la muñeca.
- Los bíceps y la parte superior del brazo, vas a apretar las manos formando un puño, doblas los brazos a la altura del codo y flexionas los bíceps.
- Para los hombros lo que hará simplemente es encogerlos, esto es sencillo, los subes hacia las orejas y los bajas.
- La frente la trabajas frunciendo el ceño con fuerza, como si exageraras enojo.
- Alrededor de los ojos y el puente de la nariz lo trabajas cerrando los ojos todo lo que puedas. Te quitas los lentes de contacto o las gafas cuando hagas esto.
- Para las mejillas y la mandíbula lo que harás es sonreír lo más ampliamente que puedas.
- Alrededor de la boca es trabajo apretando los labios fuertemente. Verifica en este proceso que el resto de la cara no esté tensa. Solo usarás los labios.
- En la nuca vas a presionar la nuca contra el suelo o contra el piso o una silla.
- Frente del cuello lo trabajas tocando el pecho con la barbilla, intenta no crear tensión en el cuello ni en la cabeza.

- Para el pecho tienes que respirar hondo manteniendo la respiración de 4 a 10 segundos.
- Para la espalda, tienes que arquearla hacia arriba, la separas del piso.
- En el abdomen, lo tienes que sumar con fuerza, revisa el pecho y el estómago para que detectes tensión.
- La cadera y los glúteos los contraes con fuerza.
- Los muslos también los trabajas apretándolos fuertemente.
- Finalmente, las pantorrillas las trabajas apuntando con los dedos de los pies hacia la cara, luego apunta en la dirección opuesta y los arqueas hacia abajo a la vez, tienes que verificar que el área de la cintura hacia abajo no esté tensa.

El poder de la visualización

El lograr objetivos personas y profesionales exige que se tenga determinación, seguramente hay momentos donde flaqueas o sientes la sensación de que no los puedes alcanzar por no tener capacidad o voluntad. Si te pasa esto, considera usar el poder de la visualización para lograr lo que te propongas.

Debes liberar la creatividad y elevar el potencial de la mente con la finalidad de que los sueños y metas profundos los puedas hacer realidad por medio de la concentración enfocada. Es como soñar despierto, pero con la intensidad para que los logres materializar.

Dicen que el cerebro no puede diferenciar con precisión entre lo que sucede en el mundo real y lo que pasa dentro de la cabeza. La actividad neuronal es la misma. Por lo dicho anteriormente, no eches en saco roto el poder de la visualización porque lo puedes aplicar en varias áreas de la vida, no solo para la creatividad sino para que hagas planes, llevar a cabo proyectos personales o hacer cualquier tarea de manera eficiente.

Hay dos tipos de simulaciones que tienes que aprovechar por igual, la de proceso y la de resultados. La primera es la que imagina los pasos que vas a seguir para lograr objetivos y la otra se refiere al resultado final. Tienes que ir por todo, imagina con detalle el futuro. Obtener lo mejor de la visualización exige intensidad emocional, imagina con detalle el momento que quieres vivir, si quieres un resultado positivo en un proyecto, tienes que visualizar que aplaudes y te sientes emocionado, además de que sientes confianza para resolver el tema. Eres experto y puedes resolver las dudas que tengas. Permite que la experiencia se haga realidad en ti.

Del mismo modo tienes que exponerte a situaciones que asemejen lo que te propones como un logro. Si sueñas con dar una conferencia de éxito en un congreso con más de mil personas, pero nunca has dado una, entonces puedes hacer charlas entre amigos o con poca gente para que la sensación te vaya permeando.

Para trabajar la visualización puedes cada día darte la oportunidad para estar solo, en algún sitio donde sientas esto, puedes hacer:

- Ver una foto, analizarla y memorizarla. Luego cierra los ojos y recuerda todo lo que viste. Deja que la imagen cobre intensidad en la mente, si pierde fuerza vuelve a verla y repite el ejercicio, ya mejorarás con la práctica.
- Protagoniza una escena favorita, por ejemplo, quieres una cita perfecta, usa los sentidos para hacerte la película en la mente. Huele su perfume, saborea alimentos, escucha conversaciones de quienes están atrás de ti, ve lo que dicen.

Además de que te apoyes en la imaginación, pon de tu parte para que aprendas habilidades o conocimientos que necesitas para lograr las metas. Integra un plan de aprendizaje y establece cronogramas. Lo pones por escrito con la intención de que el compromiso sea mayor.

Finalmente, no permitas que las creencias limitantes se apoderen de ti, al contrario, genera confianza para que creas que puedes lograr las cosas que planees no dejes que nada se interponga en el camino.

Ni siquiera la ansiedad y por eso es bueno que aprendas a usar la visualización para controlarla.

La visualización es una herramienta sumamente útil que te permite encontrar mejor control de la mente, de las emociones y del cuerpo, así como el lograr aliviar la tensión muscular, como técnica de concentración para controlar y eliminar el dolor, para poder potenciar el éxito de muchas técnicas cognitivas, para mejorar la memoria, desarrollar la confianza y aumentar la actitud positiva entre otras cosas. No es otra cosa que aprender a relajarse e imaginar las cosas de manera vívida. Es conocer de la manera más realista posible y aportar todos los detalles que se puedan incluir a la vez que generamos el control de las emociones, sensaciones y comportamientos.

Dado el amplio abanico de beneficios que ofrece el desarrollo de técnicas de visualización, es que consideramos importante el poder implementarlas con los estudiantes, comenzando de manera guiada, para que luego puedan usarlas de manera autónoma para mejorar así la calidad de vida futura. Conociendo y dominando herramientas que sirvan para lograr mejor armonía entre la mente y el cuerpo.

Técnicas a tener en cuenta

Hoy en día es aceptado ampliamente que imaginamos constantemente. Sin embargo, la imaginación más común se constituye por imágenes malas de inseguridad, desconfianza y orientadas hacia el fracaso y la enfermedad. Por lo general solemos anticipar e imaginar consecuencias malas, pero nos cuesta imaginar que todo saldrá bien o que solventaremos un problema.

Las emociones están precedidas y seguidas por imágenes. El estrés crea percepciones e imágenes negativas. Los pensamientos, las visualizaciones positivas, hacen que la mente a la vez cree sustancias para sentirse a gusto, como el neurotransmisor llamado serotonina.

El uso de la visualización como una herramienta terapéutica es antiguo y de hecho es algo que practicamos todo el tiempo, pero no hacemos consciencia de eso. Si pasas un tiempo pensando en el mañana e imaginando cosas buenas y malas que podrían pasar. Eso es visualizar. Entonces, si lo puedes hacer inconsciente también lo puedes hacer de manera consciente. Hay que enfocar la atención en lo que quieras.

Fue en el año 1971 cuando el doctor Carl Simonton, oncólogo y director médico del centro del consejo de investigación del cáncer en Texas, es pionero en el uso de las visualizaciones junto con el tratamiento médico tradicional.

Enseñaba a los pacientes a visualizar una batalla librándose en los cuerpos, donde los glóbulos blancos mataban células malignas que encontraban. Los pacientes imaginaban a continuación cómo desaparecían los tumores y cómo recobraban salud radiante. Esto no quiere decir que la visualización cure por sí sola, pero poner la mente con imágenes creativas proporciona muchos beneficios. Actualmente se conoce que la visualización es efectiva para el estrés y enfermedades físicas, incluida la migraña, espasmos musculares y dolor crónico.

Muchos investigadores saben que tienen un papel clave en programas de tratamiento para muchas enfermedades. También se ha demostrado que mejora la memoria, desarrolla la confianza en uno mismo y en actitudes positivas.

Las técnicas de relajación se basan en la imaginación, ellas proponen la visualización mental de situaciones, las sensaciones y emociones como vía para llegar a la relajación. Por medio de instrucciones verbales se lleva al organismo a experimentar mentalmente estados tranquilos, de relajación mental. Se recomienda ante síntomas físicos y cognitivos relacionados con el estrés. En la preparación para actividades que piden esfuerzo y afrontamiento de situaciones estresantes relacionados con estímulos claves para recuperarse luego de actividades de afrontamiento.

Los pensamientos producen resultados, si tenemos pensamientos ricos en creatividad, se tienen resultados llenos de creatividad. Si los pensamientos son malos, tendrás resultados malos ten claro que cambiar la forma en la que ves las cosas es clave para que puedas ver el mundo como quieras.

La visualización es una herramienta útil para encontrar control mental de las emociones y el cuerpo, así como para los cambios de comportamiento.

Significa aprender a relajarse e imaginar los diferentes puntos o situaciones de la forma más realista posible, aportando los detalles que se puedan por medio de sensaciones y comportamientos.

Es el uso consciente de la imaginación aplicada en la vida en el día a día. Esto con el propósito de alcanzar objetivos, superar obstáculos, ampliar conocimiento de nosotros mismos y mejorar la calidad de vida.

Es un proceso de reactivación de experiencia sensorial y emoción, que permite poner recursos acumulados al servicio de proyectos futuros. En la visualización se representan escenas donde se participa de manera activa. No solo es imaginar sino proyectar el lugar donde se hace la acción. Se pone en marcha cada uno de los sentidos que compromete la situación real de forma que nos hallamos viviendo situaciones como se desea.

Gracias al uso de la visualización podemos explorar muchos campos. Los problemas que tenemos se albergan en el miedo a lo desconocido. Con la visualización podemos imaginar situaciones y las podemos cambiar, así establecemos los comportamientos. Es un modo de practicar de manera activa. Cuando llegue una situación real tendremos más seguridad para actuar.

Campos de aplicación

- Control para el dolor, como migrañas o post operatorios.
- Curación de enfermedades, más que eso para optimizar los resultados.
- Logro de objetivos, muy usado en deporte.
- Afrontar estados emocionales negativos, estrés, ansiedad, depresión.
- Conseguir estados de relajación.

A tener en cuenta:

- Las imágenes son particulares en cada sujeto, cada uno de nosotros tenemos imágenes propias.
- Hay que hacer un entrenamiento en imaginación previo si eres de las personas que cuesta imaginar.
- La eficacia de esto depende del deseo, la confianza y la aceptación que se tenga de ellas, claro, también de la práctica continuada.
- Tenemos que empezar haciendo ejercicios de respiración profunda, en un estado de relajación y paz.
- Hay que mantener los ojos cerrados e implicarse en el ejercicio de manera activa.
- Con una sesión de visualización se finaliza de modo gradual. Primero, se deja de manera deliberada que la imagen se esfume, luego se vuelve a dirigir la atención lento a la habitación donde está tendido, se abren los ojos. Durante los pocos minutos que siguen da a las extremidades un estiramiento suave y luego se reemprende la actividad normal.

Para entrenar la imaginación

Algunas personas tienen facilidad para visualizar, son las que tienen por costumbre fantasear o una gran imaginación. A otras personas no se les da fácil poner imágenes en la mente, normalmente cuando se encuentra un paciente que tiene problemas, lo primero que hace es entrenarse la imaginación por medio de ejercicios con sencillas imágenes.

Los cinco sentidos

La vista:

Intenta imaginar por veinte segundos cada una de estas imágenes:

- Una forma, círculo, triángulo, rectángulo.
- Un tronco

- Un gusano
- Un botón
- Un pedazo de cabello.

Oído:

Imagina esto:

- Viento que sopla entre los árboles entre los juncos del río, entre las sábanas de alambre para tender la ropa.
- Timbre de un móvil.
- Personas distintas que dicen tu nombre.
- El sonido del galope de un caballo en distintas superficies, como madera, empedrados, arena dura, barro...
- Tráfico
- Escalas de un piano.
- Agua que fluye, olas de mar, cascadas.

El olfato:

Vas a evocar lentamente uno por uno con estos olores:

- Humo de gasolina.
- Menta, tomillo, cando lo pisas.
- Aroma de azahar, jazmín
- Cloro.
- Pan salido del horno.
- Hierba recién cortada
- Vainilla

El gusto:

Imagina el gusto de coles de Bruselas, plátano, higo, chocolate, azúcar, uvas, mayonesa, dentífrico.

Tacto:

Evoca estas imágenes táctiles:

- Estrechas una mano
- Permaneces descalzo sobre arena seca y suelta.
- Sostienes guijarros suaves.
- Tocas paletería levemente
- Enhebras una aguja
- Acaricias telas lustrosas, arpillera o terciopelo.

Temperatura:

Imagina sensaciones de frío o calor.

- Bebes algo caliente.
- Tomas el sol.
- Andas por la nieve.
- Pasas de una habitación fría a una cálida.
- Tienes en las manos un cubo de hielo.
- Te metes en una tina de agua caliente.

Sentido kinestésico: este es un sentido de percepción del movimiento y posición del cuerpo. Te sientas llevando a cabo una forma de actividad como:

- Serrar madera.
- Correr sobre la hierba.
- Nadar.
- Lanzar una pelota.
- Remover un jarabe
- Lanzar una pelota
- Colgar un abrigo en un gancho
- Ascender por una duna arenosa.

Ejercicios de visualización

El ejercicio con la naranja:

Ponte cómodo en un sitio calmado, donde no vengan a interrumpirte, por un momento te evades de los problemas y te concentras en ti mismo.

Ahora piensa en una naranja e intenta percibirla en todos los sentidos.

Vista: piensa en la apariencia externa de la naranja, mira el color, la forma, el tamaño, detente a mirar la piel, fíjate en los detalles, en el aspecto de la naranja por dentro, como es el interior de esta y cómo es la naranja.

Oído: piensa en el ruido cuando quites la cáscara de naranja y luego en el que se produce al separar los gajos. Imagina el ruido que reproduce cuando muerdes.

Olfato: imagina el aroma sutil que desprende la fruta previo a ser pelada, luego el olor más intenso cuando la pelan y parten. Trata de captar el aroma del jugo.

Gusto: lleva un gajo a la boca, siente el sabor, antes y después de morder, también recuerda el sabor del zumo, ahora percibe el sabor de un caramelo de naranja. Siente la diferencia de sabores.

Tacto: palpa la cáscara y nota la diferencia entre el interior y exterior. Presta atención al tacto de los gajos, a la capa de piel fina, siente el contacto de los gajos entre los dedos y con los labios.

Visualización de un paisaje

- Imagina que vas por la calle, por un prado de hierba verde ubicado entre las montañas nevadas.
- Mira las montañas alrededor, son altas, ves cómo contrasta el blanco de la nieve con el intenso color del cielo. Es mediodía, brilla un sol radiante y luminoso. Ve el verde de la hierba, el blanco de la nieve, las montañas y el azul del cielo.

- La temperatura tiene que ser agradable, no hace ni calor ni frío, sopla una brisa templada que roza la piel de la cara.
- Al caminar notas, porque vas descalzo, el roce de la hierba fresco y húmedo.
- Vas despacio, deleitándote de todo lo que ves y sientes a tu alrededor.
- Tienes una sensación de paz y tranquilidad.
- Oyes el cando de los pájaros y los ves volando alrededor.
- Mira ahora en las plantas, flores y hierbas que hay alrededor. Pequeñas flores de colores vivos, amarillas, blancas, naranjas, azules. Las hueles. Corta una flor, la acercas a la nariz. Siente el aroma mientras te concentras en el color de los pétalos.
- Sigue caminando despacio, sin prisa, disfruta el paseo.
- Mira el riachuelo de agua que baja de las montañas, que forma pequeños arroyos, donde las aguas saltan, corren y forman pequeñas cascadas y pozas tranquilas. Concéntrate hasta que escuches el murmullo de las aguas.
- Te acercas a un arroyo, te agachas y metes las dos manos unidas dentro del agua para recoger y beber. Siente la frescura en las manos, dirígelas a la boca y toma.
- Siente el agua fresca, limpia, pura, cristalina que entra en el interior del cuerpo. El agua revitaliza todo el organismo y sientes salud y bienestar.
- Sigue el paseo, te fijas en la planta de menta, te acercas y cortas unas hojas. Las masticas, percibes el fuerte olor a menta.
- Para terminar, buscas un sitio en ese lugar donde puedes echarte cómodo. Te tumbas y descansas, cierra los ojos y percibe los ruidos, temperatura y olores. Descansa profundamente.

Describir un espacio significativo

Busca un sitio calmado donde no te molesten, con una intensidad de iluminación baja, toma una postura donde te sientas cómodo. A continuación, puedes intentar recordar un lugar que conozcas bien y que se transmita tranquilidad, donde te sientas cómo con todos los detalles y sentidos.

Visualiza donde te encuentras ahora. Los elementos que hay, si hay gente alrededor, los colores que ves en el paisaje, las sensaciones corporales, como que, si hace frío o no, si notas el viento…

Siente los olores alrededor, si hay algún sonido, los elementos que hay alrededor. La textura que tienen, una vez que haces esto, todas las sensaciones dejan el lugar poco a poco, haz varias respiraciones profundas antes de salir de relajación.

Uso de una tensión

Busca una posición cómoda con los brazos a los lados, con las piernas siendo prolongación del vientre:

- Cierra los ojos.
- Entra en contacto con un foco de tensión que tengas en el cuerpo.
- Imagina la forma que tiene
- Si quieres lo asocias con una imagen.
- Puede que sea un nudo, tenazas o la forma que quieras.
- Cuando identifiques la tensión, aumenta, siente cómo lo hace.
- Si quieres imagina ahora que puedes soltar o aflojar el nudo o esa herramienta
- Que llegue la sensación de bienestar
- Instálate en la sensación de bienestar.
- Deja que te arrastre al interior
- Tómate unos instantes para disfrutar y apreciar las sensaciones del cuerpo libre de tensiones.

Luz blanca

Ahora que andas un poco más calmado vamos a comenzar con la visualización, trata de imaginar un foco de luz blanca sobre la cabeza. Como los que se usan para iluminar filmaciones.

Es una luz blanca, brillante, casi que es dorada, baña tu cuerpo, pero no te deslumbra, es como una lluvia que cae sobre ti. Puedes sentirla cayendo sobre la piel, entrando en el cuerpo por los poros. Se mete en los músculos, llega a la medula, a los huesos.

La luz produce limpieza, cuando pasa por el cuerpo arrastra y se lleva la tensión muscular, también se lleva sentimientos de emoción negativa como miedo, angustia o preocupación. Puedes notar la lluvia de luz bañándote desde la cabeza y con ella todas las impurezas.

El día perfecto

En una posición relajada con los ojos cerrados y respirando suavemente. Estás en la cama, relajado, comienzas a despertar. Es la mañana de un día perfecto, sin estrés, un día en el que te invade una sensación de paz y satisfacción desde la mañana a la noche.

En la imaginación, lentamente abres los ojos, miras alrededor, ves el aspecto del dormitorio. Si hay algo allí o no, poco a poco, te levantas de la cama, inicias la rutina de la mañana en el día perfecto, sin estrés, si estás en el trabajo o en un sitio que te gusta, lo que haces.

Llega la hora de cenar, mira lo que comes, y mira si tienes al lado a otro o no.

En la noche de este día sereno y sin estrés, lo que hay alrededor, lo que haces ahora.

Finalmente llega la hora de dormir, te sientes a gusto, en paz, estás en la cama con los ojos cerrados, percibes una sensación cálida, sosegada, pesada. Concilias el sueño mientras reflexionas sobre lo visto y experimentado en ese día perfecto y sin estrés.

Ejercicio para relajar la mente

Son muchas las situaciones donde la mente se ve tan atareada que cuando nos correspondería descansar no somos capaces de hacerlo porque no paramos de pensar.

Esto es un problema, especialmente con actividades mentales que ni siquiera nos dejan dormir bien.

Lo primero que tienes que hacer es buscar un sitio tranquilo donde nos podamos acostar. El ejercicio se hace con la habitación a oscuras y ojos cerrados. Una música a gusto con un poco de incienso puede usarse para favorecer la relajación.

- Respira tres veces profunda.
- Elimina la tensión del cuerpo y lo vas relajando desde los pies a cabeza.
- Toma el tiempo que necesites.
- Visualiza el cerebro, imagina que tiene dos puertas.
- Visualiza que las dos puertas están abiertas y los pensamientos que entran por la puerta de la izquierda y se van por la puerta derecha
- Es momento de cerrar la puerta izquierda impidiendo que un pensamiento pueda entrar al cerebro.
- Centra la atención en los que todavía están en la mente. Vete despidiendo y observando cómo salen por la puerta de la derecha.
- Cuando salga el último pensamiento, cierra la puerta derecha, así ahora el cerebro es una habitación vacía que esté a oscuras.
- No hay pensamientos, nada, mantén el estado de vacío mental todo lo que puedas, si lo haces para dormir, déjalo hacer con esa sensación.

APRENDE A MANEJAR LAS PREOCUPACIONES PARA QUE EVITES REBROTES

*T*ienes que aprender a manejar las preocupaciones que haya para que no caigas de nuevo en cuadros de ansiedad.

Hasta ahora todo lo que se ha desarrollado ha sido con la finalidad de que puedas aprender a manejar las emociones con las distintas afecciones que tengan.

En este capítulo vamos a ver las preocupaciones, el tiempo para ello y cómo trabajar con lo que tenemos para aprender a manejar los terribles cuadros de pánico.

¿Por qué es tan difícil dejar de lado las preocupaciones?

La característica del trastorno de ansiedad generalizada es la preocupación excesiva. La preocupación viene de la mano de un estado de vigilancia constante, tensión muscular o irritabilidad. La persona que sufre esto tiene facilidad para preocuparse por muchas cosas. Le es difícil controlar las preocupaciones.

El darles vueltas a las ideas nos puede llevar a padecer melancolía. En las obsesiones, las fobias, depresiones y en última instancia, los sentimientos y pasiones solo están presentes.

Imaginemos que nuestra pregunta es una semilla, que esta va creciendo, genera cada vez más y más ramas. Esto es una pregunta, la primera de muchas a la otra que da pie, puede ser de constante y no terminar nunca. Va creando un círculo vicioso que solo se rompe cuando dejemos de pensar en ello. Para la mente es difícil y puede dar dolores de cabeza.

Pensar demasiado es un bucle, infinito, nos genera dolor, y no sacamos nada en claro.

Además de que nos agota pensar demasiado, pensar tanto tiene problemas. Seguramente alguna vez has dejado de hacer algo porque le dedicaste mucho tiempo a pensarlo. O has pensado lo que le habrías dicho a otro si hubieras podido. Los trenes pasan y se pueden perder.

Si nos quedamos en la misma estación, los trenes pueden volver a pasar, pero en cualquier situación, no podemos caer en lo mismo. Si no hemos hecho algo que queríamos por las dudas que nos invadieron y se apoderaron de la mente, seguramente a la próxima hagamos lo mismo. Las oportunidades no tienen horario, no sabemos el momento en el que llegará.

Todo veneno tiene antídoto, Voltaire una dijo "colección de pensamientos debe ser una farmacia donde se encuentra remedio a todos los males." Como se puede ver, los antídotos se hacen a partir del veneno, aunque si nos pasamos de la dosis, no nos curaremos, sino todo lo contrario. Pensar mucho entre cientos de pensamientos caóticos, puede llevarte a que afirmes que no sea verdad.

Lo puedes evitar si quieres, por ejemplo, ponerse a hacer otras cosas y dejar ese pensamiento que te carcome, puedes hacer deporte, escuchar música, ir al cine, pero si los pensamientos se instalan fuertemente, a lo mejor tengas un esfuerzo para lograrlo.

Es importante ir al meollo de la cuestión. El ver qué es lo que provoca que encontremos esto, a veces es un exceso de preocupación que no nos lleva a ninguna parte, pero ser conscientes de lo poco productivo que es un paso clave.

Como se puede ver, pensar es parte de la naturaleza humana. de hecho, es uno de los procesos que nos hacen diferente del resto de los demás. Ahora bien, el pensamiento, contrariamente a lo que se considera, no es consciente en su mayoría.

Como se ve, pensar forma parte de la naturaleza, es más, es uno de los procesos que nos hacen diferentes de los otros seres vivos. Ahora bien, el pensamiento, contrariamente a lo que se considera, no es en su mayoría consciente. Más bien todo lo contrario. Pensemos en un iceberg, la punta del mismo o lo que se encentra al descubierto en la superficie sería el pensamiento consciente. Mientras el hielo se sumerge que es la mayoría y constituye cada parte inconsciente.

Las personas que pensaban más sobre las decisiones, que analizaban las cosas en exceso sin llegar a conclusiones claras, tenían más células en la corteza prefrontal. Bien, lo que en un principio se puede considerar como positivo, en realidad no es así, porque lo que hay es exceso de células que no cumplen funciones claras. Es más, cuando se comparan electroencefalogramas con personas autistas o esquizofrénicas, se ve el mismo fenómeno.

La conclusión a la que llegan es que pensar es bueno, pero no en exceso y menos si lo que hace son bucles sin sentido.

Ahora hablemos de los pensamientos basura, estos son los que tienen recurrencia y que nos agota porque no nos aporta ningún tipo de beneficio. Los razonamientos vacíos e incluso tóxicos. Son originados en la mente consciente. El sobrepeso mental no es resultado de los procesos mentales reprimidos, deseos o impulsos, fruto de elaboración deliberada.

Son superfluos e innecesarios, por lo que, en vez de proporcionarnos mayor autoconocimientos y ventas cognitivas, nos desgastan y hacen el resto del proceso consciente. Impiden que seamos creativos, comprensivos o aprenden habilidades que nos bloquean y paralizan las virtudes.

Por eso, cuando se tiene sobrepeso mental, los pensamientos actúan como la comida basura. Provocan consecuencias físicas que pueden ser incluso análogas a las de la obesidad. Entre ellas agotamiento físico, que provoca problemas para andar o hacer esfuerzos físicos.

Los problemas para respirar normalmente, el aumento del sudor, los dolores generales, alteraciones de piel, todo esto viene de pensar mucho.

Entonces qué es lo que causa el sobrepeso mental

Son muchos los tipos de pensamientos que hacen daño, pero algunos a los que vamos con frecuencia son los siguientes:

- *La crítica:* cuando hay reproche, juzgamos o condenamos a otros, en realidad nos vetamos a nosotros mismos. Se hace una desvalorización propia de la autoestima y se proyectan en el otro las impotencias.
- *La lástima:* el victimismo es una de las trabas que pone la mente para que no progresemos. El cambio pasa por salir de la pena que se siente a sí mismo y no enfrascarnos en los pensamientos nefastos, frustrantes, negativos o impotentes.
- *Las suposiciones:* la única labor que tienen las suposiciones es la de desgastarnos. Las conjeturas, adivinanzas o figuraciones solo dañan y causan sobrepeso mental solas. cómo se puede averiguar qué piensa una persona de nosotros. Si muchas veces no somos capaces ni nosotros mismos de saberlo.
- *Las condicionales:* si hubiera hecho esto, ahora… quizás debí haber ido a… si en su momento no lo hiciste, no te atormentes. Lo hecho, hecho está. Solo puedes aprender de ello. Los pensamientos solo te enjuician y terminan destruyéndote.

Utiliza recuerdos positivos

El que recuerdes momentos agradables en la vida, favorece que nos sintamos mejor. El papel de los recuerdos podría ser más poderoso de lo que creemos, porque además de favorecer la regulación de emociones y tiene efecto positivo en la depresión por estrés.

Un grupo de científicos ha llevado a cabo un experimento con ratones de laboratorio y ha establecido que la reactivación artificial de recuerdos almacenados en una experiencia positiva puede suprimir efectos de depresión inducida por estrés.

Aquí se muestra cómo los recuerdos positivos y negativos interactúan en los trastornos de estado de ánimo y proporcionan un circuito cerebral específico para otras intervenciones.

Los inducidos por manera artificial

El trabajo que ha demostrado la relación entre recuerdos positivos y depresión, que fue publicado en la revista Nature, la investigación se lleva a cabo en el laboratorio de Susumu Tonegawa, que recibe en 1987 un premio nobel por descubrir la diversidad de anticuerpos. El estudio aborda la cuestión de si un recuerdo positivo puede ser capaz de sobrescribir uno negativo.

Para poder responder a esto, se hace la ingeniería genética, con el objetivo de crear ratones en los cuales las células de memoria de una circunvolución del cerebro llamada giro dentado, pudieran etiquetarse mientras se forman los recuerdos y luego se reactiven con una fibra óptica que emite luz implantada en el mismo sitio.

Para poder probar el sistema se expone a ratones macho a una experiencia positiva, y se forma un recuerdo de este evento. Después los ratones son expuestos a una experiencia estresante que los lleva a un estado parecido a una depresión. Además, mientras los ratones se deprimen se usan para estimular el giro dentado de algunos de ellos y reactivar las células de manera positiva.

Es elemental que almacenes recuerdos.

Este experimento da pie a una recuperación del estado de ánimo deprimido de los ratones a los que se le aplicó la técnica. Además, la cartografía del circuito cerebral de este efecto revela otras dos áreas del cerebro que cooperan con el giro dentado en la activación de los buenos recuerdos. El núcleo accumbens y la amígdala basolateral.

Por otro lado, para poder examinar si este tipo de recuperación puede incluir cambios en los circuitos del cerebro que están en ausencia de estimulación de luz. los investigadores suministran la terapia de luz crónica al giro dentado por más de cinco días. Se descubre que garantiza la reactivación sostenida de los recuerdos positivos.

Los ratones que reciben la terapia fueron resistentes a los efectos de la depresión inducida por estrés. Esto sugiere que el almacenamiento en la memoria de experiencias positivas se puede usar para sobrescribir o suprimir los efectos negativos de estrés en el comportamiento, lo que lleva un nuevo modo de conceptualizar el estado de ánimo.

Los resultados tienen implicaciones clave sobre la persistencia de los recuerdos en el afrontamiento de trastornos del estado de ánimo como depresión, ansiedad o estrés.

A pesar de que la interacción de experiencias positivas y negativas y los correspondientes recuerdos es poco conocida. Estos hallazgos abren nuevos enfoques en la terapia de trastornos del estado de ánimo.

Los autores dicen que esto es muy pronto para poder concluir si los recuerdos positivos en general pueden mitigar los efectos de la depresión inducida por la ansiedad.

Encuentra distracciones

Veamos algunas distracciones que también sirven para trabajar tu mente.

Hacer mandalas

Las mandalas son símbolos que tienen forma circular y tienen origen hindú que representan la totalidad del cosmos, la naturaleza, el mundo espiritual y la persona.

Por lo general tienen forma de círculo porque es la figura geométrica perfecta. Es cierto que podemos encontrar mandalas con otras formas.

Cada uno tiene significados dependiendo de la dimensión que se les dé. Para algunos son decoración, para otros parte de rituales y para otra amuletos, por lo general, se usan como un método para meditar, cuando se fija la atención en ellos mientras los coloreamos o con la observación y se usa con fines terapéuticos.

Un consejo es que los colorees desde afuera para adentro, como signo de ir de lo más general, al externo y amplio hasta llegar al propio yo. Es un ejercicio de introspección y viaje a nuestro interior. Es aconsejable que se pinten en un sitio tranquilo que invite a disfrutar. Sin prisas, ni agobios, se puede usar mientras escuchamos música suave y acondicionamos el ambiente con una buena barra de incienso.

Escuchar música

La vida sin música sería un error. El dejarse ir por el movimiento de forma suave, bailar al ritmo o escuchar una melodía que nos agrada, es genial para la ansiedad.

Hay estudios científicos, exponerse a la música que nos gusta aumenta la producción de dopamina, la que activa el centro del placer, el mismo que se estimula por las experiencias sexuales o gastronómicas.

- Produce alegría.
- Tiene efecto hipnótico que produce relajación o euforia.
- Quien canta sus males espanta dicen por ahí.

Escuchar música tiene efectos positivos en nosotros, es capaz de reducir el dolor, el aprendizaje y la concentración. Reduce la presión arterial, entre otros.

Compartir con animales y naturaleza

Puedes también optar trabajando con la mascota, puedes ir a sitios con animales domésticos, como una granja, peces o bucear.

Tener animales en casa te brinda:

- Afecto y estabilidad.
- Acariciar animales genera oxitocina, la hormona del amor.
- Da bienestar
- Reduce el estrés.

Son muchos los beneficios que aportan los animales, hay terapias asistidas con animales, una modalidad de tratamiento donde el animal tiene un papel clave en la recuperación de los pacientes, siempre que sean guiadas por un terapeuta profesional. Los animales más comunes para trabajar en esto son los perros, caballos y delfines.

Las personas de la tercera edad, con enfermedades mentales o niños con problemas autistas han tenido resultados excelentes.

Manualidades

Si eres de los que le gusta tejer o hacer cosas con las manos, pues tienes suerte, porque te sirve para enfrentar la ansiedad. Según investigaciones en el terreno de la neurociencia, las labores artesanales tienen mucho que ver con la meditación y l atención plena. Proporciona impacto directo positivo en el bienestar y salud mental.

Los neurocientíficos comienzan a dar relevancia a la forma en que este tipo de actividades impacta en nosotros, produce mejoras en los estados de depresión y la forma en la que se enfrenta a los problemas, la mejora en l calidad de vida o la reducción de estrés. De este modo se le otorga un papel vital para mantener la salud del cerebro en buenas condiciones.

Acepta la incertidumbre

La historia está plagada de ejemplos de cosas buenas y malas que nos pasan. Creemos muchas veces que algunas cosas a nosotros no nos pasarán. Que no tendremos un accidente en coche que cuando nos enamoramos es para siempre que no enfermaremos o que las desgracias nunca atacarán. Pero tenemos la tendencia a que pueda pasar, nadie es libre de eso.

A la hora de la verdad casi ninguna de las expectativas se cumplen, ni a nivel individual ni social, todo esto es falso, incierto. Solo con eso. Las creencias y expectativas. Hay pocas cosas en el mundo de la que podemos tener certeza, una es que terminaremos muertos en algún momento, otras que el sol saldrá cada día.

Ante las situaciones imaginamos las eventualidad con el fin de tener una respuesta, de algún modo el mantener la mente ocupada alivia el no saber.

El no saber qué pasará y la inseguridad de esto, nos lleva a un intento desesperado de controlar el mañana y anticiparnos como sea a una gran cantidad de probabilidades.

Tenemos la necesidad de controlar todo, más si es posible. Por ejemplo, el desconocimiento, la espera de alguna cosa buena. El no saber el sinónimo de desamparo, por lo tanto, el miedo a lo que no se conoce. El descontrol que a algunos les provoca incertidumbre es como si buscara conducir un coche sin las manos al volante o como viajar sin mapa.

Muchas personas para poder llevar esto, apelan a los futurólogos y pitonisas de todo tipo con más o menos fiabilidad, porque frece una vía de escape mental, es mejor pensar que algo sucederá para tener la prevención, aunque estos augurios no siempre se cumplen. De esta manera los profesionales no siempre se cumplen. De manera que los profesionales ofrecen a muchos mortales, de todas las clases sociales, desde los pobres a los adinerados, los listos a los que no lo son.

Sucede lo mismo con las teorías que aparecen en las que se asegura que si deseamos algo con mucho fervor, se acaba haciendo real. Queremos tener el control de la vida. Si alguien nos dice que lo podemos tener, que será fácil como pensar en algo y desearlo para lograrlo. No perdemos nada con intentar esto.

Los resultados en la vida son subjetivos, no se demuestran y se sujetan a muchos razonamientos, tantos como la imaginación pueda ofrecer. Si no tienes éxito, es que hay algo que lo bloquea, si el perro lo arrollan es porque la otra persona pensaba en que pasaría, si te curas de un cáncer es porque lo deseabas y creíste en que eras alguien sano. Así que no podemos justificar en todo momento y pensar que tenemos la razón. Es así de sencillo.

Algunos de los comportamientos más evidentes de la falta de tolerancia a la incertidumbre son estos:

Evadir: mucho se dice de evadir las responsabilidades, pero se trata de evadir actividades como manejar, porque provoca ansiedad e incertidumbre, no saber el camino o todo lo que pueda pasar en el camino. También se incluye el evitar personas, situaciones y lugares.

Revisar: la idea es que se revisen las cosas constantemente para asegurarse de que todo está correcto y no hay errores. También está la necesidad de informarse de todo y buscar certezas.

Buscar seguridad y alivio: hay personas que pasan el día preguntando a los amigos, la familia o desconocidos lo mismo una y otra vez. Es curioso también que las personas explican la situación sobre lo que buscan opinión, lo hacen de un modo que ofrezcan resolución que a ellos les gustaría oír. Son pocos objetivos en las explicaciones, buscan reafirmar los deseos, tengan realidad o no.

Hacer listas: muchos hacen listas con el propósito de no olvidar nada, hasta las cosas más triviales.

Preocuparse: algo clave en personas con intolerancia a la incertidumbre, con niveles altos de ansiedad, se pasan el día dando vueltas a las cosas sin llegar a una finalidad razonable.

Negarse a delegar: este tipo de personas sienten que lo mejor es si se encargan de todo, para así tener mayor control sobre las mismas.

Desgraciadamente la comodidad de la certeza no es una necesidad, porque el mundo está lleno de imprevistos incómodos. Por esta razón quien se preocupa suele tener la tarea pendiente, el aprender a tolerar la incertidumbre.

Trabaja los pensamientos conato de ansiedad

Vamos a compartir unos pensamientos que son detonantes de la ansiedad. Si atajas a tiempo estos pensamientos podrás tener la mente libre y prevenir los ataques antes que te aborden por completo.

Los pensamientos negativos aparecen cuando menos se esperan, pero por la sensación que transmiten sabes si son bueno o malos. Ahora tienes que buscar un modo de detectarlos y sacarlos, por ejemplo, signarles una imagen de algo que no te guste.

Si no te gustan las alcaparras, imagina que cada pensamiento es una alcaparra grande y la debes tirar en un cubo de basura donde no la veas más.

Cuando le asignas una forma física, consigues eliminarlo con facilidad, porque deja de ser abstracto. Las aceitunas son apenas un ejemplo, puedes elegir lo que desees, cucarachas, que pisas, zapatos con tacón o queso azul. Lo importante es que logres el control de la ansiedad.

Evita lo que hace que aparezcan

En ocasiones aparecen cosas que causan las sensaciones malas, pueden ser imágenes, canciones, personas y lugares. Si aprendes a identificarlos y los metes donde tiras las alcaparras, tienes que dar el otro paso, que no aparezcan más.

Cuando reduces la presenta en la vida, dejas espacio para nuevos impulsos positivos, los que segregan sustancias en el cerebro y te hacen sentir bien. además de los evites, también te distraes de ellos, los evitas con descaro. Cuando se aparezca un pensamiento malo, cambia la actividad.

Ves la tele y aparece algo que duele. La apagas y te pones a leer un libro, pones mucha música y comienzas a bailar. Entra a alguna red social, ve a hacer deporte o juega ajedrez con quien tengas cerca.

Si quieres distraerte conscientemente, terminarás dando un esquinazo de verdad a la ansiedad y a los pensamientos malos.

Busca eso que te haga sentir bien. es un paso para que evites lo malo, la idea es que actives conscientemente los pensamientos positivos. De esta manera juegas con la química del cerebro para que segregue sustancias que te hagan sentir bien. entonces busca lo que realmente te haga sentir bien.

Puedes escuchar canciones, paseos, películas, actividades que muevan la adrenalina, la noradrenalina o la serotonina del cerebro. De este modo se siente tranquilidad y bienestar mental que buscas y los pensamientos negativos no tendrán espacio en la mente.

Los pensamientos negativos causan sensaciones malas como la ansiedad. Como apoyo a estas estrategias prácticas puede ayudar con un complemento alimenticio que haga que aumente la serotonina en el cuerpo. Así se encuentra la relajación mental que necesitas y ayuda a ver las cosas claramente.

Ten consciencia de cómo otros nos afectan

¿Sabes la influencia que tienen las personas que andan alrededor tuyo? Todos los días socializamos y establecemos vínculos de cualquier índole con personas que se cruzan en la vida. En ocasiones los vínculos son pasajeros, unos son más estrechos que otros, pero por lo general la vida se basa en cómo nos relacionamos con los demás y la manera en la que interactuamos.

Cuando se vive en una sociedad y se estrechan lazos familiares de trabajo, de amistad o de amor, ponemos en los demás responsabilidades con nosotros mismos, es decir, que en ocasiones dejamos que la presencia, opiniones y actitudes que la gente que escoge para que esté en nuestra vida tenga incidencia en lo que somos. Llega a afectar la personalidad y el comportamiento para lo bueno y lo malo. Pero sabe afectar el poder que pone en el otro y es cuestión de nosotros y de saber manejar esto no es sencillo, ya que somos personas tenemos una constante búsqueda de aprobación y por eso tenemos que equilibrar y saber la influencia de los demás en nosotros.

Influencia de las personas con las que te relacionas

Las personas absorbemos todo lo que tenemos alrededor, aprendemos, ponemos en el interior, copiamos e inspiramos a los otros, todo esto es algo positivo o negativo. En caso de ser positivo estamos creciendo y trae cosas que nos ayudará en la vida. Si es malo, estamos dejando que otros causen problemas e la vida e inconscientemente que es culpa del otro. Pero la verdad es que nos dañamos nosotros.

Los seres humanos somos en el fondo un reflejo de las seis personas que están cerca de nosotros, podemos aprender de forma consciente o inconsciente lo que le hacen a los demás y lo adoptan como parte de la personalidad. Por ejemplo, los bueno o malos hábitos, la forma en la que hablamos y muchas veces lo que pensamos y actuamos solo es un reflejo de las personas alrededor.

El saber la clase de persona que nos deja entrar en nuestra vida no es un mero consejo que un padre le da a un hijo, es una realidad que el entorno habla a gritos de lo que en realidad somos y la manera en la que forjamos la manera de ser y la personalidad.

La verdad es que no podemos dejar que la vida sea un reflejo de alguien más y cada uno de nosotros establezca un carácter personal, pero no se puede evitar que adoptes cosas de otros, así que en silencio y de un modo persona, hagas una lista de las personas que están cerca de ti, las que te aportan y lo que le aportas a ellos, solo de este modo sabes quién te hace bien y quién es mejor para tu vida.

No es que andes buscando un interés particular en los demás, pero si se trata de rodearte de gente que te haga bien, sobre todo a la que le puedes hacer bien y aportar cosas buenas positivas para ti.

Una persona influye sobre otra cuando puede afectar su vida, sea con la toma de decisiones, hábitos en los pensamientos, por lo tanto, es una gran responsabilidad la que asumen que se convierten en personas mediáticas. Aunque el término ahora está sesgado para la comunicación, se entiende como algo más completo que puede intervenir y modificar las vidas.

Es necesario que se comprenda la dimensión emocional, los sentimientos, los patrones de vida, para que todo esto ayude a encontrar los objetivos. Cuando una emociona se manifiesta tenemos que tener la capacidad de determinar de que eso nos deja algo o mejor lo soltamos.

El concepto de la inteligencia emocional resuena en el clima intelectual y cultural de esta era, el hacer hincapié en la importancia de desarrollar competencias de autoconciencia, autoregulación y motivación por parte de todos, la idea es que se puede subsanar un desequilibrio percibido entre razón y emoción.

Para cerrar esto, es bueno destacar que esta influencia es bidireccional, es decir, de la misma forma en que los demás influyen en ti, tú influyes en ellos. Hay un gran número de estrategias, se ponen en marcha para influir en las personas con las que nos relacionamos, pero no todas tienen los mismos resultados. Algunas son positivas, otras no, son negativas.

CÓMO EVITAR RECAÍDAS

En este último capítulo vamos a abordar cómo podemos evitar las recaídas cuando nos levantemos de la ansiedad.

Padecerla no es un botón que se enciende y apaga, ella aparece gradualmente, primero el estrés, luego la ansiedad leve y al final cuadros de pánico con ansiedad.

Por eso, es bueno que conozcas esas señales que comienzan a alimentar el tarro de la ansiedad, para que lo vacíes antes que se llene y se desborde y lo haga pasar mal.

Ubica esas señales de estrés alto

El estrés no aparece solo por el trabajo, tener exceso de trabajo como la ausencia de este lo causa. Estar esperando un pago, la llegada de las facturas, el no saber la carrera y elegir si es el momento, los exámenes, el sentimiento donde hay tensión, a nivel físico o emocional, todo esto tiene su papel, no solo en la salud sino en el cuerpo, en los hábitos, en la forma en la que nos comportamos.

Estas son las señales que puedes sentir sin problema en la gente que tiene estrés, a altos niveles, donde no hace falta llegar al infarto, ni taquicardia y que te indican que debes comenzar a cuidarte.

Las señales que debes ver

Estas señales indican que estás pasando por un cuadro de estrés que te puede ir arrastrando poco a poco a la ansiedad y al final a los ataques de pánico. Ataja a tiempo la emoción y detenla para que no te desborde.

A veces nos acostumbramos tanto a vivir estresados que ni nos damos cuenta de lo nocivos que son:

- **Acné**: no es solo un reflejo de las hormonas, de los cambios, es también alteración, tanto a nivel físico como psicológicos.
- **Sudor**: puede ser un problema fisiológico, es reflejo de los nervios, de la tensión. Aprender a llevar las prendas adecuadas, de algodón, manga corta, ayuda a disimularlo si no puedes evitar la situación.
- **Palpitaciones**: que el corazón se acelere ocurre en muchas ocasiones, tiene que hacer ejercicio, tener citas, pasando exámenes clave, entrevistas de trabajo. Esos momentos puntuales que parecen hasta normales. Tener palpitaciones constantes no es normal ni bueno. Vigila lo que haces.
- **Depresión**: si estas estresado puedes tener depresión. No quieres salir, evitar contacto físico con otros, aislarte, alejarte lo que puedas del trabajo o la situación que cause estrés. Incluso puede llegar a paralizar, dormir mucho, no salir de la cama.
- **Cambios en el apetito**: desde tener mucha hambre hasta no comer bien, engordar, tener mala digestión, que derive en problemas cutáneos como acné pasando por todo lo demás, no tener hambre, no saber ni qué comer.
- **Problemas digestivos**: tanto el comer mucho como el no comer son consecuencia de lo anterior. Si comer mucho,

terminaras con digestiones pesadas. También problemas para conciliar el sueño, para ir al baño, para la energía corporal. Los problemas estomacales son consecuencia de alimentación errada, son constantes, así como comer poco y mal. No es saludable para el sistema. Un cuerpo que no tiene energía piensa mal. El bloqueo nace del estómago. Todo lleva a que no pienses claramente y sufras más estrés.

- **Cambios en la lívido**: un estudio relaciona los picos de estrés con la ausencia de deseo sexual en hombres como en mujeres. El estrés afecta el deseo y la satisfacción.

- **Reducción de la energía**: el dormir poco, mal, comer mal, no descansar, son causas de la reducción de energía. El cuerpo necesita gasolina para andar bien y el cerebro necesita estar al cien para que la diferencias del día a día no afecten tanto.

- **Reducción del estrés que hace que las enfermedades aumenten**: según un estudio, desde las cosas más pequeñas a las más grandes, influyen. Cada vez se estudia más la relación entre estrés e inmunidad a muchas enfermedades.

- **Dolor crónico**: las molestias del cuerpo y los dolores son consecuencia de padecer mucho estrés de manera constante. Dormir mal no estar estirado completamente, tensión muscular, todo es causa directa de dolores, molestias que llevan a aumentar la sensación de incomodidad y de estrés. Todo es causa directa de los dolores, las molestias y aumentan la sensación incómoda y de estrés.

- **Dolores de cabeza**: un clásico del estrés es tener tensión física y se manifiesta rápidamente en la cabeza. Es más, un estudio relaciona los días al mes en que se padece dolor de cabeza, muchos, con los niveles de estrés de la persona. En Estados Unidos se relaciona el estrés que padecen los soldados en el frente con dolores constantes de cabeza.

Para un momento

Parar es algo consciente donde hacemos pausas para el día, para reflexionar sobre lo que sucede a nuestro alrededor, cómo estamos reaccionando a esto que sucede, las emociones dentro de esto y respiramos de manera consciente para traer la atención a lo que sucede en el día a día.

Esta es la manera de hacerlo:

- **P de Para:** haz pausas en las actividades que hagas a diario.
- **A de Atiende:** al momento de ahora aplicas la introspección y notas qué es lo que haces, lo que te rodea, y en especial el estado mental. Nota dónde se pone la atención. Te estás enfocando y cuáles son las emociones, motivaciones e intenciones.
- **R de Recuerda:** lo que quieres conseguir la persona que quieres ser, los valores que quieres cultivar los malos hábitos que quieres dejar. Trae las intenciones a la mente. Trae estas intenciones a la mente.
- **A de Aplica:** ahora que tienes en la mente los hábitos, actitudes y valores que quieres tener, los aplicas. Si tienes la intención de ser más amable, toma un momento para hacer algo bueno por una persona. Si quieres cultivar hábitos sanos en el cuerpo, te levantas, tomas un vaso de agua. El objetivo de esta práctica es que puedas llevar una acción que te recuerde lo que buscas cultivar.
- **R de Regresa:** sigue con las actividades, pero busca colocar la intención que aplicaste en la actividad que llevabas a cabo. Si buscabas cultivar bondad, trata de poner esto a la actividad que hacías. Lo importante es que recuerdes la intención y materialices las actividades.

La forma de que seamos una mejor versión de nosotros comienza con acciones pequeñas que hacemos repetidamente. Para es excelente para que cultives hábitos positivos. Encontrar calma en el día a día y atender actividades con la mente clara, enfocada y abierta.

Los siguientes pasos

Todas las actividades son una gran oportunidad para que pares. Algo que funciona es que pongas recordatorios en el móvil varias veces al día, para que recuerdes que tienes que parar. Los recordatorios dan la oportunidad de tomar minutos y hacer ejercicios.

Te puedes dar el lujo de parar al día varias veces, hazlo unas cuatro veces. Aprovecha la oportunidad para que practiques la técnica y notes cómo te sientes luego de una de las pausas. Nota un cambio radical en el estado de ánimo y en la atención a las actividades diarias.

Haz ejercicio

Se tiene demostrado que hay beneficios tanto físicos como psicológicos luego de hacer ejercicio en personas ansiosas o deprimidas. Además, mejor el estado de ánimo y aumenta la sensación de bienestar.

La ansiedad es probablemente, la enfermedad con más prevalencia en la sociedad actual. Se habla de epidemia silenciosa. Una reacción de preocupación extrema o de mucho nerviosismo por situaciones rutinarias. Tareas tan comunes en el día como conducir, se relaciona con las personas, salir de compras o hablar en público puede ser algo horrible para las personas, salir de compras o hablar con los demás puede ser un auténtico martirio para las personas que sufren el trastorno.

Aunque el deporte sea lo último que se quiere hacer si sufres de ansiedad. La realidad es que hagas ejercicio para que prevengas y mejores problemas de salud. También para que alivies los síntomas que ampliamente conoces.

Cuando haces deporte puedes:

- Conseguir liberar endorfinas, las hormonas de la felicidad y esto te lleva a tener alivio del dolor y bienestar.
- Ocupar la mente en otras cosas para que salgas del ciclo de pensamientos negativos y olvides las preocupaciones un rato
- El ocupar la mente en otra cosa para que salgas del ciclo de

pensamientos negativos y olvidar por un rato las preocupaciones.

Además, hay otros beneficios de hacer deporte, como ayudar en el manejo y control de las emociones malas como rabia, ira, todo esto mejora en la calidad de sueño. También las personas mejoran la sensación de fortaleza, el control y la seguridad sobre sí mismas y lo que les rodea. No hay que olvidar que la práctica del deporta también es necesario para que ganes confianza, que cumpla metas o desafíos de ejercicio, aumenta la interacción social, te da la posibilidad de conocer personas y socializar, además de sobrellevar los problemas saludablemente.

Ejercicios para la ansiedad

Son arios los deportes que puedes hacer para combatir la ansiedad. Esos que requieren gran esfuerzo son los mejores, por ejemplo, el baloncesto o el voleibol, pero en los que no es necesario que estés concentrado, favorecen a eliminar la energía negativa que causa la ansiedad y evitan el aumento de peso que lleva el trastorno.

Tampoco se puede olvidar que los ejercicios se dirigen a encontrar relajación y buscar el equilibrio en la mente y el cuerpo. Por ejemplo, que hagas pilates o yoga que en su momento le dedicamos su espacio. Estas técnicas son perfectas para que recuperes energía positiva en el día a día.

El deporte más completo para que evites el trastorno es la natación porque ayuda a liberar tensiones, mejora la circulación y la capacidad cardiovascular. Además, permite mantener el peso y reduce los dolores musculares, combate el insomnio, todo a la vez.

Cuando eres ansioso, lo que necesitas es mover el cuerpo, liberar esa energía acumulada en el interior, si lo haces mientras disfrutas y lo pasas bien, pues es lo mejor.

Elige con quien compartir el sentimiento de ansiedad

Cuando compartes las preocupaciones o los sentimientos, quieres comprenderlos, no juzgarlos. Identifica a las personas que pueden jugar con acierto el papel, es una habilidad que ayuda mucho y es el primer paso para sentirse mejor.

De seguro en algún momento te has planteado con quién es mejor compartir lo que sientes. No todas las personas son receptivas ni adecuadas, por muy cercanas que sean, igualmente hay quien, con toda la buena fe, termina haciendo el comentario desafortunado. Dicta consejos cuando solo buscamos ser oídos. Por eso es bueno que tengas presente con quién compartir las emociones que te causan ansiedad.

Algo que nos repiten mucho es que eso de compartir lo que sentimos con los demás es algo tan positivo como catártico. Un aspecto que no se puntualiza es que no toda las personas tienen habilidad para ser partícipes de esa artesanía emocional. Si hacemos recorrido por el pasado, a lo mejor en algún momento terminas dejando de compartir el dolor, la alegría la sorpresa o lo que tengas con otros. es algo que sucede constantemente. Se piensa que la amistad, que ese amigo del trabajo o el familiar puede ser receptivo a los sentimientos.

Sin embargo, al poco nos encontramos con que esa persona no es lo que creíamos, no nos da importancia a lo que sentimos y nos juzga, son torpes para estas situaciones sociales.

No se ponen en nuestros zapatos, pero luego no saben volver a lo suyo y ayudarnos.

Con quién compartir lo que se siente

Lo dijo la gran Charlote Brontë que el interés de quien escucha estimula la lengua del que habla. Todos hemos vivido más de una vez en la piel propia esto. Es algo que sana, que reconforta.

Es tanto que hay estudios como el que hizo el doctor Ullrich Wagner de la Universidad de Münster, Alemania, nos señalan que compartir los sentimientos con buenos amigos activa el sistema de recompensa cerebral. Estos instantes de complicidad, la sensación de bienestar sube.

Sin embargo, también frecuentemente se da lo contrario, se piensa que nos podemos acercar a personas de confianza para hacerlos participes de vivencias y sentimientos para después arrepentirnos. Algo así puede dejarnos malas consecuencias.

Vamos a hacer un ejemplo, si un adolescente da el paso y decide compartir los sentimientos y lo que encuentra es una crítica o una burla, pueden generarse varios escenarios. Uno que no vuelva a compartir nada más. El otro que comience a plantear el valor como persona. Un proceso que daña tu autoestima y afecta la ansiedad.

Como se puede ver, no todas las personas tienen la capacidad para escuchar o dar apoyo emocional. Entonces hay que saber con quién compartir los sentimientos. Estas son claves.

Hay quienes no aplican filtros, hay quien no tiene problema alguno a la hora de sincerarse con quien el azar sitúe cerca. Estas son las personas que comparten los pensamientos, los sentimientos con compañeros de trabajo, conocidos o vecinos. Las consecuencias se derivan en práctica indiscriminada que suele ser seria como desastrosa.

Por lo tanto, recordamos ser cutos, prudentes e inteligentes. El hecho de que alguien esté al lado de nosotros no lo hace habilitado para que sea soporte de nuestra reflexión. El compartir emociones o sentimientos no es una forma más de comunicación, es algo más delicado e íntimo.

Cuando se elige compartir algo con alguien no esperamos que nos resuelvan el problema. Normalmente solo se desea a una persona con la capacidad para escuchar, lo que es más importante, se comprende. Así, es común sincerarnos con la persona que no duda en darnos todo un montón de consejos y hasta un plan de ruta sobre lo que se debería hacer.

Asimismo, están los que son agiles en el momento de hacer juicios, que te dicen que no debiste hacer las cosas así, que eres muy confiado, o que te equivocaste, o que eres un gallina por sentirse así, con esa ansiedad, que eso es para nenas y cobardes.

Todo esto es lo que se debe evitar, si quieres compartir los sentimientos con una persona, tienes que elegir bien, buscar la persona hábil para que escuches, cercana para que empatice contigo y capaz para que demuestres comprensión de verdad.

Hay personas que son hogar, que crean espacios seguros emocionalmente. Si buscas personas con las cuales compartir los sentimientos, elige a quien sepa ser hogar. Hay amigos o conocidos que tienen habilidades especiales de crear espacios seguros donde la confianza es palpable, donde sentimos seguridad, a salvos, entendidos.

Algo que se puede dar es que esa persona nos escuche, como necesitamos, que no sea la pareja ni la amistad de toda la vida.

Más allá de lo que podamos pensar que suceda, es normal. En ocasiones las figuras que llevan desde siempre con nosotros, no son las correctas para que nos escuchemos.

Sabemos que quieren lo mejor para nosotros, a veces necesitamos otras perspectivas, un tipo de apoyo que defienda los intereses de un modo emocional. Por lo tanto, se trata de buscar, de dar con ese ser especial que nos escuche como lo merecemos. Que tengamos cautela e inteligencia cuando compartamos sentimientos.

Un mal comentario puede hacernos mucho daño, pero una mirada acogedora con afecta, reconforta y sana. Piensa en eso.

Te conoces, sé honesto contigo mismo

La honestidad es una cualidad que valoramos muchos en otros. una persona honesta se muestra como es, dice lo que siente, no finge, no engaña y se ve transparente en sus acciones. Esto nos permite confiar en los demás, porque sabemos que se comporta con sinceridad y sin dobleces.

Aunque tiene esta cualidad en cuenta, cuando nos relacionamos con los demás, no es así siempre cuando lo hacemos con nosotros mismos. Normalmente, seamos o no conscientes de esto, no tenemos honestidad con nosotros mismos. Cuando sucede, en cualquier área de la vida, se produce una disonancia entre el corazón y la cabeza, que nos impide ser felices. Encontrar el camino, ser leales a nosotros mismos y querernos y mostrarnos como somos. Sigue con la lectura de este artículo y descubre cómo ser honesto consigo mismo.

Para hablar con uno mismo, lo primero que se tiene que hacer es centrar la atención en nosotros, dejando de lado todos los estímulos que nos apartan. Desconectar de todo y tener tiempo para reflexionar, escuchar de verdad lo que nos decimos a nosotros mismos y no lo que creemos que nos decimos o lo que queremos escuchar de verdad, lo que nos decimos a nosotros mismos y no lo que creemos que nos decimos o deseamos oír.

Escuchemos sin miedo, sin hacer reproches, valorando y teniendo en cuenta lo que pensamos, sentimos y deseamos realmente, permitiendo de verdad ser nosotros mismos.

Reconoce que la única constante es el cambio

El cambio es la única constante que tenemos en la vida. Pasamos la vida entera por muchas experiencias que nos afecta de manera positiva o negativa. Depende de la interpretación que le demos a las mismas y el modo que tengamos para afrontarlas.

En algunas ocasiones sentimos la fuerza y tenemos pocas habilidades para superar los baches del día a día, lo que nos lleva a sentir frustración, miedo, estrés y desanimo. Creemos erradamente que las cosas malas que nos suceden son eternas.

Empero, hay una forma más saludable, tanto para el bienestar del cuerpo como mental, de enfrentar los cambios en la vida y consiste en adaptarse a la situación y considerarla como una oportunidad de enriquecimiento persona. Dado que de todas las cosas se puede sacar un aprendizaje que permite que avancemos y nos desarrollemos.

Este modo de afrontar los cambios, ayuda a que tengamos una visión distinta de la vida, una visión menos terrible o catastrófica. Dicen que si cambias el modo en el que miras las cosas, las cosas que miras cambian.

Tienes que aceptar el cambio, asumir la posibilidad de que las experiencias cambien hace que las aceptemos más fácilmente. Cuando se consigue aceptar lo que nos ocurre estamos preparados para la distancia emocional de los problemas y se ponen los recursos para comenzar a solucionarlos.

Sucede lo mismo con nuestro pasado, con las experiencias que han ido formándose en la personalidad y en la manera de ser. Porque las personas van cambiando también. Pueden cambiar y mejorar a diario. Pero necesita la disposición para hacerlo con esfuerzo y perseverancia, para corregir los hábitos que se tengan y ser cada vez más feliz.

Nosotros tenemos que cambiar, la manera en la que queremos ver en el mundo.

Hay que aprender de las cosas que se viven. Desde niños vivimos muchas experiencias de todo tipo, las primeras en el seno familiar. Los vínculos familiares se estableen con los progenitores en los primeros años, son elementales para el futuro.

En tal sentido hay que destacar la importancia de que los padres cuiden, den cariño, y estén pendientes de las necesidades de los hijos, para que crezcan felices y saludables.

Entonces, a medida que transcurre el tiempo, se va formando distintos esquemas o conjuntos de ideas sobre el funcionamiento de las personas y el mundo que tenemos. Los esquemas tienen una influencia grande en la manera en la que interpretamos todo.

Por eso no debemos identificarnos solos con las experiencias, pues, aunque forman parte del pasado, no tienen por qué seguir controlando el presente. El percibir la posibilidad de cabio en nuestras vidas nos hace sentir libres y menos atados al sufrimiento.

Cada día podemos ser personas más valiente y aprender de los errores, conseguir ser seres más independientes y valientes. Con ellos nos sentimos con la capacidad en todos los aspectos de la vida. Ganamos en autoconfianza y autoeficacia.

La vida nos cambia todo el tiempo, y de esto podemos sacar muchos aprendizajes. Para ello tenemos que aprender a ser críticos con nosotros mismos. Evaluar los comportamientos, sentimientos y pensamientos, lo que nos permite aprender, desaprender y reaprender maneras de manejarse, hasta conseguir la combinación más realista, positiva y que se adapta.

Tenemos en nuestras manos el poder de mejorar, de conseguir que todo cambie y la manera de percibir la realidad. Como consecuencia estamos cada vez más cerca del plan de vida. La posibilidad de conseguir la combinación que nos haga más felices está al alcance de la mano, no hay que temer, el cambio es bueno.

Tú eres el hacedor y diseñador de tu vida. No lo olvides.

CONCLUSIÓN

Para que puedas aprender a controlar la ansiedad tienes que comenzar con la manera en la que piensas. El miedo sucede en gran parte por los pensamientos. Que cambies la forma en la que piensas sobre algo puede ayudarte a que pienses en calmar la reacción de miedo y calmar la ansiedad.

Tienes que imaginar una situación que te ponga nervioso, que pueda ser subir a un avión o dar una presentación a los colegas. El pulso se pone en marcha, el rostro se ruboriza, la respiración se pone en marcha y se hace irregular mientras la adrenalina corre por las venas.

Para algunas personas, la ansiedad y el miedo se hacen intensos, evitan la situación. Sin embargo, la evasión afecta la forma en la que vives, porque limita la forma en la que encaras la vida. Con la práctica de algunas técnicas, puedes aprender cómo el miedo afecta el cuerpo y cómo controlar la respuesta al estrés.

Tienes que saber escuchar el cuerpo para que sepas lo que te transmite. El miedo genera respuestas físicas, el ritmo cardiaco rápido, la respiración acelerada y otras respuestas fisiológicas. Las situaciones de estrés producen las respuestas físicas que la mente interpreta como que tienes miedo.

Cuando tienes miedo, te tomas un momento para escuchar el cuerpo y recuperar el control, mira si respiras rápido o lento, si respiras profundo varias veces y la respiración se desacelera. Controlar la respuesta física al miedo influye en la respuesta emocional.

Tienes que aprender a superar en gran parte los pensamientos. El cuerpo proporciona el estímulo al miedo y la mente se dispara, dándote toda clase de motivos irracionales por los cuales debes sentir miedo.

Claro que los motivos no siempre tienen lógica, no te pones totalmente en ridículo si tienes que pronunciar el discurso. Pero estos pensamientos irracionales invaden la mente e intensifican el miedo.

No creas en ellos.

Tienes que identificar los pensamientos que te llenan de miedos, los tienes que desafiar. ¿Qué pruebas hay de que te pondrás en ridículo? Ninguna, a lo mejor no recibes ovaciones del público, pero no importa, el objetivo es que hagas una presentación profesional donde la audiencia aprenda de ti. Debes revaluar la situación y alejarte de los malos pensamientos.

Como ves, la situación afecta lo que sientes, abordar el miedo irracionalmente, con realismo y cambio en la forma en la que piensas te ayudará a superarlo en un estímulo intenso e irracional.

Tienes que usar la imaginación para que disipes los miedos. Imagina vívidamente como puedas una situación que te provoque temor. Siente cómo crece la ansiedad, pero luego agrega más información, pregunta qué te preocupa, los resultados probables, luego imagina lo que quieres que suceda.

Le debes poner más información y asociaciones a los temores, que te ayude a reducir los efectos cuando los sientas en la vida real. Esto puede ser difícil de conseguir sin orientación de un profesional, por lo que, si es necesario, consulta con un profesional de la salud, que tenga experiencia en el control de la ansiedad.

La ansiedad y los ataques de pánico son el cáncer de este siglo. Padecemos un mal que cada día las personas sienten con más intensidad. Lo peor de todo es que muchos no se están tratando este problema. Viven con el mal dentro, sufren y no solo emocionalmente, sino con la salud, cada día se sienten peor, así estén teniendo éxito en la vida. Sufren y van cada día sintiéndose más miserables, más deprimidos y al final les estalla por algún lugar.

Pueden tener una afección, como un ACV, un infarto o cualquier crisis que detona en un cuerpo maltratado por la emoción acumulada.

Por eso tienes que tratar esta condición. No permitas que la ansiedad y los ataques de pánico controlen tu vida y te dominen. Tener la ansiedad lejos, permite que seas libre.

No te ancles más a esto que tiene tantas maneras de eliminarlo. Te quedó en este libro una serie de herramientas que sirven para que puedas deshacerte de los ataques de pánico, desde el yoga hasta los colores.

Solo queda que tú quieras cambiar, eliminar esta emocionalidad y ser libre para siempre.

No hay nada mejor que saber cómo controlar las emociones.

www.ingramcontent.com/pod-product-compliance
Lightning Source LLC
Chambersburg PA
CBHW022042020426
42335CB00012B/512